NPO ESG
MANAGEMENT THEORY

NPO ESG
경영론

김성철 김은아 김은주 김지현 김태현 김현경 도우현
도유상 박근수 박영복 박윤희 허 찬 홍병옥 공저

양 성 원

머리말

오늘날 사회는 지속 가능한 발전과 사회적 책임에 대한 요구가 그 어느 때보다 커지고 있다. 이러한 변화 속에서 비영리 조직(NPO)은 더 이상 단순한 봉사나 자선 활동을 넘어서 사회적 가치 창출과 지속 가능한 경영을 실천하는 중요한 주체로 자리잡고 있다. 특히 환경(Environment), 사회(Social), 지배구조(Governance)라는 세 가지 축을 기반으로 한 ESG 경영은 NPO의 역할과 책임을 더욱 확대하고 있다.

『NPO ESG 경영론』은 이러한 시대적 요구에 부응하기 위해 NPO와 ESG 경영의 이론적 기초부터 실제적 적용 사례에 이르기까지 폭넓은 내용을 다루고 있다. 이 책은 NPO가 왜 ESG 경영을 도입해야 하는지, 그리고 어떻게 성공적으로 실천할 수 있는지에 대해 심도 있는 통찰을 제공한다. 또한, ESG 경영이 NPO의 지속 가능성에 미치는 긍정적인 영향과 이를 통해 사회적 가치를 창출하는 방법을 구체적으로 설명하고 있다.

이러한 관점에서 이 책의 내용은, 1장은 NPO 경영의 필요성, 정의, 중요성, 주요 요소, 도전과 과제, 제안을 제시하였으며, 2장에서는 NPO 경영의 이해로서 개요, 규제, 목적, 비전, 거버넌스와 이사회 운영, 비영리 조직의 재정관리 및 자금 조달, 비영리 조직의 프로그램 기획 및 평가, 비영리 조직의 마케팅 및 커뮤니케이션, 비영리 조직의 인적자원 관리, 비영리 조직의 리스크 관리, 비영리 조직의 지속 가능성과 사회적 영향 평가, 특성과 NPO 경영의 독특한 측면을 설명하였다. 3장에서는 NPO 경영 방식의 이해로서 윤리적 리더십,브랜드 전략, 4장에서는 ESG의 이해로서 ESG의 개념 및 정의, 중요성, 경영의 필요성, 7대 경영전략, 기능, 특징을 설명하였다. 5장에서는 ESG의 역사로서 기업의 사회적 책임(CSR)의 역사와 발전, ESG의 출현과 전개, SRI 펀드의 출현과 발전, 국제적 규범과 ESG, 6장에서는 ESG와 유사 개념과의 비교, ESG의 이해, CSR의 이해, SRI의 이해, CSV의 이해, ESG 유사 개념과의 비교, 7장에서는 ESG 경영의 이해에서 NPO 지배구조 측면에서의 ESG, ESG 경영의 기대효과를 설명하였다. 8장에서는 ESG 경영의 이해관계자와 주요 이슈로서 이해관계자 거버넌스의 개념과 의의, 이해관계자 경영의 역사와 발전, 이해관계자의 역할과 중요성, ESG 경영과 이해관계자 관리의 연계 효과, 이해관계자 거버넌스가 기업에 미친 실제 사례, ESG 경영의 최근 이슈, 9장에서는 ESG 경영과 ISO 표준의 이해로서 사회책임 국제표준(ISO 26000)이 ESG 경영에 미치는 영향, ESG 관련 ISO 표준 항목, ESG 공시 의무화에 따른 사회적 책임의 시대의 ISO 26000의 이해와 활용을 설명하였다. 10장에서는 ESG 비즈니스모델 적용과 활용으로서 ESG 비즈니스모델의 이론적 배경, ESG 비즈니스모델의 개념 및 적용, NPO 단체와 기관에서의 ESG 활용, 한국의 NPO 단체와 기관을 중심으로 한 사례 연구, 외국 NPO 단체의 ESG 비즈니스모델 적용과 활용 사례, 한국 및 외국 기업의 ESG 비즈니스모델 성공사례, NPO 단체와 기관에서의 ESG 성공사례, ESG 비즈니스모델 NPO 단체 적용과 활용의 절차 도식을 설명하였다. 11장에서는 ESG 경영과 거버넌스의 중요성으로서 ESG에서 '거버넌스'의 역할, 지속 가능성 보고서의 거버넌스, 지배구조, 기업 거버넌스 글로벌 동향, 기업 거버넌스 글로벌 동향, 12장에서는 ESG 경영의 사례로서

ESG 경영 해외 우수 사례, ESG 경영 국내 우수 사례, 소비자들의 환경 보호 니즈, 13장에서는 NPO ESG 경영의 미래로서 ESG 평가지표, 지속 가능한 ESG 경영이 되기 위한 조건, ESG와 공존하기로 정리되어 있다.

이 책은 NPO 관계자뿐만 아니라 ESG에 관심 있는 경영자, 연구자, 공공 및 민간 부문의 다양한 이해관계자들에게도 유익한 지침이 될 것이다. NPO 경영의 핵심 요소와 ESG 경영 전략을 종합적으로 이해함으로써, 독자들은 자신이 속한 조직의 사회적 책임과 지속 가능성을 한층 더 강화할 수 있을 것이다.

지속 가능한 미래를 만들어 가기 위해 NPO가 어떠한 방식으로 ESG 경영을 실천할 수 있는지에 대해 고민하는 모든 이들에게 이 책이 의미 있는 나침반이 되기를 바란다. 이 책이 나오기까지 수고하여 주신 모든 분께 감사드리며 특별히 김태현 님, 김은주님과 양성원 출판사의 사장님과 직원 모두에게 감사드린다.

2024. 9.

저자 대표 김성철

차 례

Chapter

01

NPO 경영의 필요성

Chapter 01

NPO 경영의 필요성

1. NPO 경영의 필요성

NPO(비영리 조직, Non-Profit Organization) 경영의 필요성은 여러 가지 측면에서 설명할 수 있다. 비영리 조직은 사회적, 공공적 목표를 가지고 운영되며, 이러한 목표를 달성하기 위해 효과적이고 효율적인 경영이 필수적이다. 아래에 NPO 경영의 필요성을 몇 가지 주요 포인트로 소개한다(Worth, 2009). 또한 NPO(비영리 조직) 경영의 필요성은 조직이 사회적, 공공적 목표를 효과적으로 달성하고 지속 가능한 성장을 이루기 위해 필수적이다. 다음은 NPO 경영의 필요성을 설명하는 주요 이유이다(Drucker, 2010).

1) 효율성 및 효과성 제고

- 자원 관리: 제한된 자원을 최대한 효율적으로 활용하여 더 많은 혜택을 사회

에 제공할 수 있다.

- 목표 달성: 명확한 전략과 계획을 통해 조직의 목표를 보다 효과적으로 달성할 수 있다.

2) 재정적 지속 가능성 확보

- 재무관리: 안정적인 재정 관리를 통해 조직의 장기적인 지속 가능성을 확보할 수 있다.
- 자금 조달: 기부금, 후원, 정부 지원 등 다양한 자금 조달 방법을 효과적으로 관리하고 활용할 수 있다.

3) 투명성 및 책임성 강화

- 신뢰 구축: 투명한 경영과 회계 관리를 통해 후원자, 기부자, 정부 등 이해관계자들의 신뢰를 얻을 수 있다.
- 책임성: 조직 운영의 투명성을 통해 사회적 책임을 다할 수 있다.

4) 인력 관리 및 동기부여

- 인력 개발: 직원과 자원봉사자들의 역량을 강화하고, 이들을 효과적으로 관리하여 조직의 성과를 극대화할 수 있다.
- 동기부여: 조직의 비전과 목표에 대한 이해를 높이고, 이를 통해 구성원들의 동기부여를 강화할 수 있다.

5) 변화와 혁신의 촉진

- 혁신: 새로운 아이디어와 방법을 도입하여 조직의 활동과 프로그램을 지속해서 개선할 수 있다.
- 적응력: 변화하는 환경에 신속하게 적응하고, 새로운 도전에 대비할 수 있다.

6) 사회적 영향력 극대화

- 효과적인 프로그램 개발: 사회적 문제를 해결하기 위한 효과적인 프로그램을 개발하고 실행할 수 있다.
- 영향력 확대: 조직의 미션과 비전을 더 널리 알리고, 사회적 영향력을 극대화할 수 있다.

7) 협력과 네트워킹 강화

(1) **파트너십 구축:** 다른 조직, 기업, 정부와의 협력을 통해 더 큰 시너지 효과를 낼 수 있다. 경영은 이러한 협력 관계를 형성하고 유지하는 데 핵심적이다.
(2) **지식 공유:** 다른 비영리 조직과의 지식과 경험을 공유하여 더 나은 결과를 도출할 수 있다. 경영은 정보 교환과 협업의 기회를 창출한다.

NPO 경영은 조직이 사회적, 공공적 목표를 달성하고, 지속 가능한 성장을 이루는 데 필수적이다. 효율적이고 효과적인 경영을 통해 NPO는 더 많은 사회적 가치를 창출하고, 다양한 이해관계자와의 신뢰를 구축하며, 사회적 영향력을 극대화할 수 있다. 이는 궁극적으로 공익을 증진하고, 지속 가능한 발전을 이루는 데 중요한 역할을 한다. 이러한 필요성들을 통해 NPO는 더 체계적이고 효과적으로 운영될 수 있으며, 궁극적으로 사회에 더 크게 이바지할 수 있다. 더 크게 이바지할 수 있으며 경영의 중요성을 인식하고 이를 실천함으로써 비영리 조직은 지속 가능하고, 신뢰받는 조직으로 성장할 수 있다(Drucker, 2010).

2. NPO(비영리 조직)의 정의

NPO(Non-Profit Organization, 비영리 조직)의 정의는 일반적으로 다음과 같다(Darian Rodriguez Heyman, 2016).

1) 비영리 조직(NPO)의 정의

(1) 목적

- 비영리 조직은 주로 사회적, 교육적, 문화적, 환경적 또는 인도적 목적을 가지고 설립된 조직이다.
- 이익 창출이 아닌, 공익을 위한 활동을 주된 목적으로 한다.

(2) 수익의 재투자

- 비영리 조직은 발생하는 모든 수익을 조직의 목적을 달성하기 위한 활동에 재

투자한다.

- 주주나 구성원에게 이익을 배분하지 않는다.

(3) 법적 구조

- 비영리 조직은 법적으로 인정받은 단체로, 정부나 관련 당국에 등록되어 있어야 한다.
- 법적 구조는 투명성과 신뢰성을 확보하기 위한 절차이다.

(4) 자원 조달

- 비영리 조직은 주로 기부금, 후원금, 정부 지원금, 회원비 등을 통해 자금을 조달한다.
- 일부 경우, 자체적인 수익 사업을 운영할 수도 있으나, 이는 본래의 비영리 목적을 지원하기 위한 수단으로 사용된다.

(5) 조직 운영

- 비영리 조직은 이사회의 감독 아래 운영되며, 이사회는 조직의 비전과 목표를 설정하고, 주요 의사결정을 내린다.
- 직원, 자원봉사자 등이 조직의 일상 업무를 수행한다.

(6) 사회적 책임

- 비영리 조직은 사회적 책임을 다하며, 활동의 투명성과 책임성을 유지한다.
- 공공의 이익을 위해 일하며, 이해관계자들에게 정기적으로 활동 결과와 재무 상태를 보고한다. 비영리 조직은 다음과 같다.

- 비영리 교육 기관(예: 학교, 교육 재단)
- 환경 보호 단체(예: 환경운동연합)
- 인도적 지원 단체(예: 대한적십자사)
- 문화 예술 단체(예: 미술관, 극단)
- 사회복지 단체(예: 노숙자 지원 센터, 아동복지시설 등)

비영리 조직은 이러한 특성과 구조를 바탕으로 사회 전반에 긍정적인 영향을 미치기 위해 다양한 활동을 수행한다. 이들은 상업적 이익보다는 공익을 우선시하며, 사회 문제 해결과 공공복리 증진을 목표로 한다.

2) 경영의 정의 및 중요성

(1) 경영의 정의

경영은 조직의 목표를 달성하기 위해 자원을 계획하고, 조직하고, 지시하고, 통제하는 과정이다. 이는 다음과 같은 주요 활동을 포함한다(Darian Rodriguez Heyman, 2016).

- 계획(Planning)
  - 목표 설정: 조직의 단기 및 장기 목표를 명확히 정의한다.
  - 전략 개발: 목표를 달성하기 위한 전략과 전술을 개발한다.
  - 자원 할당: 필요한 자원을 식별하고 배분한다.

- 조직화(Organizing)
  - 구조 설계: 조직의 구조와 역할을 정의한다.
  - 업무 분배: 각 구성원에게 적합한 업무를 할당한다.
  - 협력 체계 구축: 효율적인 협력을 위한 팀과 부서를 구성한다.

- 지시(Leading)
  - 리더십 발휘: 구성원을 동기부여하고 이끌어 나간다.
  - 커뮤니케이션: 명확한 의사소통을 통해 목표와 계획을 전달한다.
  - 의사결정: 조직의 목표 달성을 위한 중요한 결정을 내린다.

- 통제(Controlling)
  - 성과 평가: 계획 대비 실제 성과를 측정하고 평가한다.
  - 문제 해결: 목표 달성에 방해가 되는 문제를 식별하고 해결한다.
  - 피드백 제공: 지속적인 개선을 위해 피드백을 수집하고 반영한다.

(2) 경영의 중요성

- 효율성 및 효과성 증대
  - 조직의 자원을 효율적으로 활용하여 최대의 결과를 얻을 수 있다.
  - 명확한 목표와 계획을 통해 조직의 성과를 극대화할 수 있다.

- 경쟁력 강화
  - 변화하는 시장 환경에 신속하게 대응할 수 있는 능력을 갖추게 한다.
  - 혁신을 촉진하여 지속 가능한 경쟁 우위를 확보할 수 있다.

- 조직 구성원 동기부여
  - 명확한 목표와 비전을 제공하여 구성원의 동기부여를 강화한다.
  - 효과적인 리더십을 통해 구성원의 참여와 협력을 이끌어 낸다.

- 리스크 관리
  - 잠재적인 위험을 사전에 식별하고 관리할 수 있다.
  - 위기 상황에 대한 대응 계획을 마련하여 조직의 안정성을 높일 수 있다.

- 성장과 발전 촉진
  - 전략적 계획을 통해 조직의 장기적인 성장을 도모할 수 있다.
  - 지속적인 개선과 혁신을 통해 조직의 발전을 지속해서 추구할 수 있다.

- 자원 최적화
  - 인적, 물적 자원을 효율적으로 배분하여 낭비를 최소화한다.
  - 최적의 자원 활용을 통해 생산성을 높일 수 있다.

- 조직의 사회적 책임
  - 윤리적 경영과 사회적 책임을 다하여 조직의 신뢰와 명성을 구축할 수 있다.
  - 사회적 가치 창출을 통해 조직의 공익성을 강화할 수 있다.

앞서 이야기 것을 정리하자면 경영은 조직이 목표를 달성하고 지속 가능한 성장을 이루기 위해 필수적인 활동이다. 또한 효과적인 경영을 통해 조직은 변화하는 환경 속에서도 안정적이고 지속해서 발전할 수 있다.

3. NPO의 역할과 중요성

1) NPO(비영리 조직)의 역할과 중요성(Drucker, 2010)

(1) 사회적 기여

- 사회 문제 해결: 비영리 조직은 빈곤, 교육 부족, 건강 문제 등 다양한 사회 문제를 해결하기 위해 활동한다.
- 공공서비스 제공: 정부가 제공하지 못하는 공공서비스를 보완하며, 지역사회에 필요한 다양한 프로그램을 운영한다.
- 인권 보호: 인권 침해를 방지하고, 소외된 계층의 권리를 보호하기 위해 노력한다.

(2) 지역사회 개발

- 커뮤니티 강화: 지역사회 구성원들이 협력하고 상호 지원할 수 있는 플랫폼을 제공한다.
- 지방 발전 촉진: 농촌 지역이나 저개발 지역의 발전을 지원하고, 지역경제 활성화에 기여한다.

(3) 환경 보호

- 자연보전: 환경 보호 활동을 통해 자연 자원을 보존하고, 지속 가능한 환경을 유지한다.

- 환경 교육: 대중에게 환경 보호의 중요성을 알리고, 환경친화적인 행동을 장려한다.

(4) 교육 및 인식 제고

- 교육 프로그램 제공: 다양한 교육 프로그램을 통해 개인과 지역사회의 역량을 강화한다.
- 인식 개선 캠페인: 특정 사회 문제에 대한 대중의 인식을 높이고, 긍정적인 변화를 끌어낸다.

(5) 문화와 예술 진흥

- 문화 행사 주최: 문화와 예술 관련 행사를 통해 지역사회의 문화 수준을 높이고, 예술가들을 지원한다.
- 전통문화 보존: 전통문화를 보존하고 계승하는 활동을 펼친다.

(6) 인도적 지원

- 긴급 구호 활동: 자연재해나 인도적 위기 상황에서 긴급 구호 활동을 통해 피해자들을 지원한다.

(7) 국제 개발 협력

- 개발도상국의 경제 및 사회 발전을 위해 국제 협력 프로젝트를 수행한다.

2) NPO의 중요성(그린리 · 조앤 · 헬렌 코헨, 2000)

(1) 공익 증진

- 사회적 가치 창출: 비영리 조직은 공익을 우선시하여 사회적 가치를 창출하며, 모두가 혜택을 누릴 수 있도록 한다.
- 사회적 자본 형성: 신뢰와 협력, 참여를 통해 사회적 자본을 형성하고, 지역사회의 결속력을 강화한다.

(2) 정부와의 협력

- 정부 역할 보완: 정부가 미처 다루지 못하는 영역에서 활동하며, 정부의 공공서비스 제공을 보완한다.
- 정책 영향력 확대: 정부 정책에 대해 목소리를 내고, 긍정적인 변화를 끌어낼 수 있는 역할을 한다.

(3) 자원 동원과 배분

- 기부와 후원 유도: 개인과 기업의 기부를 유도하여, 필요한 자원을 효율적으로 배분한다.
- 자원봉사 활성화: 자원봉사 문화를 확산시키고, 개인이 사회에 기여할 수 있는 기회를 제공한다.

(4) 투명성과 책임성 강화

- 책임 경영: 투명한 운영과 책임 있는 경영을 통해 후원자와 이해관계자들의 신뢰를 얻는다.

- 사회적 책임 실현: 사회적 책임을 다하여 조직의 신뢰성을 높이고, 긍정적인 사회적 영향을 미친다.

(5) 혁신과 변화 촉진

- 새로운 해결책 모색: 창의적이고 혁신적인 방법으로 사회 문제를 해결하며, 변화를 주도한다.
- 변화의 촉매제: 사회적 변화와 발전을 촉진하는 역할을 한다.

(6) 글로벌 연결성 증진

- 국제 협력 강화: 전 세계의 비영리 조직들과 협력하여 글로벌 문제에 대응한다.
- 글로벌 인식 제고: 국제적인 이슈에 대한 인식을 높이고, 글로벌 시민의식을 함양한다.

4. NPO 경영의 주요 요소

NPO(비영리 조직) 경영의 주요 요소는 조직이 효과적으로 운영되고 목표를 달성할 수 있도록 하는 다양한 측면을 포함한다. 다음은 NPO 경영의 주요 요소들이다(Drucker, 2010).

1) 전략적 계획 수립(Strategic Planning)

(1) **미션과 비전 설정:** 조직의 존재 이유와 장기적 목표를 명확히 정의한다.
(2) **목표 설정:** 단기 및 장기 목표를 구체적으로 설정하고, 이를 달성하기 위한 전략을 개발한다.
(3) **SWOT 분석:** 조직의 강점, 약점, 기회, 위협을 분석하여 전략적 계획을 수립한다.

2) 자원 관리(Resource Management)

(1) **인적 자원 관리:** 직원과 자원봉사자의 채용, 교육, 평가, 보상을 통해 인력의 역량을 극대화한다.
(2) **물적 자원 관리:** 시설, 장비, 물품 등의 자원을 효율적으로 관리하여 조직 운영을 지원한다.

3) 재무 관리(Financial Management)

(1) **예산 편성:** 조직의 목표와 전략에 맞는 예산을 수립하고 관리한다.
(2) **재무 보고:** 투명하고 정확한 재무 보고서를 작성하여 이해관계자들에게 제공하고, 신뢰를 유지한다.
(3) **자금 조달:** 기부금, 후원금, 정부 보조금 등 다양한 자금원을 확보하고 관리한다.

4) 마케팅 및 커뮤니케이션(Marketing and Communication)

(1) **브랜드 관리:** 조직의 브랜드 이미지를 구축하고 유지하여 대중과 후원자에게 신뢰를 얻는다.

(2) **커뮤니케이션 전략:** 조직의 활동과 성과를 효과적으로 전달하기 위한 커뮤니케이션 전략을 개발한다.

(3) **디지털 마케팅:** 소셜 미디어, 웹사이트, 이메일 등을 활용하여 조직의 인지도를 높이고, 지원을 유도한다.

5) 평가 및 피드백(Evaluation and Feedback)

(1) **성과 평가:** 조직의 목표 달성 여부를 평가하고, 성과를 측정하기 위한 지표를 설정한다.

(2) **피드백 수집:** 프로그램 참여자, 후원자, 직원 등 이해관계자들로부터 피드백을 수집하여 개선점을 도출한다.

(3) **지속적 개선:** 평가 결과와 피드백을 바탕으로 조직의 활동과 운영 방식을 지속해서 개선한다(디스 & J. 그레고리, 1998).

6) 리더십과 거버넌스(Leadership and Governance)

(1) **이사회 운영:** 이사회가 조직의 전략적 방향을 설정하고, 운영을 감독한다.

(2) **리더십 개발:** 조직 내 리더들의 역량을 개발하고, 효과적인 리더십을 발휘할 수 있도록 지원한다.

(3) **윤리적 경영:** 투명성, 책임성, 윤리성을 바탕으로 조직을 운영하며, 신뢰를 구축한다.

7) 프로그램 개발 및 운영(Program Development and Management)

(1) **프로그램 기획:** 사회적 문제를 해결하기 위한 효과적인 프로그램을 기획하고 개발한다.

(2) **프로그램 실행:** 계획된 프로그램을 효과적으로 실행하고, 목표를 달성하기 위한 노력을 지속한다.

(3) **프로그램 평가:** 프로그램의 성과와 영향을 평가하여, 개선 방안을 도출하고, 향후 계획에 반영한다.

8) 법적 준수 및 규제 관리 (Legal Compliance and Regulation Management)

(1) **법적 요구사항 준수:** 조직 운영에 필요한 법적 요구사항과 규제를 준수한다.

(2) **정책 및 절차 관리:** 조직의 정책과 절차를 수립하고, 이를 준수하도록 관리한다.

9) 협력과 네트워킹(Collaboration and Networking)

(1) **파트너십 구축:** 다른 비영리 조직, 기업, 정부 기관과의 협력을 통해 시너지 효과를 창출한다.

(2) **네트워킹:** 다양한 네트워크를 통해 정보와 자원을 공유하고, 협력 기회를 확대한다.

NPO 경영의 주요 요소들은 조직이 체계적이고 효과적으로 운영될 수 있도록 돕는 필수적인 구성 요소들이다. 이 요소들을 종합적으로 관리하고 발전시킴으로써, 비영리 조직은 사회적 가치를 창출하고, 지속 가능한 성장을 이루며, 공익을 증진할 수 있다.

5. NPO 경영의 도전과 과제

NPO(비영리 조직) 경영에는 여러 가지 도전과 과제가 있다. 이러한 도전은 조직이 목표를 달성하는 데 방해가 될 수 있으며, 효과적인 경영을 통해 이를 극복해야 한다. 다음은 NPO 경영에서 흔히 직면하는 주요 도전과 과제들이다(Hopkins, 2019).

1) 자금 조달의 어려움

(1) **기부금 감소:** 경제 불황이나 기부자들의 관심 감소로 인해 기부금이 줄어들 수 있다.

(2) **다양한 자금원 확보:** 정부 지원, 기업 후원, 개인 기부 등 다양한 자금원을 확보하는 것이 어려울 수 있다.

(3) **지속 가능한 재원 확보:** 단기적인 자금 확보보다 장기적으로 안정적인 재원을 마련하는 것이 중요하다.

2) 자원 부족

(1) **인적 자원 부족:** 전문 인력과 자원봉사자의 부족으로 인해 프로그램 운영에 어려움을 겪을 수 있다.

(2) **물적 자원 부족:** 필요한 장비나 시설의 부족으로 인해 활동에 제약이 생길 수 있다.

(3) **시간제한:** 자원봉사자들이 제공할 수 있는 시간이 제한적일 수 있다.

3) 경쟁 및 협력 문제

(1) **기부 경쟁:** 같은 분야에서 활동하는 여러 NPO가 기부금이나 후원자를 두고 경쟁하게 될 수 있다.

(2) **협력 어려움:** 다른 조직과의 협력과 네트워킹이 원활하지 않을 경우, 자원과 정보를 공유하기 어려울 수 있다.

(3) **상호 이해 부족:** 협력 파트너 간의 목표와 이해관계가 일치하지 않을 때, 협력의 효과가 감소할 수 있다.

4) 법적 및 규제 문제

(1) **법적 준수 요구사항:** 다양한 법적 요구사항과 규제를 준수하는 것이 복잡하고 시간이 많이 소요될 수 있다.

(2) **비영리 지위 유지:** 비영리 지위를 유지하기 위해서는 특정 조건과 규정을 지속해서 충족해야 한다.

(3) **세무 문제:** 비영리 조직으로서 세무 관련 사항을 정확하게 처리하는 것이 필요하다(John Wiley & Sons, 2000).

5) 투명성과 책임성 유지

(1) **회계 투명성:** 기부금과 후원금의 사용 명세를 투명하게 공개하고 관리해야 한다.

(2) **책임성:** 이해관계자들에게 조직의 활동과 성과에 대한 책임을 다해야 한다.

(3) **신뢰 구축:** 후원자와 대중의 신뢰를 유지하기 위해 높은 수준의 투명성과 윤리성을 지켜야 한다.

6) 인력 관리 및 동기부여

(1) **인력 유지:** 우수한 인재와 자원봉사자를 유지하는 것이 어려울 수 있다.

(2) **동기부여:** 직원과 자원봉사자들의 동기를 지속해서 유지하고 높이는 것이 필요하다.

(3) **교육 및 훈련:** 조직 내 인력의 역량을 지속해서 개발하고 강화해야 한다.

7) 프로그램 운영의 어려움

(1) **프로그램 효과성:** 계획한 프로그램이 실제로 효과적이고, 목표를 달성하는지 평가하고 개선해야 한다.

(2) **대상자 접근성:** 프로그램의 대상자들에게 접근하고 참여를 유도하는 것이 어려울 수 있다.

(3) **지속 가능성:** 단기적인 프로그램이 아닌, 장기적으로 지속 가능한 프로그램을 개발하고 운영해야 한다.

8) 변화하는 환경에 대한 적응

(1) **사회적 변화:** 사회적, 경제적 여건의 변화에 신속하게 대응해야 한다.

(2) **기술 변화:** 새로운 기술을 도입하고 활용하여 조직의 효율성을 높여야 한다.

(3) **정책 변화:** 정부 정책이나 법률의 변화에 적응하고 대응 전략을 마련해야 한다.

NPO 경영은 다양한 도전과 과제에 직면해 있다. 이러한 도전을 효과적으로 극복하기 위해서는 전략적 계획 수립, 효율적인 자원 관리, 투명성 유지, 인력 개발, 프로그램 평가 및 개선 등 다양한 경영 요소를 체계적으로 관리해야 한다. 이를 통해 NPO는 사회적 목표를 달성하고, 공익을 증진하며, 지속 가능한 발전을 이룰 수 있다(Hopkins, 2019).

6. NPO 경영을 향상하기 위한 제언

1) 비전과 목표의 명확화

NPO는 목적을 이루기 위한 비전과 구체적인 목표를 설정해야 한다. 이를 통해 모든 구성원이 달성해야 할 공통된 목표를 공유하고 향유하는 데 도움이 된다(Carr & Hopkins, 1996).

2) 자원 관리

자원은 제한적이기 때문에 효율적으로 관리해야 한다. 이는 자금, 노동력, 시간 등을 포함한다. 특히, 기부자와 협력자들과의 관계를 유지하고 강화하는 것이 중요하다.

3) 재정 관리

재정 관리는 NPO의 생존과 성장을 위해 중요하다. 자금 조달 전략, 예산 편성, 회계 체계 등을 효율적으로 관리하여 비용을 최소화하고 수익을 극대화해야 한다.

4) 프로세스와 운영의 개선

효율적인 운영은 자원을 효율적으로 활용하고 목표를 달성하기 위한 핵심이다.

업무 프로세스를 검토하고 개선하여 중복을 최소화하고 생산성을 높이는 것이 중요하다.

5) 투명성과 보고

기부자와 이해관계자들에게 조직의 활동과 재정 상황에 대한 투명성을 제공하는 것이 중요하다. 효율적인 보고 시스템을 구축하여 조직의 성과와 결과물을 추적하고 보고할 수 있어야 한다.

6) 인재 관리

자원봉사자, 직원, 기부자 등 조직의 인적 자원을 관리하는 것이 중요하다. 적절한 보상과 인센티브 제도를 마련하고, 역량 강화를 위한 교육 및 개발 기회를 제공해야 한다.

7) 사회적 영향 측정

NPO는 자신의 사회적 영향을 측정하고 평가할 수 있는 체계를 갖추어야 한다. 이는 프로그램의 효과성을 평가하고 지속해서 개선하는 데 도움이 된다(무크 · 로리 · 잭 쿼터 · 앤 암스트롱, 2004).

8) 교육 및 훈련 프로그램

- 직원 및 자원봉사자들에게 필요한 기술과 역량을 향상하기 위한 교육 및 훈련 프로그램을 개발하고 실행해야 한다.
- 리더십 개발, 효과적인 커뮤니케이션, 프로젝트 관리 등과 같은 주제에 초점을 맞출 수 있다.
- 교육 프로그램은 조직의 목표와 가치에 부합하도록 맞춤화되어야 한다.

9) 네트워킹 및 협력 강화

(1) 기타 NPO, 비영리 조직, 기업, 지방 정부 등과의 협력을 증진하고 네트워크를 확장한다.

(2) 지역사회 및 산업 전문가와의 관계를 구축하여 자원과 정보를 공유하고 상호 지원한다. 이를 위해 회의, 워크숍, 행사 등을 주선하여 이들 간의 상호 작용을 촉진할 수 있다(Proffitt, 1996).

10) 정책적 지원 및 법적 개선

(1) NPO가 활동하는 환경을 개선하기 위해 정책적 지원과 법적 개선을 추진한다.

(2) 정부와의 협력을 통해 정책 제안을 제기하고, 관련 단체들과 연대하여 이를 실현하기 위한 노력을 기울인다.

(3) 비영리 조직들의 이해관계를 대표하고 보호하기 위한 법적 지원을 제공하고, 이를 통해 조직의 영향력을 증대시킨다(포스터 · 윌리엄 · 제프리 브래닥, 1997).

Chapter

02

NPO 경영의 이해

Chapter

02 NPO 경영의 이해

1. 비영리 조직(NPO)의 개요

1) 비영리 조직의 정의

비영리 조직(NPO, Non-Profit Organization)은 상업적 이익을 추구하지 않고, 사회적, 문화적, 교육적, 환경적 또는 공공의 이익을 목적으로 활동하는 조직이다. 수익은 조직의 목적 달성을 위해 재투자되며, 주주에게 배분되지 않는다.

2) 비영리 조직(NPO)의 정의와 특징

비영리 조직(Non-Profit Organization, NPO)은 수익 창출을 주된 목적으로 하지 않는 조직으로, 주로 사회적, 문화적, 교육적, 또는 과학적 목적을 이루기 위해 설립된다. NPO는 공공의 이익을 추구하며, 개인이나 특정 이해관계자의 이익을 위해 운영되지 않는다. 법적으로 수익을 생성할 수 있지만, 이 수익은 주주나 소유주에게 배당되지 않고 조직의 사명을 지원하고 목적을 진전시키는 데 재투자된다. 이는 NPO의 가장 핵심적인 특징 중 하나로, 이를 통해 조직의 사회적 목표를 달성하는 데 필요한 자원을 확보하고 유지할 수 있다(박상원, 2018; 김영욱, 2020).

3) 비영리 조직의 역사

비영리 조직의 역사는 고대부터 시작되었으며, 종교 단체, 교육 기관, 구호 단체 등이 그 예이다. 현대적 의미의 비영리 조직은 19세기와 20세기 초반에 걸쳐 발전하였으며, 특히 시민 사회의 발달과 함께 다양한 형태의 비영리 조직이 등장하게 되었다.

4) 비영리 조직의 역할과 중요성

비영리 조직은 사회적 문제 해결, 공공서비스 제공, 공동체 강화 등의 임무를 수행한다. 정부와 기업이 해결하지 못하는 다양한 사회적 요구를 충족시키며, 시민들의 참여와 연대를 촉진하는 중요한 사회적 기능을 한다.

2. 비영리 조직의 법적 구조 및 규제

1) 법적 지위와 세제 혜택

대부분 국가에서 NPO는 특정 법적 지위를 부여받는다. 이러한 지위는 조직이 정부로부터 인정을 받고, 세금 면제 혜택을 받을 수 있게 해 준다. 세금 면제는 NPO가 더 많은 자원을 사회 서비스와 프로그램에 집중할 수 있게 하며, 기부자들에게는 기부금에 대한 세금 공제 혜택을 제공한다. 그러나 이러한 혜택을 받기 위해서는 NPO가 투명한 회계 처리, 정기적인 활동 보고, 그리고 공익 목적에 부합하는 엄격한 규제 준수를 보장해야 한다.

2) 자발적 참여와 공동체 중심의 접근

NPO는 자발적 참여를 기반으로 운영된다. 이 조직들은 자원봉사자의 참여와 지역사회의 지원 없이는 존재할 수 없다. 자원봉사자들은 이러한 조직들이 노동력, 전문지식, 네트워크 및 기타 자원을 활용하여 목표를 달성할 수 있도록 돕는다. 이는 NPO가 공동체와 긴밀히 협력하며, 지역사회의 요구와 문제에 민감하게 반응할 수 있게 하는 중요한 요소이다.

3) 다양성과 포용성

NPO는 종종 다양성과 포용성을 강조한다. 이들은 다양한 배경과 경험을 가진 사람들을 포용하며, 서로 다른 문화와 가치관을 존중하는 환경을 조성한다. 이는 조직의 활동이 광범위한 사회적 영향을 미치고, 다양한 커뮤니티의 요구를 충족시키는 데 기여한다.

4) 투명성과 책임성

NPO는 높은 수준의 투명성과 책임성을 요구받는다. 이 조직들은 공공의 신뢰를 기반으로 운영되며, 기부자와 지역사회에 대한 책임을 진다. 이를 위해 NPO는 재정 보고, 활동 결과, 그리고 조직 운영에 관한 정보를 정기적으로 공개해야 한다. 이 과정에서 외부 감사의 역할도 중요하며, 감사를 통해 조직의 운영이 그 목적과 일치하는지, 재정이 적절히 관리되고 있는지를 확인한다.

비영리 조직은 이와 같은 독특한 특성을 통해 사회적 가치를 창출하고, 다양한 사회적, 문화적, 교육적 목적을 이루는 중요한 임무를 수행한다. 그들의 활동은 단순히 경제적 이익을 넘어서 사회적인 이익을 증진시키고, 공동체의 복지를 향상하는 데 기여한다. 이를 통해 NPO는 현대 사회에서 필수적인 존재로 자리매김하고 있으며, 지속 가능한 사회적 변화를 이끌어 가는 주체의 역할을 강화하고 있다(박현주, 2019; 김진수, 2020).

(1) 법적 형태

비영리 조직은 법적으로 다양한 형태를 취할 수 있다. 예를 들어, 협회, 재단, 비영리법인 등이 있으며, 각각의 법적 구조는 목적과 활동에 따라 다르다. 각 법적 형태에 따라 규제와 법적 요구사항이 달라지므로, 조직의 목적에 맞는 적절한 법적 형태를 선택하는 것이 중요하다.

(2) 규제 및 준수 사항

비영리 조직은 법적 요구사항과 규제를 준수해야 한다. 이는 재정 보고, 세금 혜택, 운영 투명성 등을 포함한다. 국내외 법적 요구사항을 이해하고 이를 준수하는 것이 조직의 신뢰성과 지속 가능성을 높이는 데 필수적이다.

(3) 세금 혜택 및 면세

많은 국가에서는 비영리 조직에 대해 세금 혜택을 제공한다. 예를 들어, 기부금 공제, 법인세 면제 등이 있으며, 이는 비영리 조직의 재정적 안정을 지원하는 중요한 요소이다. 이러한 혜택을 받기 위해서는 관련 법규를 준수하고 필요한 절차를 따라야 한다.

3. NPO의 주요 활동과 목적

비영리 조직(Non-Profit Organization, NPO)은 사회적, 교육적, 문화적, 과학적 혹은 환경적 목표를 추구하며, 이를 통해 공익을 증진하기 위해 다양한 활동을 전개한다. 이러한 기관들은 공동체의 복지향상과 지속 가능한 개발을 목표로 하며, 그 과정에서 자원을 모으고, 인식을 높이며, 직접적인 서비스를 제공하는 등의 임무를 수행한다. NPO의 활동은 그 목적과 필요에 따라 광범위하며, 다음은 그중 몇 가지의 중요한 활동들이다.

1) 교육 및 인식 제고

많은 NPO는 교육 프로그램을 운영하여 사회의 다양한 계층, 특히 취약한 집단이 더 나은 기회를 얻을 수 있도록 지원한다. 이러한 교육 프로그램은 저소득층 아동을 위한 학습 지원, 성인을 위한 직업 훈련 및 교육, 공공 보건에 대한 교육 캠페인 등을 포함한다.

2) 저소득층 아동을 위한 학습 지원 프로그램

저소득층 아동을 대상으로 한 학습 지원 프로그램은 방과 후 학습 지도, 독서 프로그램, 멘토링 등을 통해 아동들이 학업에서 성공할 수 있도록 돕는다. 예를 들어, 서울의 한 비영리 조직은 저소득층 가정의 아동들에게 무료 과외와 방과 후 돌봄 서비스를 제공하여 이들이 교육 기회를 충분히 활용할 수 있도록 지원하고 있다. 이러한 프로그램은 아동들의 학업 성취도 향상을 도울 뿐만 아니라, 자존감과 사회적 연대감을 강화하는 데 중요한 역할을 한다(김성진, 2017).

3) 성인을 위한 직업 훈련 및 교육

NPO는 성인을 위한 다양한 직업 훈련 프로그램을 제공하여 실업자나 저소득층 성인이 새로운 기술을 습득하고 고용 기회를 늘릴 수 있도록 돕는다. 이러한 프로그램은 컴퓨터 기술, 언어 교육, 직업윤리 교육 등 다양한 분야에서 제공되며, 참가자들이 노동 시장에서 경쟁력을 갖출 수 있도록 지원한다. 예를 들어, 한국의 한 비영리 조직은 청년 실업 문제를 해결하기 위해 IT 기술 교육 프로그램을 운영하고 있으며, 이는 참가자들이 정보기술 분야에서의 취업 기회를 넓히는 데 기여하고 있다.

4) 공공 보건에 대한 교육 캠페인

NPO는 공공 보건에 대한 교육 캠페인을 통해 건강한 생활 습관을 장려하고 예방 가능한 질병을 줄이는 데 중요한 역할을 한다. 예를 들어, 흡연 예방, 비만 방지, 정신 건강 증진 캠페인 등이 있다. 이러한 캠페인은 대중이 건강 정보를 쉽게 이해하고 실천할 수 있도록 돕고, 지역사회의 전반적인 건강 수준을 향상하는 데 기여한다. 한 비영리 조직은 농촌 지역 주민들을 대상으로 고혈압 예방 교육과 무료 건강 검진을 제공하여 지역 주민들의 건강 관리 역량을 강화하고 있다.

5) 보건 및 복지향상

NPO는 저소득층 가정에 필수 의료 서비스를 제공하거나 질병 예방 및 관리를 위한 프로그램을 운영하여 지역사회의 건강을 증진하며 장애인, 고령자, 그리고 다른 취약한 집단을 위한 특별한 보건 및 복지 프로그램을 제공함으로써 이들의 삶의 질 개선에 이바지한다. 또한, 저소득층 가정과 같은 취약계층에게 필수 의료 서비스를 제공하여 건강 불평등을 해소하려 노력한다. 예를 들어, 한 비영리 조직은 의료 사각지대에 있는 사람들을 대상으로 무료 진료소를 운영하고, 정기적인 건강 검진과 예방 접종을 하고 있다(홍석재, 2018).

이 외에도 장애인, 고령자, 이주민 등 사회적으로 소외된 집단을 위한 특별한 보건 및 복지 프로그램도 운영한다. 이러한 프로그램들은 이들의 신체적, 정신적 건강을 증진하고, 사회적 통합을 도모하는 데 목적이 있다. 예를 들어, 장애인을 위한 재활 프로그램은 신체적 기능 회복과 사회적 자립을 돕고, 고령자를 위한 건강 관리 프로그램은 만성 질환 관리와 전반적인 건강 유지를 지원한다. 이주민을 위한 프로그램은 문화적 차이를 이해하고, 그들이 새로운 환경에 적응할 수 있도록 돕는다(김영욱, 2020).

6) 환경 보호

환경 보호는 전 세계적으로 많은 비영리 조직(NPO)이 활동하는 주요 분야이다. 이들 기관은 자연 보호구역의 설립 및 관리, 환경 교육 프로그램의 시행, 지속 가능한 자원 사용을 촉진하기 위한 다양한 프로젝트를 진행한다. 예를 들어, 기후 변화에 대응하기 위한 이니셔티브, 야생동물 보호, 폐기물 감소 및 재활용 캠페인 등이 이에 포함된다.

특히 환경 교육 프로그램은 대중이 환경 문제의 중요성을 이해하고 지속 가능한 생활 방식을 채택하도록 돕는 데 중요한 역할을 한다. 이러한 프로그램은 학교, 지역사회 센터 등에서 실시되며, 재활용, 에너지 절약, 친환경 소비 등 다양한 주제를 다룬다. 예를 들어, 학교에서는 학생들에게 일상생활에서 재활용을 실천하는 방법을 가르치고, 지역사회 센터에서는 주민들에게 에너지 절약 기술을 교육하는 워크숍을 제공한다. 이러한 프로그램들은 이론 교육과 실습을 병행하여 참여자들이 배운 내용을 실제 생활에서 적용할 수 있도록 돕는다. 이와 같은 환경 보호 활동은 단순히 환경을 보전하는 것을 넘어, 사회 전반에 걸쳐 지속 가능한 생활 방식을 확산시키는 데 기여한다. 이는 장기적으로 자연환경의 건강을 유지하고, 기후 변화와 같은 글로벌 문제를 해결하는 데 필수적이다. NPO의 환경 보호 활동은 그들의 사회적 책임을 실현하는 중요한 수단이며, 지속 가능한 미래를 위한 필수적인 노력이라 할 수 있다.

7) 사회적 옹호 및 정책 영향

NPO는 또한 사회적, 정치적 이슈에 대한 인식을 높이고, 정책 변화를 추구하는 데 중요한 역할을 한다. 인권, 이민자 권리, 성 평등, 그리고 노동 조건 개선과 같은 다양한 이슈에 대하여 옹호 활동을 수행하며, 이를 통해 정책 입안자와 대중에게 영향을 미친다. 이러한 활동은 법적, 사회적 개혁을 촉진하며, 사회적 정의의 실현에 기여한다. 이처럼 NPO는 다양한 분야에서 활동하며, 각각의 활동은 그들이 추구하는 궁극적인 목적인 공익의 증진과 사회적 가치의 창출을 목표로 한다. 이러한 조직들은 자원을 효율적으로 활용하고, 공동체와 협력하며, 지속 가능한 변화를 추구함으로써 사회적, 환경적, 그리고 문화적 복지를 향상하는 데 중요한 임무를 수행한다. NPO의 이러한 활동은 단순히 서비스 제공을 넘어서 사회적 책임과 윤리적 의무를 실현하는 과정이기도 하다.

4. 비영리 조직의 사명과 비전

1) 사명과 비전의 정의

사명(Mission)은 조직의 존재 이유와 목적을 명확히 설명하는 문구이다. 비전(Vision)은 조직이 장기적으로 달성하고자 하는 이상적인 상태를 나타낸다. 사명과 비전은 조직의 방향성을 제시하고 모든 활동의 기준이 된다.

2) 사명과 비전의 설정 과정

사명과 비전은 조직의 이해관계자(이사, 직원, 자원봉사자, 후원자 등)와의 협의를 통해 설정된다. 이는 조직의 정체성을 확립하고, 모든 구성원이 공감할 수 있는 목표를 설정하는 중요한 과정이다.

3) 사명과 비전의 중요성

명확한 사명과 비전은 조직의 방향성을 명확히 하고, 모든 활동이 일관성을 갖게 한다. 이는 내부 구성원의 동기부여와 외부 이해관계자의 신뢰를 얻는 데 중요한 역할을 한다.

5. 비영리 조직의 거버넌스와 이사회 운영

1) 거버넌스의 정의와 중요성

거버넌스는 조직의 의사결정 구조와 관리체계를 의미한다. 이는 조직의 투명성, 책임성, 효과성을 보장하는 중요한 요소이다.

2) 이사회의 역할과 책임

이사회는 조직의 전략적 방향을 설정하고, 주요 의사결정을 내리며, 운영을 감독하는 역할을 한다. 이사회의 책임에는 법적 준수, 재정 관리, 리스크 관리 등이 포함된다.

3) 이사회의 구성 및 운영 방식

이사회는 다양한 배경과 전문성을 가진 이사들로 구성되어야 한다. 이사회의 운영 방식은 정기회의, 위원회 활동, 평가 등을 포함하며, 이는 이사회의 효과적 운영을 위한 핵심 요소이다.

6. 비영리 조직의 재정 관리 및 자금 조달

1) 재정 관리 원칙

비영리 조직의 재정 관리는 투명하고 책임감 있게 이루어져야 한다. 이는 예산 수립, 재무 보고, 회계 감사 등을 포함하며, 재정 관리의 투명성은 후원자와 이해관계자의 신뢰를 높이는 데 중요하다.

2) 예산 수립과 관리

예산 수립은 조직의 목표와 계획을 반영하여 이루어져야 한다. 이는 수입과 지출의 균형을 맞추고, 자원의 효과적 배분을 위해 필요하다. 예산 관리는 정기적인 검토와 조정을 통해 이루어져야 한다.

3) 자금 조달 방법과 전략

비영리 조직은 기부, 보조금, 후원, 수익 사업 등 다양한 자금 조달 방법을 활용한다. 자금 조달 전략은 조직의 사명과 비전에 맞춰 설계되어야 하며, 지속 가능한 자금원을 확보하는 것이 중요하다.

7. 비영리 조직의 프로그램 기획 및 평가

1) 프로그램 기획 과정

프로그램 기획은 조직의 사명과 비전에 맞춘 목표 설정, 실행계획 수립, 자원 배분 등을 포함한다. 이는 프로그램의 성공적 수행을 위한 기본 과정이다.

2) 프로그램 실행

프로그램 실행은 계획된 활동을 효과적으로 수행하는 것을 의미한다. 이는 자원 관리, 일정 관리, 문제 해결 등을 포함하며, 프로그램의 성공적인 수행을 위한 핵심 단계이다.

3) 프로그램 평가

프로그램 평가는 목표 달성 여부를 측정하고, 성과를 평가하며, 개선점을 도출하는 과정이다. 이는 프로그램의 효과성을 높이고, 향후 기획에 반영하기 위한 중요한 단계이다.

8. 비영리 조직의 마케팅 및 커뮤니케이션

1) 마케팅 전략

비영리 조직의 마케팅 전략은 조직의 사명과 비전을 홍보하고, 대중의 관심과 참여를 유도하는 것을 목표로 한다. 이는 브랜드 구축, 캠페인 기획, 온라인 및 오프라인 홍보 활동을 포함한다.

2) 커뮤니케이션 방법

효과적인 커뮤니케이션은 조직의 메시지를 명확하게 전달하고, 이해관계자와의 관계를 강화하는 데 중요하다. 이는 소셜 미디어, 뉴스레터, 웹사이트, 행사 등을 통해 이루어진다.

3) 사회적 인식 제고

비영리 조직은 사회적 인식을 높이기 위해 다양한 캠페인을 펼친다. 이는 조직의 활동을 알리고, 대중의 참여를 유도하며, 사회적 변화를 촉진하는 데 중요한 역할을 한다.

9. 비영리 조직의 인적 자원 관리

1) 인력 채용

비영리 조직은 조직의 사명과 비전에 맞는 인재를 채용해야 한다. 이는 공정한 채용 절차, 명확한 직무 설명, 면접 과정 등을 통해 이루어진다.

2) 교육 및 훈련

직원과 자원봉사자의 역량 강화를 위해 교육 및 훈련 프로그램을 제공해야 한다. 이는 직무 수행 능력을 높이고, 조직의 목표 달성에 기여하는 중요한 요소이다.

3) 성과 관리 및 동기부여

성과 관리는 목표 설정, 성과 평가, 피드백 제공 등을 포함한다. 동기부여는 직원 및 자원봉사자의 참여와 열정을 높이는 데 중요하며, 보상, 인정, 성장 기회 제공 등을 통해 이루어질 수 있다.

10. 비영리 조직의 리스크 관리

1) 리스크 평가

비영리 조직은 재정적, 법적, 운영적 리스크를 평가하고, 이를 관리하기 위한 전략을 수립해야 한다. 리스크 평가는 조직의 안정성과 지속 가능성을 높이는 데 중요하다.

2) 예방 전략

리스크 예방 전략은 잠재적 리스크를 사전에 식별하고, 이를 방지하려는 조치를 포함한다. 이는 규정 준수, 재정 관리, 내부 통제 강화 등을 통해 이루어진다.

3) 대응 전략

리스크 발생 시 효과적으로 대응하기 위한 전략을 수립해야 한다. 이는 비상 계획, 문제 해결 절차, 커뮤니케이션 계획 등을 포함하며, 신속한 대응을 통해 피해를 최소화할 수 있다.

11. 비영리 조직의 지속 가능성과 사회적 영향 평가

1) 지속 가능성 전략

비영리 조직의 지속 가능성은 장기적인 운영과 성과를 위해 중요하다. 이는 자원 관리, 재정 계획, 파트너십 구축 등을 포함하며, 지속 가능한 발전 목표(SDGs)와의 연계를 통해 달성할 수 있다.

2) 사회적 영향 평가

사회적 영향 평가는 조직의 활동이 사회에 미치는 영향을 측정하고 평가하는 과정이다. 이는 성과지표 설정, 데이터 수집 및 분석, 보고서 작성 등을 포함하며, 조직의 투명성과 책임성을 높이는 데 중요하다.

3) 성과 보고 및 개선

성과 보고는 조직의 활동과 성과를 이해관계자에게 전달하는 과정이다. 이는 연례 보고서, 성과 발표, 공공 연설 등을 통해 이루어지며, 지속적인 개선을 위한 피드백을 반영하는 것이 중요하다.

12. NPO의 특성과 NPO 경영의 독특한 측면

1) 비영리 조직의 특징과 관리 도전과제

비영리 조직(Non-Profit Organization, NPO)은 이윤을 목적으로 하지 않으며, 사회적, 교육적, 문화적 또는 과학적 목적을 추구한다. 이러한 조직들은 다양한 사회적 가치를 실현하고자 하는 독특한 특성이 있으며, 그 운영과 관리는 여러 도전에 직면해 있다. 본 장에서는 비영리 조직의 주요 특징과 관리 도전과제에 대해 자세히 논의한다.

2) 비영리 조직의 특징

(1) 목적 지향성

비영리 조직의 가장 큰 특징은 수익 추구가 아닌 목적의 실현에 초점을 맞춘다는 점이다. 이들 조직은 공익을 위해 서비스를 제공하며, 사회적으로 중요한 문제들에 대응한다. 예를 들어, 환경 보호, 인권 옹호, 빈곤 퇴치, 교육 기회 확대 등 다양한 사회적 문제를 해결하고자 한다. 이러한 목적 지향성은 비영리 조직의 모든 활동과 결정에 중심적인 역할을 한다. 이는 조직의 정체성을 규정하며, 자원봉사자와 기부자들에게 강한 동기를 부여한다.

(2) 자금 조달의 다양성

비영리 조직은 자금을 주로 기부, 정부 보조금, 그리고 서비스 제공을 통해 조달

한다. 이러한 자금 조달 방식은 기관의 재정적 안정성과 지속 가능성에 큰 영향을 미친다. 예를 들어, 기부금은 개인, 기업, 재단 등 다양한 출처에서 발생하며, 정부 보조금은 특정 프로젝트나 운영비를 지원하기 위해 제공된다. 또한, 일부 비영리 조직은 교육 프로그램, 컨설팅 서비스 등 자체적인 수익 창출 활동을 통해 자금을 조달하기도 한다.

(3) 자발적 참여

자원봉사자의 참여는 비영리 조직의 중요한 자원이다. 자원봉사자들은 조직의 다양한 활동에 기여하며, 비용을 절감하고 지역사회와의 연결을 강화하는 데 기여한다. 자원봉사자들은 그들의 시간과 노력을 기부하여 조직의 사명을 실현하는 데 도움을 준다. 이러한 자발적 참여는 조직의 운영을 더욱 풍부하게 하고, 지역사회와의 유대감을 강화한다

(4) 세금 면제 혜택

대부분의 비영리 조직은 세금 면제 혜택을 받는다. 이는 기관의 재정 부담을 줄이고, 더 많은 자원을 사회 서비스에 할당할 수 있게 한다. 예를 들어, 기부금에 대한 세금 공제 혜택은 기부자들이 기부를 더 많이 하도록 장려하며, 이는 조직의 재정적 안정성을 강화하는 데 기여한다. 세금 면제 혜택은 또한 비영리 조직이 더욱 효율적으로 운영될 수 있도록 돕는다.

3) 관리 도전과제

(1) 재정적 안정성 확보

비영리 조직은 기부금 의존도가 높으므로 경제적 불확실성이 크다. 경제 침체 시 기부금 감소로 인해 운영에 어려움을 겪을 수 있다. 예를 들어, 경제 불황 동안 기부금과 정부 보조금이 줄어들 경우, 기관의 재정적 안정성은 큰 위협을 받을 수 있다. 따라서 지속적인 자금 조달 방안을 마련하는 것이 큰 도전과제이다. 이를 위해 비영리 조직은 다변화된 자금 조달 전략을 개발하고, 새로운 기부자와 지원자를 발굴해야 한다.

(2) 효과적인 자원 관리

자원봉사자 의존도가 높은 조직으로서, 자원봉사자의 관리와 동기부여는 큰 과제이다. 봉사자들의 기술과 열정을 효율적으로 활용하고, 그들의 참여를 지속해서 유지하는 전략이 필요하다. 예를 들어, 자원봉사자들을 위한 교육 프로그램을 운영하고, 그들의 기여를 인정하는 방법을 마련함으로써 자원봉사자들의 동기를 지속해서 높일 수 있다. 또한, 자원봉사자들의 피드백을 수용하고, 그들의 경험을 개선하기 위한 노력이 필요하다.

(3) 투명성 및 책임성 유지

공익을 위해 운영되는 기관으로서, 투명성과 책임성은 매우 중요하다. 정기적인 재정 보고와 운영의 투명성은 기관의 신뢰성을 유지하고, 지속 가능한 기부를 유도하는 데 필수적이다. 예를 들어, 비영리 조직은 연례 보고서를 통해 재정 상태와 활동 결과를 공개하고, 이를 통해 기부자와 대중의 신뢰를 얻을 수 있다. 또한, 외부 감사와 내부통제 시스템을 통해 재정 관리의 투명성을 확보해야 한다.

(4) 규제 준수

비영리 조직은 종종 엄격한 정부 규제와 법적 요구사항을 준수해야 한다. 이러한 규제는 기관의 활동에 제약을 가할 수 있으며, 이에 대한 지속적인 모니터링과 적응이 요구된다. 예를 들어, 비영리 조직은 특정 법적 기준을 충족해야만 세금 면제 혜택을 받을 수 있으며, 이는 조직 운영의 복잡성을 증가시킬 수 있다. 따라서 비영리 조직은 법률 전문가와의 협력을 통해 규제를 준수하고, 법적 리스크를 최소화해야 한다.

(5) 임팩트 측정과 평가

비영리 조직은 그들의 활동이 실제로 사회적 변화를 가져왔는지를 측정하는 데 어려움을 겪을 수 있다. 효과적인 평가 도구와 방법론을 개발하여, 활동의 영향을 정량적으로 평가하고 결과를 통해 전략을 조정할 필요가 있다. 예를 들어, 성과지표를 설정하고, 주기적인 평가를 통해 활동의 효과성을 분석함으로써 조직의 전략적 방향을 지속해서 개선할 수 있다. 이를 통해 비영리 조직은 사회적 임팩트를 극대화하고, 기부자와 대중에게 신뢰를 제공할 수 있다.

비영리 조직의 성공적인 운영과 관리는 이러한 도전을 효과적으로 극복하고, 조직의 목적에 부합하는 활동을 지속해서 수행하는 데 달려 있다. 이를 위해서는 전문적인 경영전략, 재정적 자원의 안정적 확보, 그리고 지역사회와의 긴밀한 협력이 필수적이다. 비영리 조직은 공익을 위해 존재하는 조직으로서, 그들이 추구하는 사회적 가치를 실현하기 위해 지속해서 노력해야 한다. 이는 궁극적으로 사회적 변화와 발전에 기여하는 중요한 역할을 수행하는 것이다.

4) NPO 경영에서의 자금 조달, 자원 관리, 전략 수립의 독특한 측면

비영리 조직(NPO)의 경영은 여러 면에서 상업 기업과 차별화된다. 특히 자금 조달, 자원 관리, 전략 수립 등의 주요 영역에서 독특한 접근 방식이 요구된다. 이러한 접근 방식은 NPO가 직면한 고유한 도전과제와 목적 지향적 성격에서 기인한다. NPO의 자금 조달은 주로 기부금, 정부 보조금, 행사 수익, 그리고 때로는 서비스 판매에서 발생하는 수익에 의존한다. 이러한 자금 조달 방식은 시장 기반의 기업들이 주로 의존하는 투자 수익이나 상품 판매와는 크게 다르다.

(1) 다양한 기부 채널 활용

NPO는 개인 기부자, 대기업, 기타 조직으로부터의 기부금을 포함하여 다양한 소스에서 자금을 조달한다. 이를 위해 기부자들과의 지속적인 관계 구축과 신뢰 유지가 필수적이다. 기부자들은 자신의 기부가 실질적인 변화를 가져온다는 확신을 원하며, 이를 위해 NPO는 투명하고 명확한 성과 보고를 제공해야 한다. 예를 들어, 성공적인 기부 캠페인을 위해서는 정기적인 소통, 감사의 표시, 기부금 사용 명세 공개 등이 필요하다.

(2) 정부 보조금과 그 제약사항

많은 NPO가 정부 보조금에 크게 의존하는데, 이는 종종 엄격한 사용 조건이 따른다. 정부 보조금을 효율적으로 관리하고, 규정을 준수하는 것이 중요하다. 이는 정기적인 감사와 보고서 제출해야 하며, 보조금 사용의 투명성을 유지하기 위한 체계적인 관리가 필요하다. 예를 들어, 정부 보조금으로 운영되는 프로그램은 명확한 예산 계획과 성과지표를 설정하고, 이를 준수해야 한다.

(3) 행사 및 캠페인 실행

자금 조달을 위해 NPO는 각종 행사, 기금 모금 캠페인, 공익 활동 등을 실행한다. 이러한 활동은 추가 수익을 창출하는 동시에 조직의 목적과 사명을 홍보하는 기회를 제공한다. 예를 들어, 자선갈라, 마라톤 대회, 온라인 모금 캠페인 등 다양한 행사를 통해 자금을 모으고, 동시에 조직의 인지도를 높일 수 있다. 이러한 행사는 기부자와 대중의 참여를 유도하며, 조직의 활동을 홍보하고, 커뮤니티와의 연결을 강화하는 데 기여한다.

자원 관리의 독특한 측면에서 NPO는 종종 제한된 자원을 가지고 다양한 목표를 달성해야 하는 도전에 직면해 있다. 그에 따라 효율적인 자원 관리는 조직의 지속가능성과 효과성을 결정짓는 핵심 요소이다.

(4) 자원봉사자의 활용과 관리

자원봉사자는 NPO의 중요한 자산이다. 이들의 기술과 시간은 비용 효율적인 방식으로 조직의 서비스를 제공하는 데 기여한다. 효과적인 자원봉사자 관리 프로그램을 개발하고 유지하는 것은 조직에 매우 중요하다. 자원봉사자들은 동기부여, 교육, 인정을 통해 지속해서 참여할 수 있도록 해야 한다. 예를 들어, 정기적인 자원봉사자 교육 프로그램을 운영하고, 그들의 기여를 공식적으로 인정하는 시스템을 마련할 수 있다.

(5) 재원의 효율적 배분

제한된 재원을 가장 필요한 곳에 효과적으로 배분하는 것이 중요하다. 이는 전략적 계획과 우선순위 설정이 필요하다. 예를 들어, 긴급한 보건 서비스와 장기적인 교육 프로그램 간의 자원 배분을 고려할 때, 현재의 사회적 필요와 장기적인 영향력을 모두 평가하여 결정해야 한다. 이를 통해 재정적 자원을 최적화하고, 조직의 목표 달성을 지원할 수 있다.

전략 수립의 독특한 측면에서 NPO의 전략 수립은 조직의 사명과 직결되며, 사회적 영향을 최대화하는 데 중점을 둔다. 이 과정에서 조직은 내외부 환경을 철저히 분석하고, 이해관계자들과의 긴밀한 협력을 추구한다.

(6) 임팩트 중심 전략

NPO의 전략은 그들의 사회적 임팩트를 최대화하는 방향으로 개발되어야 한다. 이는 종종 복잡한 사회적 문제와 관련이 있으며, 구체적인 성과지표를 설정하여 그 효과를 측정한다. 예를 들어, 빈곤 감소를 목표로 하는 NPO는 가계 소득 증가, 교육 성취도 향상 등의 구체적인 지표를 설정하고, 이를 통해 성과를 평가할 수 있다.

(7) 지속 가능성과 유연성

변화하는 사회적 요구와 자금 조달 환경에 유연하게 대응할 수 있는 전략을 수립해야 한다. 이를 위해 지속 가능성을 고려한 장기 전략과 단기 실행계획의 균형이 필요하다. 예를 들어, 환경 보호 NPO는 단기적으로는 지역사회 교육 프로그램을 실행하고, 장기적으로는 정부 정책 변화에 영향을 미치는 전략을 개발할 수 있다. 이러한 접근은 변화하는 외부 환경에 적응하면서도 조직의 장기적인 목표를 추구할 수 있게 한다.

비영리 조직의 경영은 자금 조달, 자원 관리, 전략 수립 등에서 독특한 접근 방식을 요구한다. 이러한 접근 방식은 NPO가 직면한 고유한 도전과제와 목적 지향적 성격에서 기인한다. 성공적인 NPO 경영은 다양한 기부 채널을 활용하고, 자원봉사자와 재원을 효율적으로 관리하며, 사회적 임팩트를 최대화하는 전략을 수립하는 데 달려 있다. 이를 통해 NPO는 사회적 가치를 창출하고, 더욱 큰 사회적 변화를 끌어내는 데 중요한 역할을 수행할 수 있다.

NPO의 경영은 단순한 운영의 효율화를 넘어서 사회적 가치를 창출하고, 지역사회 및 국제 사회에 긍정적인 변화를 가져오는 데 중요한 역할을 한다. 이러한 과정은 지속 가능하고 영향력 있는 운영을 지향하며, 이를 통해 NPO는 더욱 나은 미래를 위한 토대를 마련할 수 있다. 비영리 조직의 이러한 노력은 인류의 복지향상과 지속 가능한 발전을 위한 중추적인 기여를 하며, 이는 결국 우리 모두의 삶을 더욱 풍요롭게 만드는 데 기여한다. NPO의 성공적인 경영을 위해서는 자금 조달, 자원 관리, 전략 수립의 각 요소가 상호 보완적으로 작용해야 한다. 자금 조달의 안정성과 다양성, 자원 관리의 효율성과 효과성, 전략 수립의 목표 지향성과 유연성은 NPO가 직면한 다양한 도전을 극복하고, 지속 가능한 성장을 이루는 데 필수적인 요소들이다. 이를 통해 NPO는 사회적 임팩트를 극대화하고, 지속 가능한 발전을 도모할 수 있다.

비영리 조직의 이러한 경영전략은 단순히 조직의 생존을 넘어서, 사회적 문제 해결과 공동체의 복지 증진에 기여하는 중요한 역할을 수행한다. 이는 궁극적으로 사회 전체의 발전과 번영을 위한 기반을 마련하는 것이며, NPO는 이를 통해 인류의 삶을 향상하는 데 핵심적인 기여를 할 수 있다. NPO의 경영이 성공적으로 이루어질 때, 우리는 더 나은 사회, 더 밝은 미래를 기대할 수 있을 것이다. 비영리 조직 경영은 다양한 측면에서 깊이 있는 이해와 체계적인 접근이 필요하다.

조직의 사명과 비전을 명확히 하고, 법적 요구사항을 준수하며, 효과적인 거버넌스와 재정 관리를 통해 조직의 지속 가능성을 높이는 것이 중요하다. 또한, 프로그램의 기획 및 평가, 마케팅 및 커뮤니케이션, 인적 자원 관리, 리스크관리, 사회적 영향 평가를 통해 조직의 목표를 달성하고, 사회에 긍정적인 영향을 미칠 수 있다. 이러한 요소들을 종합적으로 이해하고 실천하는 것이 비영리 조직 경영의 핵심이다.

Chapter

03

NPO 경영 방식의 이해

Chapter

03 NPO 경영 방식의 이해

NPO(Non-Profit Organization)는 사회적 문제를 해결하거나 공익을 증진하기 위해 활동하는 기관이다. NPO의 효율적이고 효과적인 경영을 위해 다양한 측면에서 혁신적인 접근 방식이 요구되어진다. 경영 방식이란 경영을 수행하는 구체적인 접근법이나 방법론을 의미한다. 즉, 조직을 어떻게 관리하고 이끌어 나가는지에 대한 스타일을 말한다.

NPO 경영 방식은 사회적 가치를 창출하고 지속 가능한 방식으로 운영하는 것이 중요하다. 기업을 운영하는 데 있어서 다양한 리더십이 있지만, NPO 기관에서는 무엇보다 윤리적 경영이 중요하며, 윤리적 리더십은 종사자들에게 긍정적인 영향을 끼친다. 또한 NPO의 특성상 이미지가 무엇보다 중요하다고 할 수 있다. 기관의 브랜딩 전략을 통하여 지속 가능한 기업이 될 수 있도록 평판 관리와 포지셔닝에 힘써야 한다. 이렇게 신뢰 관계를 쌓으면서 꾸준한 서비스 관리로 고객의 이탈을 최소화하는 노력도 게을리 해서는 안 된다. 이러한 경영 방식을 통해 사회의 발전과 변화를 끌어낼 수 있는지에 대한 제안과 미래의 변화를 예측하고 대응하는 방법을 구체적인 전략을 통해 정립해 나가는 것을 목표로 한다.

1. 윤리적 리더십

1) 윤리적 리더십의 의미

윤리적 리더십이란 개인적 행동이나 대인관계를 통해서 조직원들에게 규범적으로 적절한 행동(공정성, 배려, 정직성)을 보이고 양방향 커뮤니케이션, 강화작용, 의사결정을 통해서 조직원들에게 그러한 행동을 촉진하는 것이다. 조직원들의 윤리적 태도와 행동을 유발하는 데 관리자의 윤리적 리더십이 더욱 주목받고 있다. 정직성 · 투명성 · 도덕성과 같은 윤리적인 조직 분위기를 만들 수 있는 핵심적인 요인은 경영자와 관리자의 윤리적인 리더십이다. 기업이 지속적인 성장을 이루기 위해서는 윤리적인 문화를 구축해야 하며, 가장 중요한 것은 윤리적 리더십이라는 주장도 있다(Brown & Trevino, 2006). 또한, 기업들의 부도덕한 경영행태와 비윤리적인 의사결정이 사회적으로 큰 파장과 문제를 유발하면서 경영 분야에서 윤리와 도덕에 관한 관심이 증가하고 있을 뿐 아니라, 나아가 윤리적 의사결정이 장기적인 차원에서 기업의 실제적 이익에 기여한다는 사실이 인식되기 시작하면서 기업 내부적으로도 자신들의 조직에서 윤리와 진실성 등과 같은 측면을 리더십에 접목하고자 하는 강한 동기가 확산되고 있다(Kalshoven, et. al., 2011).

최근 기업의 사회적 책임과 윤리경영의 중요성이 강조되는 가운데 조직 내에서 계급과 직책 또는 신분에 구분 없이 전사적 차원에서 행동과 실천 위주의 윤리적 역할이 높은 비중을 차지하게 되면서 윤리적 리더십의 중요성과 영향력이 새롭게 인식되고 있다(서성용, 2017).

2) 윤리적 리더십의 영향

(1) 긍정적인 측면 촉진

윤리적 리더십은 구성원들이 더욱 바람직한 방식으로 변화되도록 하는 데 기여하는 것으로 알려져 있다. 윤리적 리더들은 다양한 방식으로 조직에 긍정적으로 기능하는데, 특히 조직에서 바람직한 역할 모델로 작용함으로써 구성원들의 태도 등을 긍정적으로 변화시킨다고 하였다(이명신 · 장영철, 2009). 또한 윤리적 리더십이 구성원들과의 명확한 의사소통을 촉진하는 요소를 포함하고 있으므로, 이에 따라 본인들의 역할을 보다 구체적인 수준에서 인식하도록 촉진시킨다고 보고하였다(Mayer, Kuenzi & Greenbaum, 2010). 윤리적 리더십이 구성원들의 공유된 인식을 변화시킬 수 있으므로 이후에 팀의 응집력 등에도 긍정적으로 기능한다고 하였다.

(2) 부정적인 행동 통제

윤리적 리더십이 구성원들의 부정적 행동을 감소시키는 것으로 나타났다(Van Gils, Van Quaquebeke, Van Knippenberg, Van Dijke & De Cremer, 2015). 이들의 연구는 윤리적 리더십이 조직 일탈(organizational deviance)에 미치는 영향에 초점을 두고 있었다. 조직 일탈이란 조직의 규범을 손상하기 위한 자발적인 행동으로 정의되며, 이로 인하여 조직과 구성원 모두의 안녕을 손상할 수 있는 것을 의미한다. 모든 구성원이 조직에 만족할 수는 없으며, 특히 자신의 이익이나 권리가 조직에 의하여 침해된다고 여길 때에는 조직 일탈의 발생 가능성이 커지게 된다. 그러나 윤리적 리더십은 그러한 상황에 처한 구성원들에게도 조직 윤리에 대한 중요성을 강조함으로써 부정적인 사건이 발생하는 것을 줄일 수 있다.

(3) 직무 열의 상승

윤리적 리더들이 부하들을 평등하게 대우하고 높은 성과를 얻도록 도움을 주기 때문에 직무에 대하여 긍정적으로 바라보게 한다고 하였다. 이로 인하여 구성원들은 자신의 직무에 더욱 매진함으로써 직무 열의(job engagement)가 높아진다고 하였다. 결국 윤리적 리더십은 구성원과의 상호 작용을 통하여 개인들이 직무에 대하여 갖는 태도를 변화시킬 수 있다는 것이다(김현철 외, 2016).

(4) 부정적 측면

너무 높은 윤리적 리더십은 부하들로 하여금 스트레스를 유발하게 하여 친사회적 행동을 약화하는 결과를 초래한다는 것이 입증되었으며(Miao, et. al., 2013), 조직뿐만 아니라 다른 구성원들의 비윤리적인 행동을 인식하게 되면 직무 만족이 감소하고 이직 의도는 증가하고(Jaramillo, et. al., 2006), 이러한 윤리적인 부조화를 경험하게 되면 조직몰입이 낮아지고 결과적으로 이직 의도는 높아진다고 하였다(Levy & Dubinsky, 1983).

3) 윤리적 리더십의 구성 요소

(1) 정직성, 신뢰성, 공정성, 배려 등과 같은 모범적인 행동으로 리더는 부하들에게 정당하고 신뢰할 수 있는 역할 모델이 된다(문주호, 2014). 여기에서 '규범적으로 적절하다'라는 의미상의 다소 모호한 점이 있는데, 왜냐하면 보편성을 넘어서서 적절한 행위라고 생각되는 것은 다소 상황 의존적이기 때문으로, 예를 들어 특정 문화권에서는 규범적으로 적절하다고 사회적으로 인정되는 행위가 또 다른 문화권에서는 규범적으로 부적절할 수도 있을 것이기 때문이

다(이명신, 2009).

(2) 양방향 커뮤니케이션(two-way communication)을 통해 그러한 행위를 촉진하는 것은 윤리적 리더들이 조직구성원들에게 윤리와 관련된 의사 표현을 함으로써 구성원들에게 윤리에 관한 관심을 불러일으킬 뿐만 아니라 직무에서도 공정한 절차에 따라 처리하는 것을 포함한다(Howell & Avolio, 1992; Bass & Steidlmeier, 1999).

(3) 강화(reinforcement)는 윤리적 리더들은 윤리적인 기준을 제시하고 부하들의 윤리적 행동에 대해 적절한 보상을 제공하고, 설정된 기준에 따라 행동하지 않는 부하들에게는 벌을 줌으로써(Gini, 1998; Trevino, et. al., 2003) 윤리기준을 준수하도록 강화해야 한다. 또한, 이는 부하들의 간접학습에 기여하는 것을 의미하기도 한다.

(4) 의사결정(decision-making)에 대해서는 윤리적 리더들은 자신들이 의사결정을 하고, 그 의사결정에 의해 야기되는 윤리적인 결과를 고려하고 조직의 구성원들에 의해 관찰되고 모방할 수 있는 원칙적이고 공정한 선택을 하는 것을 의미한다(Bums, 1978; Howell & Avolio, 1992; Bass & Avolio, 2000).

4) 윤리적 리더십의 조직 요건

(1) 최고경영진의 의지가 있어야 한다. 최고경영자는 윤리적 가치관과 행동원칙이 조직 문화에 잘 스며들 수 있도록 윤리적 기준을 제시하고 행동으로 실천

해야 한다. 윤리적 의사결정을 위한 제도적 절차를 구축하고 윤리적 경영을 관리할 전문 인력을 배치하는 등 실질적인 환경을 정비하는 것이 필요하다(강승완, 2011).

(2) 효율적이고 개방적인 커뮤니케이션이 중요하다. 조직 내에 개방적이고 허심탄회하게 의사소통하는 경로가 마련되어 있어야 윤리적 이슈에 대한 논의와 실천도 확산할 수 있다. 경영진은 윤리에 대해 자주 의사소통하고 메시지를 명백히 밝힘으로써 윤리에 관한 관심을 집중시켜야 한다(김형태, 2008).

(3) 윤리경영 프로그램과 관리자가 필요하다. 경영자는 윤리경영 전담부서 또는 전담인력을 선임하여 윤리경영 실천시스템 운영, 교육, 홍보, 내부 윤리감사 및 평가 등을 수행해야 한다(김일순, 2005).

(4) 구체적인 윤리경영의 목표 설정을 제정해야 한다. 윤리적 리더는 직원들이 준수해야 할 명백한 윤리기준을 수립하고 자신도 이러한 기준을 따른다. 비윤리적 행동과 윤리적 규칙을 어겼을 때 어떤 문제와 처벌이 따르는지도 밝히는 것이 필요하다(류정란, 2011).

(5) 윤리적 의사결정을 해야 한다. 실제 경영 의사결정에서 비윤리적 요소가 없는지 검토해야 하며, 신규 사업 진출이나 환경 문제, 소비자 권리, 근로자 권리와 관련된 이슈가 발생했을 때 윤리적 측면에서 올바른 판단을 내려야 한다(김형태, 2008).

(6) 윤리 행동강령을 마련해야 한다. 윤리 행동강령은 기업윤리에 대한 회사의 기본 방침을 체계적으로 정리한 것으로 윤리 강령(code of ethics)−행동 강령(code of conduct)−실천 강령(code of practice)의 체계로 구조화된다. 기업의 윤리 철학, 윤리경영 제도와 관리절차, 각 이해관계 집단에 대한 바람직한 관계와 행동기준, 회사기밀과 고객정보의 보호, 환경 오염방지를 위한 의무사항, 뇌물, 금품수수, 부당한 혜택 제공의 예시 등이 포함된다(김학수 외, 2008).

(7) 윤리 위반자에 대한 처벌 규정을 수립해야 한다. 과실의 고의성, 중요성, 파급효과 등을 고려한 적절한 징계 규정을 정해 두고 적용하는 것이 필요하다(김지연, 2011).

(8) 내부 신고 장치를 마련해야 한다. 내부자 고발 제도(whistle blowing)는 조직 또는 내부 구성원의 불법적이고 비윤리적인 행위에 대해 내부 임직원이 윤리경영 전담부서 혹은 전담자에게 신고, 고발하도록 하는 제도이다. 내부고발을 유도하고 보호하기 위한 무기명 핫라인의 설치가 필요하다. 윤리적 리더는 구성원들의 윤리적 행위에 영향을 미치기 위해 보상과 규제를 적절히 활용해야 한다(김일순, 2005).

(9) 윤리교육을 강화해야 한다. 윤리경영이 기업에는 장기적 경쟁력 확보의 원천이며, 반대로 비윤리적 경영은 기업과 개인을 한순간에 파멸하게 하는 일임을 널리 알려 위기의식을 조성하는 것이 필요하다(이성식, 2005).

(10) 윤리감사의 시행이 필요하다. 윤리감사는 기업이 투명하고 깨끗한 경영을 실현하기 위해 자율적으로 내부 모니터링을 하는 시스템이다. 기업은 전문 인력을 배치하여 정기적이거나 불시에 기업 전반 및 비리 발생 예상 요소에 대해 점검하고 문제 요소에 대해서는 적절한 조치를 해야 한다(강승완, 2011).

5) 윤리적 기업 경영

(1) ESG의 중요 개념

〈표 3-1〉 ESG의 중요 개념

E(Environment)	S(Social)	G(Governance)
• 대기오염 감축(탄소배출 감소) • 에너지와 자원 소비 절감(신재생에너지) • 폐기물 관리 • 환경 관련법 위반사항 • 기후변화전략 수립 및 대응 등	• 구성원 평등(남녀고용, 동등보상) • 협력사 및 공급망 지속 가능성 관리 • 산업안전 보건 • 인권존중 • 사회공헌활동	• 윤리 및 부패 문제 관리 • 협력사 대상 반부패정책 적용 • 기업지배구조개선(비상임이사 보상, 주권리, 이사회 독립성/전문성/다양성, 회계 투명성

(출처: 장대현, 2022)

(2) ESG 경영, GRC 전략으로 완성

ESG 경영을 구현하기 위한 핵심 전략으로 GRC가 강조되고 있다. GRC란 Governance, Risk Management, Compliance의 약자로 조직의 지배구조, 리스크 관리, 컴플라이언스(윤리경영 및 준법활동)을 총체적으로 다루는 전략(strategy)을 의미한다.

〈표 3-2〉 GRC에 매핑되는 ISO 경영시스템표준(MSS)

G	R	C
ISO 37001 Governance of Organizations-Guidance	ISO 31000 Risk Management	ISO 37301 Compliance Management System

(출처: 장동한, 2021)

(3) ISO 37301:2021(준법경영시스템) / ISO 37001:2016(부패방지경영시스템)

ISO 37301:2021은 ESG와 관련한 컴플라이언스 미준수 행위를 예방, 탐지, 완화, 대응하는 데 필요한 최소한의 도구이다. 컴플라이언스 관련 리스크를 효과적이고 건전하게 관리하는 것이다. 이로써 사업기회와 지속 가능성을 향상하고, 조직의 평판과 신뢰성을 보호하고 강화한다.

(4) ISO 37001:2016은 정확히 표현하면 뇌물방지경영시스템이다. 뇌물방지에 대해 합리적이고 균형 잡힌 정책, 절차 및 통제 프로세스를 체계적으로 갖추고 있다. 컴플라이언스(준법)는 각종 법률, 규정, 행정법원의 명령, 정책, 절차, 원칙, 코드, 스탠다드, 허가, 라이센스 또는 다른 혜택의 권한, 규칙, 조약, 규약, 회계부정, 탈세, 프로토콜, 가이드라인, 윤리 등 넓은 범위를 다룬다(용석광, 2022).

6) 윤리적 리더십의 사례

(1) 유한킴벌리의 새로운 패러다임: 인간존중

유한킴벌리의 기업문화는 창업주 유일한 박사의 경영철학에 뿌리를 두고 있다.

그의 경영원칙 다섯 가지는 '인간존중', '고객 만족', '사회적 책임', '가치창조', '혁신추구'다. "기업의 제1목표는 이윤추구이다. 그러나 그것은 성실한 기업 활동의 대가로 얻어야 한다"며 윤리적 경영을 중요시했다. 또한 "민족의 부흥은 국민건강에 있다"며 한국인에게 특화된 영양제를 만드는 데 주력했다. 1990년대 말 아시아 경제위기를 맞아 일부 생산라인을 6개월 넘게 중단해야 하는 초유의 사태에 직면했다. 문국현 사장은 대량해고 대신에 일자리 공유 시스템인 '4조 2교대 시스템'을 도입했다. 새 근무 시스템의 성과로 매출은 두 배 넘게 증가했다. 또한 '평생학습 패러다임'의 시행은 성공적인 혁신을 가져왔고, 고용이 늘었을 뿐 아니라 생산성도 향상됐고 근로자들의 지식기반도 확충되었다(Drucker, 2014). 대표적인 기업 공익캠페인 '우리 강산 푸르게 푸르게'를 전개해 1984년부터 다음 세대를 위해 나무를 심고 숲을 가꾸는 일을 시작하였다. 또한 시니어 일자리 확장을 위해 '시니어 기금'을 조성하고 '시니어가 자원이다'라는 캠페인으로 사회적 확산에도 힘쓰고 있다.

(2) 친환경 비즈니스의 대명사, 파타고니아

2011년 '이 재킷을 사지 마라' 광고를 통해 적게 소비하기를 권고했으며, 폐제품에서 나오는 오리털을 재활용한다. 이들의 철학은 튼튼해서 오래 가는 옷을 만들고 고객들이 그 옷을 아주 오랫 동안 입도록 하자는 것이다. 물류 단계에서 발생하는 탄소를 점검하기 위한 모니터링 시스템을 구축했으며, 1985년부터 매출의 1%를 자연환경의 복원과 보존을 위해 사용했다. 쉬나드(Chouinard) 회장은 '파타고니아 환경기부금은 지구 자원을 사용하는 것에 대한 세금'이라고 기부의 의미를 밝힌다. 파타고니아의 회장 이본 쉬나드는 회사 소유권을 통째로 환경 단체와 비영리 재단에 기부했다. 파타고니아는 비상장기업으로, 쉬나드 일가의 지분 가치는 약 4조억에 이른다.

(3) 풀무원

한국기업지배구조원이 주관한 '2021년 ESG 우수기업 시상식'에서 ESG 대상을 받았다. 식품기업 중 5년 연속 ESG 통합 A+등급을 획득하며 2021년에는 ESG 대상을 받았다는 점에서, ESG 경영에 있어서 선도적인 역할을 하는 것으로 평가할 수 있다. 이뿐만 아니라 풀무원은 2019년 다우존스가 평가하는 '지속경영지수(DJSI) 평가'에서 식품산업 부문 116개 글로벌 식품기업 중 6위에 랭크, 2년 연속 10위권 안에 들면서 기업의 지속 가능성에 대해서도 높은 평가를 받았다. 풀무원이 ESG 경영 성과를 낼 수 있었던 것은 2017년부터 ESG 위원회를 설치하여 환경, 사회, 지배구조 부문의 균형적인 발전을 위한 노력을 지속해 왔기 때문일 것이다.

풀무원은 환경과 관련하여 에너지 사용량, 온실가스 배출량, 폐기물 발생량에 대한 감축 목표를 설정하고 이 결과를 대외적으로 공표하고 있으며, 온실가스 배출 감소를 위해 태양광 온수 생산 시스템을 도입하는 등 태양광 발전 설비에도 투자하고 있다. 풀무원이 자사 공장에 설치한 태양광 발전 및 태양열 냉난방 설비를 통해 만들어진 신재생에너지의 온실가스 배출량은 제로이다. 또한 풀무원은 제품 1톤당 사용되는 에너지양을 2020년 기준 155.2kg OE로 전년 대비 2%를 줄였다.

또한, 비영리 공익법인 '풀무원재단'을 설립해 식품기업이라는 기업의 성격에 맞게 '건강한 먹거리', '건강한 환경', '건강한 사회'라는 3대 영역을 설정하고 기업의 사회적 책임을 실천하고 있다. ESG 경영활동에서 풀무원의 이와 같은 성과는 꾸준한 환경 투자와 기업의 사회적 책임 실천, 지배구조의 건전성 확보를 위한 노력의 결실로 볼 수 있다(국민권익위원회, 2022).

2. 브랜드 전략

1) 브랜드(Brand)와 브랜딩(Branding)

NPO의 브랜딩은 일반적으로 사회, 환경 또는 인도주의적 문제를 해결하는 데 있어 조직의 사명, 가치 및 영향을 전달하여 공감을 불러일으키고 지원을 창출하며 사회 변화를 주도하는 데 중점을 둔다.

브랜드란, 'Living business asset', 즉 '살아 있는 비즈니스 자산'으로 정의할 수 있다. 브랜드 경험은 기업의 모든 활동을 통해서 만들어지며, 이상적으로 관리되었을 때 식별성(Identification)과 차별성(Differentiation)과 가치(Value)를 창출한다. 이처럼 브랜딩은 모든 비즈니스 활동을 관리해서 브랜드 가치를 최대화하는 것을 목표로 하는 활동이다. 그 핵심은 고객들이 우리 브랜드를 선택할 수 있도록 유도하는 모든 활동에서 발생하는 고객 경험을 정성껏 관리하는 것에 있다. 따라서 브랜딩은 로고 배치 방법을 규정하는 것도 아니고 광고로 일시적인 이미지를 만드는 것도 아니며 종합 커뮤니케이션 전략도 아니다.

모든 비즈니스 활동을 총동원해서 형성되는 브랜딩, 그 활동의 기반이 되는 것이 '브랜드 아이덴티티(brand identity)'이다. 제품 및 서비스, 임직원의 행동, 환경과 채널, 커뮤니케이션, 저마다의 접점을 통해 브랜드의 아이덴티티가 고객에게 전달되면 고객의 인식 속에 확고한 평판이 형성된다. 성공적인 브랜딩은 고객의 인식 속에 우리 브랜드만의 차별적인 모습을 '각인'시키는 것이다.

브랜드 아이덴티티는 조직 전체가 목표로 하는 '약속'과 같다. 그러므로 이것을 임직원이 확실히 이해하고 행동으로 옮기는 것이 브랜딩 실천의 첫걸음이다. 이것이 다양한 활동을 통해서 고객과의 접점으로 전개되고 그 가치가 고객에게 적절히 전달되면 브랜드를 각인시키게 되어 최종적으로는 경제적인 가치를 창출한다.

2) 브랜드의 핵심 개념

(1) 브랜드 자산

'brand equity' 혹은 'brand asset'의 번역 용어로서 특정 브랜드가 가지는 경제적 가치를 의미한다. 브랜드 자산을 구성하는 요소들로는 데이비드 아커(David Aaker)의 이론을 바탕으로 브랜드 인지도, 품질 인식, 브랜드 연상, 브랜드 충성도를 들 수 있다. 애플은 브랜드 자산 가치 부문에서 꾸준히 1위를 차지하고 있다. 2021년 「Brand Finance Global 500 보고서」에 따르면 애플의 브랜드 가치는 약 2,634억 달러로 추산되며, 2위인 아마존은 약 2,542억 달러, 3위인 구글은 약 1,912억 달러로 추산된다. 향후 상위에 랭크하게 될 기업으로는 테슬라, 알리바바, 바이트댄스(틱톡), 줌 등이 잠재력을 보여 주고 있다.

(2) 브랜드 파워

경제적인 관점과는 달리 좀 더 포괄적인 관점에서 보는 일종의 사회적인 힘이라고 할 수 있으며, 현대의 새로운 3차원적 권력으로 자리 잡았다. '소비자의 구매 욕구를 자극하고 제품을 판매하기 위해 가지고 있는 수단'을 브랜드의 힘(power)이라고 할 수 있다. 브랜드 파워는 충성도를 강화하고, 강한 충성도에 의해 브랜드 파워는 더욱 강해진다.

(3) 브랜드 로열티(loyalty)

브랜드 충성도(브랜드 애호도)라는 용어로 사용하기도 한다. 브랜드에 대한 소비자들의 신뢰와 애착, 그리고 지속적인 구매 행동의 정도를 말하는 것으로 브랜드 자산 요소 혹은 브랜드 파워의 근간이다. 로열티란 소비자를 위한 가치창조 과정이며, 수직관계가 아니라 수평적 관계이다. 소비자의 열렬한 지지와 선호를 받기 위해서는 제품의 품질이 충실해야 한다(인터브랜드 재팬, 2021).

3) 브랜딩의 7가지 원칙

(1) 브랜드 오너의 의지

브랜딩을 성공 여부는 기업의 의지가 결정한다. CEO를 포함한 경영층의 의지가 필수적이지만, 모든 기업 구성원의 의지와 해당 기업의 문화 또한 커다란 영향을 미친다. 브랜드 오너의 의지를 구성하는 요소로 역사·문화, 경영자, 임직원을 들 수 있다.

(2) 고객 인사이트

고객의 니즈(Needs)를 철저히 파악하는 것도 브랜딩을 추진하기 위한 필수 요소이다. 고객의 미충족 욕구(Unmet needs)를 어떻게 찾아내느냐에 초점을 맞춰야 한다. 최근에는 온라인상의 커뮤니티 플랫폼을 활용하여 고객 간의 대화, 고객과 임직원 간의 대화를 통한 새로운 고객 인사이트 발견이나 고객과 깊고 안정적인 관계 형성에 기축을 둔 대처가 주류가 되기 시작했다. 이러한 '공동 가치창조'가 강력한 브랜드 형성의 원천이 되어 가는 것은 분명하다.

(3) 경쟁 회사와의 차별화

브랜딩에 가장 필요한 요소는 바로 '차별화'다. 선택받으려면 다른 회사와 무엇이 어떻게 다른지 브랜드의 독자적인 포지션을 정해야 한다. 자사의 강점과 자사 고객이 평가하는 포인트를 명확히 해야 하는데 그것만으로는 부족하다. 경쟁 회사의 움직임이나 다른 회사의 고객을 포함한 시장 니즈를 근거로 삼아 '앞으로' 어떤 브랜드 포지션을 목표로 하는 것이 효과적인지 검토해야 한다. 다른 회사와의 차별적 존재임을 좀 더 확실하게 하는 브랜드 포지셔닝 설정은 브랜드 경쟁 회사와의 차별화에 효과적으로 작용한다.

(4) 브랜드의 기반이 되는 '브랜드 아이덴티티'

브랜딩을 추진해 나가는 데 필수적인 원칙이다. 브랜드 오너의 의지, 고객 인사이트, 경쟁 회사와의 차별화는 아이덴티티를 끌어내기 위한 자극이다. 기업의 아이덴티티를 정의할 때는 단순히 듣기 좋은 표현이 아닌, 모든 기업 활동을 아우를 수 있는 정체성을 표현할 수 있어야 한다.

(5) 브랜드 아이덴티티를 나타내기 위한 시스템

아이덴티티가 정해지고 나면 이를 구체적으로 어떻게 표현할 것인지 설정해야 한다. 브랜드를 공고히 하려면 그 브랜드 '다움'을 표현해서 고객에게 적합한 브랜드 경험을 모든 영역에서 일관성 있게 제공해야 한다. 그러기 위해서는 언어적 요소, 시각적 요소가 세부적으로 규정되어야 한다. 이런 것을 근거로 한다면 명함이나 봉투 등의 비즈니스 도구와 같은 기본 아이템에서부터 광고, 판촉물, 점포, 웹, 전시회, 상품 패키지, 영업사원의 영업 화술에 이르기까지 브랜드가 표현하는 세계관을 추적해서 모든 접점마다 그 브랜드다움을 느낄 수 있는 고객 경험을 만들어

내는 것이 가능해진다.

(6) 일관된 내재화 교육 및 사외 커뮤니케이션

브랜딩의 목표는 브랜드 가치의 최대화이다. 임직원 개개인이 그 직무에서 브랜드 아이덴티티에 적합하게 하는 것이 사내에서의 내재화 교육이다. 단순히 '유능한' 내부 구성원을 육성하기보다 '브랜드에 걸맞은 발상을 하고, 그 생각을 업무에 실천할 수 있는' 구성원들을 육성해야 한다. '브랜드를' 관리하는 것이 아니라 '브랜드로' 관리해야 한다.

(7) 효과 측정과 새로운 사이클

브랜드를 사내외에 내재화해서 브랜딩이 완성되는 것은 아니다. 끊임없이 그 효과를 측정하고 피드백해서 개선하는 사이클을 반복해야 브랜드가 비로소 공고해진다. 계속적, 지속적인 브랜드 가치 향상을 목표로 하려면 일상적인 업무 개선과 마찬가지로 브랜딩의 PDCA(Plan 계획, Do 실행, Check 평가, Action 개선) 사이클 반복 실행하는 것이 중요하다. 특히 효과를 측정할 때 문제점 도출에 대해 구체적인 개선책을 제시하는 것에 중점을 둬야 한다. 브랜드의 중심은 브랜드 아이덴티티의 기반을 이루고 있는 '브랜드가 지향하는 방향'이다. 이것이 내부 구성원들 사이에서 공유되고 각자의 영역에서 실천되어 대외적으로 고객들에게 전달되는 순간 브랜드가 의도한 인식이 구축되기 시작한다. 이 과정이야말로 브랜딩이며 각 과정에서 지속해서 PDCA 사이클을 반복하여 개선점을 찾아내야 한다. 또한, 그것은 하루아침에 이루어지지 않는다(인터브랜드 재팬, 2021).

4) 고객 경험 브랜딩

오늘날 CX라고 불리는 고객 경험이란 바로 브랜드 경험이라고도 말할 수 있다. 스티브 잡스(Steve Jobs)는 '고객 경험에서 시작해서 테크놀로지로 거꾸로 올라가야 한다. 반대로 해서는 안 된다'라고 피력했다. 브랜드 경험이란 의식적이든, 잠재 의식적이든 고객의 마음을 통해 인지된 조직과 고객 사이의 상호 작용을 의미한다. 고객의 기대에 브랜드가 접촉하는 그 순간에 직관적으로 측정된 조직의 업무 수행 능력과 그로 인해 느껴지는 감각과 감정이 혼합된 것이다(Gad, 2019).

(1) 고객 경험을 위한 열쇠

고객 경험의 공식은 '가치 = 이익 - 비용'이다. 시장이 변화하고 있고 기업은 그들의 브랜드가 무엇이고, 그것이 제안하는 가치가 무엇인지에 대한 균형 감각을 유지해야 한다. 좋은 브랜드 전략은 항상 고객들에게 놀라운 경험을 제공할 수 있는 아이디어가 있어야 한다는 것이다. 다양한 유형의 고객 경험을 이해하고 체계적으로 검토하는 기업들이 더 높은 고객 충성도를 확보하고 관계를 유지할 수 있다.

(2) 고객의 기대가 고객 경험을 주도

고객의 기대가 높으면 전반적인 고객 경험은 향상되고 브랜드는 강화된다. 기업은 변화하고자 하는 포부를 가지고 커뮤니케이션해야 하고, 이것이 바로 체인지 메이커이다. 고객의 머릿속 인식을 관리하는 것, 이것이 브랜딩이다. 하지만 이러한 메커니즘을 사용하지 못하는 기업은 내부적인 확신이 부족하고 위험 감수에 대한 마인드가 부족한 경우이다. 조직 내에서 확신의 문화를 구축하는 것은 퍼스널 브랜딩이라는 도구, 즉 자기 평가와 자기 표적화 과정을 통해 핵심이 되는 개별 인물들을 구성하는 데서 시작한다.

(3) 고객 브랜드 경험 사이클

고객이 기업을 알아보고, 선택하며, 제품이나 서비스를 사용한다. 그다음 고객들은 평가하며, 주변에 추천할지를 판단한다. 이러한 고객 여정을 브랜드 오너라면 우리 기업을 어떻게 인지하고 입소문을 내는지에 대하여 파악해야 한다. 고객이 어디에서 우리를 찾는지(발견), 고객이 배우려고 하는 것이 무엇인지(학습), 구매 또는 사용하는 데 장애물은 무엇인지(선택), 무엇이 만족이나 불만족을 주는지(사용), 고객들의 평가는 무엇인지(관여)에 대한 해답을 찾아내야 한다.

(4) 지속 가능한 고객 경험 요소

놀라움, 기쁨, 신뢰, 존경을 꼽을 수 있겠다. 놀라움은 예상치 않은 것으로 고객의 긍정적인 반응을 끌어내는 것을 말한다. 기쁨은 브랜드와의 기분 좋고 긍정적인 관계에 지속성을 만들어 내는 것이다. 신뢰의 토대를 만드는 데는 기대, 니즈, 약속의 조건이 충족되거나 지켜질 때 신뢰는 견고하게 자리 잡게 된다. 존경은 가장 어려운 요소이다. 기업에 있어 존경은 고객의 니즈를 진정으로 느낄 줄 아는 능력이다. 고객들의 미미한 신호에 민감하게 반응해야 하며, 공급자의 입장이 아닌 고객의 관점에서 바라보아야 한다.

5) 브랜드 팬을 만드는 법칙

(1) 브랜드 팬

어떤 브랜드의 팬이라고 말하면 사람들은 그 브랜드를 통해 그들을 이해하고 정의하게 된다. 즉, 브랜드가 사회 속에서 그들이 누구인지를 알려 주는 '사회적 표식(Social Tag)'이 되는 것이다. 많은 팬을 보유한 브랜드에는 중요한 공통점이 있는데 그것은 사회 안에서 선망성을 가진 사람들 사이에서 발생한다는 점이다. 선망성이란 닮고 싶은 마음, 갖고 싶은 마음, 따라 하고 싶은 마음을 말한다. 브랜드가 선망성 집단의 표식이 되면 선망성 집단에 가까워지고 싶은 사람들, 이 집단의 일원이라고 느끼고 싶어 하는 사람들이 이 브랜드를 자신의 사회적 표식으로 받아들이게 된다. 그리고 자신이 이 브랜드의 팬이라는 것을 당당하게 선언하게 되는 것이다(김병규, 2023).

(2) 의미의 중요성

브랜드 팬을 만드는 핵심 요소는 바로 의미 공유이다. 공유된 의미란 브랜드와 고객 양쪽 모두가 브랜드의 가치 또는 광범위한 신념 체계에 대해 지닌 믿음이다. 글로벌 커뮤니케이션 기업 에델만이 실시한 조사에 따르면, 소비자의 67%는 논란의 여지가 있는 어떤 주제에 대해 브랜드가 취하는 견해가 자신과 같다는 이유만으로도, 여태 사용하지 않았던 브랜드를 시도해 볼 마음이 있다고 했다. CEO 리처드 에델만(Richard Edelman)은 "사람들은 무언가를 상징하거나 변화의 원동력이 되는 브랜드와 연관되기를 원한다."라고 했다.

93%에 달하는 대다수 소비자는 CEO가 긴급한 사회적 문제에 대해 성명을 발표할 때, 그리고 그 발표 내용에 동의할 때 그 회사의 제품을 더 많이 구매할 것이라고 했다(Schaefer, 2022).

NPO 조직에서의 윤리는 금전적인 부정행위 및 행동 외에도 공정하게 사람들을 대우하지 않는 것을 포함하는 개념이다. 즉, 이해할 수 없거나 비일관적인 기준에 의한 조직 관리도 조직 윤리에 포함되어 있으며, 이러한 보편타당한 조직의 운영은 해당 조직 내에서 능력 외적인 측면으로 인하여 어려움을 겪는 조직원들에게 긍정적으로 기능할 수 있게 된다. 윤리성의 확보는 법적 · 제도적 장치만으로는 한계가 있어 조직원들의 참여 속에 윤리적인 조직 분위기와 조직 문화를 구축해야 한다(김상봉, 2019).

브랜딩은 집을 짓는 과정과 비슷하다. 그만큼 브랜딩은 설계와 기초가 중요하고 그 과정은 길며 그 길이 순탄하지 않다. 하지만 잘 만들어진 브랜드는 많은 팬을 만들어 내며 오래도록 사람들의 기억에 남고, 이후에 무엇을 해도 사람들에게 쉽게 주목을 받는다. 물론 브랜드의 이미지를 꾸준히 유지하기 위해서는 브랜드다운 모습을 계속 보여 줘야 할 것이다. 전반적으로, 브랜딩은 비영리 단체가 효과적으로 사명을 전달하고, 지원을 받고, 신뢰도를 구축하고, 지역사회와 봉사 활동에 지속적인 영향을 미치기 위해 매우 중요하다. 브랜딩을 성공시키기 위해서 필수적이라고 할 수 있는 중요한 포인트는 지속성과 열정이다. 또한 사람 간의 연결, 그러한 인간의 목소리 뒤에는 진정성과 아픔을 함께하는 마음이 담겨 있어야 한다.

강력한 브랜드를 구축하는 것은 NPO 조직의 장기적인 지속 가능성과 성장에 필수적이다. NPO 조직의 성격과 아이덴티티를 확실하게 해야 한다. 어떤 사회적 이슈에 대해서도 숙고한 후에 태도를 보여야 한다. 공개적으로 의견을 밝히면 그와 함께 보상이 따른다. 전체 소비자의 4분의 1 정도가 자신과 브랜드의 가치가 일치한다면 25% 이상의 비용을 더 지급할 마음이 있다고 했으며, 51%는 공유 가치 여부만을 기준으로 브랜드를 사겠다고 했다(Schaefer, 2022). 확고한 브랜드는 어려움을 극복하고, 변화하는 상황에 적응하며, 지속해서 지원과 리소스를 확보할 수 있게 될 것이다.

Chapter

04

ESG의 이해

Chapter

04 ESG의 이해

오늘날 기업의 사회적 역할과 책임은 주주의 이익을 추구하는 것에 그치지 않고 기업에 관련된 여러 이해관계자들의 이익을 종합적으로 고려해야 하는 것으로 변하고 있다. 이러한 시대적 흐름을 반영한 ESG 경영은 이제 모든 기업이 추구해야 할 핵심 경영가치가 되고 있다. ESG는 환경(Environmental), 사회(Social), 지배구조(Governance) 측면에서 기업의 지속 가능성을 평가하는 비재무적 요소로서, 기업의 장기적인 생존과 번영을 위한 핵심 요소로 작용한다. ESG 경영은 기업의 재무적 리스크를 줄이고, 장기적인 성장을 도모하며, 다양한 이해관계자들의 신뢰를 얻는 데 중요한 역할을 한다. 이를 통해 기업은 지속 가능한 발전을 이룰 수 있으며, 장기적인 경쟁력을 확보할 수 있다. 그러므로 ESG의 정의와 주요 내용, ESG의 기능, ESG의 특징 등을 살펴보겠다.

1. ESG의 개념 및 정의

1) ESG의 개념

ESG는 환경(Environmental), 사회(Social), 지배구조(Governance)를 일컫는 개념으로, 국제연합책임투자원칙(UN Principles for Responsible Investment) 보고서에서는 ESG를 재무적 가치에 영향을 미칠 수 있는 비재무적 요소이자 투자자들이 투자를 결정할 때 반드시 고려해야 할 주요 요소로 보고 있다(United Nations, 2006). ESG는 환경, 사회, 지배구조의 각 차원에 대한 사회 기여도를 측정하여 기업의 비재무적 성과를 판단하는 기준으로 활용되고 있다(Galbreath, 2013). 즉, ESG란 환경(Environmental, "E"), 사회(Social, "S"), 지배구조(Governance, "G")의 영문 첫 글자를 조합한 단어로, 기업의 지속가능한 경영을 위한 비재무적 요소들을 포괄하는 개념이다. 기업의 성과는 전통적으로 영업이익이나 매출액 등 재무적 성과를 기준으로 평가됐으나, 기업의 지속가능한 성장을 위해서는 환경, 사회, 지배구조 측면의 비재무적 요소인 ESG도 고려되어야 한다는 것을 의미한다(이형규, 2022; 박상준, 2024).

ESG는 2004년 말 유엔 글로벌 콤팩트(UN Global Compact)가 작성한 보고서에서 처음 제시되었는데, UN은 기업이 지속가능한 성장을 하기 위해서는 ESG를 추구하는 체계적인 노력이 필수적이라고 판단하고 기업 투자 가치에 중대한 영향이 있는 비재무적 이슈를 부각하기 위하여 ESG라는 개념을 고안하였다. 이후 2006년 UN 책임투자원칙(UN Principles for Responsible Investment: UN PRI)에 의해 ESG를 구성하는 각 요소가 최초로 제시된 이래로 시대적 요구를 반영하면서 보다 다양화하고 세분화해 가는 추세에 있다. 나아가 UN 책임투자원칙은 투자자가 투자대상 기업의 재무적 측면뿐 아니라 비재무적 지표인 ESG까지 고려해야 한다는 6개의 원칙도 제시하고 있다.[1] 이와 같은 UN 책임투자원칙이 제정된 후 전 세계적으로 ESG에 관한 관심 및 관련 투자가 본격적으로 확산되었다.

과거 기업의 경영성과와 이익만을 판단하던 방식과는 달리 현재는 장기적으로 기업가치와 지속가능성에 영향을 주는 요소를 충분히 반영해 평가한다. 따라서 ESG 경영은 기업이 환경, 사회, 지배구조 면에서 지속 가능성을 추구하는 핵심 경영전략으로 이해할 수 있다. 지속 가능성은 정치, 사회, 경제 분야의 발전에 있어 하나의 공통적 패러다임으로 확립되어 왔다(Schaltegger & Hörisch, 2017). 현재는 UN을 필두로 하여 전 세계적으로 기후 변화 대응과 같은 지구상의 공익을 보호하기 위한 17개의 지속 가능 발전목표(Sustainable Development Goals: SDGs)를 추구하고 있으며, 기업들의 ESG와 책임투자 등에 대한 지수측정과 인증을 담당하는 협회와 기관이 늘어나고 있다.

한편, 기업평가의 측면에서 ESG는 기업의 매출 자체가 아니라 어떻게 매출을 올렸는가에 초점을 맞추는 일종의 비재무적 요소의 하나이다. 투자의 측면에서 살펴본다면, 투자대상을 선정하고 투자 여부를 결정하면서 '사회적 책임투자(Social Responsibility Investment: SRI)' 혹은 '지속 가능한 투자(sustainable investment)'라고 불리는 가치투자의 일종이라고 할 수 있다(김병연 외, 2021).

---

1) UN PRI: 원칙 1. 우리는 ESG 이슈를 투자분석 및 의사결정 시에 반영한다. 원칙 2. 우리는 투자 정책 및 운용 원칙에 ESG 이슈를 적극적으로 반영하는 투자자가 된다. 원칙 3. 우리는 투자대상 기업에 ESG 이슈의 적절한 공시를 요구한다. 원칙 4. 우리는 투자업계 내에 이 원칙 도입과 이행 증진을 위해 노력한다. 원칙 5. 우리는 원칙 이행의 효과 개선을 위해 협력한다. 원칙 6. 우리는 원칙 이행에 대한 세부 활동과 진행 상황을 보고한다. [https://www.unpri.org/about-us/what-are-the-principles-for-responsible-investment]

2) ESG의 구성 요인

기업의 비재무적 성과를 구성하는 대표적인 요소는 ESG, 즉 환경(Environmental), 사회(Social), 지배구조(Governance)이며, 각 요소는 다양한 하위요인으로 이루어지고(Ben-Amar, Chang & McIlkenny, 2017), 기업이 환경과 사회에 초래할 수 있는 부정적인 영향을 최소화하고 지배구조의 효용성을 극대화함으로써 기업의 지속 가능성과 장기적 가치에 큰 영향을 주는 것으로 인식되고 있다(강원 · 정무권, 2020).

기업은 발전과정에서 경제, 환경, 사회적 측면을 고려하지 않으면 '지속 불가능한' 경영을 하게 되어 위험에 빠지게 된다(Holden et al., 2017). 따라서 기업 발전과정에서 ESG는 매우 중요한 요소이다. 아울러 ESG에 포함된 환경, 사회, 지배구조 요소는 모든 기업이 피할 수 없는 경영 과정에서 직면해야 하는 문제이다. 환경오염이 심각하고 사회와의 관계가 좋지 않은, 지배구조가 불건전한 기업은 발전 전망이 없으며, 시간이 지나면 결국 도태될 것이다. 반면 친환경 생산을 강조하고 사회활동에 적극적으로 참여하며 기업과 사회 간의 양호한 관계를 유지하며, 건전한 기업 지배구조를 갖춘 기업은 시간이 지남에 따라 그 강점이 더욱 뚜렷해질 것이다. 따라서 기업으로서는 지속 가능한 발전을 위하여 ESG를 더욱 중요시할 필요가 있다. 2004년 UN은 사회 책임투자원칙(Principles for Responsible Investment)에서 ESG 개념을 처음 제안하여 기업이 발전과정에서 환경 보호에 중점을 두고 사회적 책임을 이행하며 지배구조를 완비할 것을 요구하였다(Sun, 2020).

또한, 기업 투자를 결정할 때 ESG를 재무성과와 같이 고려해야 할 핵심지표로 선정하고 CSR 활동과 같은 사회적 요소뿐만 아니라 환경과 지배구조 측면으로 크게 확장하였다(김범석 외, 2015). 2006년 골드만삭스는 환경, 사회, 지배구조 개념을 통합하여 ESG 평가 보고서를 발표했고 ESG 개념을 명확히 하였다(Hong, 2019). 그 이후 각종 투자기관은 ESG 개념을 심화시켜 체계적으로 형성하였고, ESG에 관한 국제 판정기구도 정식으로 출범하였다(나아람, 2022).

(1) 환경(Environmental)

환경(E)은 ESG의 3요소 중에서도 인류의 지속 가능한 미래를 위해 가장 중요한 과제이며, 기후 변화, 대기오염, 수질 요염, 산림 훼손, 멸종 위기종 증가에 따른 생물 다양성 상실 등의 다양한 환경 문제들이 현재 대두되어 있을 뿐만 아니라 갈수록 문제가 악화하고 있다.

경제 발전과 더불어 세계 각국이 직면한 환경 문제는 날로 심각해지고 있다. 이에 따라 각국은 기후 변화, 자원 부족 등의 문제가 국가 경제 발전과 활동에 초래할 수 있는 부정적인 영향을 최소화하기 위하여 노력하고 있다(강원 · 정무권, 2020). 환경 문제가 미치는 부정적인 영향을 줄이기 위하여 각국은 환경 보호를 중시하고 그에 맞는 환경지표를 만들어 환경 보호 활동을 시행하고 있다. 2002년 요하네스버그 지구 정상회담(World Summit for Sustainable Development)에서 채택된 지속 가능한 개발 원칙 등으로 인해 환경 관련 인식은 점점 보편화하고 있으며, 환경 보호를 위한 환경 관련 법규 및 각종 규제가 갈수록 강화되고 있다(최헌섭, 2011). 이에 따라 각국 정부는 탄소 배출량을 통일하며, 기업에 환경친화적 생산과 에너지 절약을 요구하고 환경오염이 심각한 기업을 처벌함으로써 글로벌 환경 보호를 강화해 인간과 자연이 조화롭게 발전하도록 노력하고 있다. 이러한 사회적 배경 속에서 사회의 일부분으로서 모든 기업은 환경을 보호할 의무를 져야 하며, 지속 가능한 발전을 위하여 환경 책임을 이행해야 하고, 환경 책임을 이행하려면 자발적으로 환경 정보를 공시해야 한다. 이는 기업들이 외부정보 이용자들에게 자신의 환경 보호 노력에 관한 유용한 정보를 널리 제공한다는 의미가 있다(Jaggi & Zhao, 1996). 이에 따라 많은 국가가 환경 정보공시를 중시하고 있다. 예를 들면 미국은 증권거래위원회(United States Securities and Exchange Commission), 재무회계 기준심의회(Financial Accounting Standards Board)에서 환경정보공시를 위한 규정을 제정하였으며, 일본은 환경성에서 환경정보공시를 규정하고 있다(이윤규, 2004).

또한, 캐나다의 경우, 캐나다 환경부(Environment Canada)는 자연환경을 보호하고 개선할 정책과 방안을 제정하여 기업들의 환경 정보공시를 요구한다. 이 외에도 많은 국가에서는 지속 가능한 발전과 장기적인 발전을 위하여 기업에 환경정보를 많이 공시할 것을 요구함으로써 높은 환경 수준을 추구하는 경향을 보였다. 최근 신흥시장 국가들에서도 급속한 경제 발전과 더불어 환경 문제가 크게 두드러지고 있다. 중국의 경우, 정부는 환경 문제를 해결하기 위하여 환경에 관한 규정이나 정책을 내세워 친환경적인 생산 강조, 에너지 절약 등을 주장하였다(Sun, 2020). 또한 환경과 발전의 관계를 중시하며, 환경오염을 줄임과 동시에 지속 가능한 발전을 위하여 노력하고 있다. 정부뿐만 아니라 기업들도 지속 가능한 경영을 달성하기 위하여 기존 자원을 합리적으로 활용하고 폐기물 배출량을 줄이는 등 친환경적인 조치가 필요하다는 점을 인식하고 있다. 이에 따라 정부의 친환경 정책에 부응하여 기업들도 환경정보를 정기적으로 공시하고 있고 이는 결과적으로 기업의 환경 보호에 대한 정부의 감독이 쉽게 이루어지게끔 한다. 최근에는 기업들이 환경오염 등의 문제를 줄이기 위하여 자발적으로 환경 보호 규칙이나 제도를 세우기 시작했다. 일반적으로 기업 유형에 따라 환경 보호 활동과 규칙의 요구사항이 달라지는데, 예를 들어 제조업은 다른 기업보다 필요한 자원이 많고 배출되는 폐기물도 많으므로 환경 보호 규칙을 세울 때 기존 자원의 합리적인 사용, 폐기물 축소 및 친환경 제품 생산 등의 방면에 중심을 놓고 있다. 이처럼 기업들은 유형에 따라 각 기업에 맞는 친환경 정책을 수립하고 대응하는 방안을 통하여 환경 보호 수준을 높이고 있다.

(2) 사회(Social)

ESG의 사회(S)는 일반적으로 사회 전체가 해결해야 한다고 인식되는 문제들이다. 남녀불평등, 아동노동과 인권을 무시한 과중한 노동, 워라밸, 노동자의 안전과 보건, 성희롱, 갑질 등 광범위한 사회적 문제가 포함된다.

기업은 사회의 구성원이자 일원으로서 사회의 지속 가능한 발전을 위하여 노력해야만 그 역할과 책임을 다하는 것이라고 할 수 있다(이갑두, 2020). 그중에서 기업의 사회적 책임은 기업이 주주, 직원, 전체 사회 등에 대한 의무를 다하는 것으로 정의할 수 있다(Turban & Greening, 1997). 기업은 사회적 책임 활동 참여를 통하여 주주, 직원, 더 나아가 전체 사회와의 관계를 더 잘 유지할 수 있을 것이다. 주주나 직원은 사회 수준이 높은 기업을 선호하는 경향이 있으므로 사회책임 활동이 사회 수준의 평가 요소가 된다. 따라서 최근의 기업들은 자사의 발전과 사회적 관계를 조화시키기 위하여 사회적 책임 활동에 적극적으로 참여하면서 사회적 책임에 대한 관심도를 높여 가고 있다. 그 이후 학자들은 경제적 책임, 법적 책임, 윤리적 책임을 기업의 책임에 포함하였고(Carroll, 1979), 사회 공헌 활동을 주주와 이해관계자 모두의 요구를 충족시키고 사회를 개선하기 위한 의무라고 정의하였다(Jones, 1980).

2000년대 이후 사회적 책임의 중요성이 더욱 강조되었고 사회에서 발생할 수 있는 불법적인 거래 또는 행위들을 최소화하고 장기적 이익의 최대화를 추구하는 것이 사회적 책임으로 정의되었다(Petkus & Woodruff, 1992). 이처럼 사회적 책임에 대한 정의는 시기별로 다르지만, 일반적으로 사회적 책임을 비영리 활동으로 간주하였다는 점에서는 공통점을 보인다. 즉, 기업이 이해관계자 사이의 관계를 잘 유지하고 지속 가능한 발전을 위하여 자발적으로 사회적 책임 활동을 해야 한다는 데에는 같은 입장을 보인다. 인간은 사회 구성원의 일부로서 사회와 서로 뗄 수 없는 연관성을 갖는다. 정부는 사회 발전을 추진하기 위하여 기업에 보상을 주고 기업의 사회 활동 참여를 독려한다. 또한, 기업이 사회와의 연계를 강화하기 위하여 사회 활동에 적극적으로 참여한다면 필요한 인력, 물적 자원을 획득하기 쉬워질 것이다. 이 밖에 기업이 봉사 활동, 기부활동 등의 활동 참여를 통하여 기업의 명예와 신뢰도를 높일 수 있다는 점에서 기업의 사회 활동은 기업의 미래 발전을 촉진할 수 있다(Surroca et al., 2010).

(3) 지배구조(Governance)

지배구조(G)는 '통치하다, 지배하다, 관리하다'의 뜻이고 Govern의 명사형으로 조직의 통치, 지배, 관리의 의미로 사용되며 ESG의 G는 기업지배구조(Governance)를 의미한다. 기업지배구조는 기업 구성원인 주주, 경영자, 채권자 및 기타 이해관계자 간의 대리인 비용 발생을 방지하고 주주 가치를 증대시키기 위한 제도적 장치의 하나로 정의되었다. 지배구조의 최적화는 대리인 비용의 감소를 의미하며, 많은 기존 연구에서 기업들이 지배구조 최적화를 통하여 대리인 비용을 줄일 수 있다는 것을 증명해 보였다. 또한, 기업의 기관투자자는 대주주에 대한 견제와 감시기능을 수행한다는 점에서 매우 중요한 역할을 한다. 엄격한 투자자를 가지고 있는 기업은 경영자의 근무방식을 개선할 수 있고 주주와 채권자 간의 대리인 비용을 감소시킬 수 있다(Barnea & Rubin, 2005).

블랙 등(Black et al., 2006)은 주주 권리, 이사회, 사외이사, 지분 집중도, 공시제도, 소유권의 일치 등으로 기업 지배구조 수준을 측정하여 기업 지배구조가 기업가치의 결정요인이라는 사실을 증명하였다. 더 독립적이고 전문적인 이사회, 적절하게 집중된 지분 구조 등의 지배구조를 갖추고 있는 기업은 임원 인센티브의 제정과 실행에 긍정적인 영향을 미친 것으로 나타났다(Conyon & Peck, 1998; Core et al.,

1999). 또한, 건전한 지배구조를 가진 기업은 불확실한 상황에 직면했을 때 대응 능력이 더 강하고 대내외 위험을 줄일 수 있어서 기업의 손실을 축소하여 성장을 촉진할 수 있다.

일반적으로 지배구조가 잘 운영되고 있는 상태를 리스크 관리가 잘되고 있다고 하고 반대의 경우는 리스크 관리가 잘되지 않고 있다고 표현하는데 기업이 윤리적 · 사회적 · 환경적으로 올바른 일을 하는 것이 최고의 리스크 관리라고 할 수 있다. ESG의 세부 요소의 내용은 〈표 4-1〉과 같다.

〈표 4-1〉 ESG의 주요 구성항목

E-환경	S-사회	G-지배구조
• 기후 변화 위험 • 자원고갈(천연자원) • 폐기물 • 오염 • 삼림파괴	• 인권(성별, 나이, 나이, 일 가정) • 근로조건(보건, 안전) • 고용 관계, 노조 관계 • 노동 착취 • 책임생산	• 뇌물 및 부패 • 임원 보수 • 이사회 다양성 구조 • 정치적 로비, 사회적 공헌 • 세금전략

(출처: UNPRI, www.unpri.org)

3) ESG의 정의

ESG에 대한 정의는 각 기업의 사업적 특성과 기관별 설립목적 그리고 관련된 이해관계자에 따라 조금씩 다르게 제시되고 있으나 공통으로 제시되는 키워드는 투자자 의사결정, 재무적 가치, 중장기 수익, 사회적 책임, 지속 가능성 등이며 자본시장에서의 ESG는 투자 의사 결정과 장기적으로 재무적 가치에 대한 영향을 미칠 수 있는 중요한 비재무적 요인이다(황인극 외, 2023). 기관별 ESG 정의를 살펴보면 다음과 같다.

(1) 유엔 책임투자원칙(UN PRI: Principles for Responsivle Investing)

더 나은 위험관리와 지속 가능성의 창출과 중장기 수익을 위해 투자 결정을 고려한다.

(2) 유엔 지속 가능 거래소(UN SSE: Sustainable Stock Exchanges initiative)

광범위한 환경, 사회, 지배구조의 고려사항들은 기업들이 사업전략을 실행하고 가치를 창출하는 능력에 영향을 미칠 수 있다(황인극 외, 2023).

(3) 나스닥(Nasdaq)

환경, 사회, 기업의 지배구조에 대한 고려사항은 사업전략을 실행하고 장기적인 가치를 창출하는 기업의 능력에 영향을 미칠 수 있다.

(4) 미국 재무분석사협회(US CFA)

투자자들은 기업행동의 맥락에서 고려하고 있다. 종종 ESG 이슈들은 본질에서 비재무 또는 수량화되지 않은 것들이 고려됐고 회사에 미치는 영향이 중장기적으로 영향을 미친다.

(5) 런던증권거래소 그룹(London Stock Exchange Group)

지속 가능성, 기업의 책임, 기업의 사회적 책임은 ESG 활동과 관련하여 전략 또는 프로그램으로 적용된다.

4) ESG 연혁

ESG의 바탕이 되는 사회적 책임투자(Socially Responsible Investment: SRI)는 18세기 감리교 교회에서 시작해서 이웃에 해를 끼치는 사업으로 돈을 벌면 안 된다고 가르쳤다. 주류 거래와 노예매매, 위험 화학물질 제조가 거기에 포함되었다(김화진, 2021). 그런 생각이 자본시장에 도입되어 1928년에 세계 최초의 SRI 펀드(Pioneer Investments)가 조성되었는데 이 펀드는 아직도 존속한다. 1990년대 중반부터 SRI 펀드 붐이 일어나 2019년 상반기에만 3조 달러 이상이 신규로 조성되었다. SRI 펀드 중 일부가 투자전략에 기업지배구조(G) 요소를 반영하기 시작한 것이 ESG의 출발이다. 이는 1990년대 이후 기업의 지배구조가 기업의 재무적 성과에 영향을 미친다는 연구와 인식이 축적된 것에 기인한다. 그러자 ESG의 핵심 목표가 SRI와 같은 지향점을 가지고 있는 것인지, 아니면 'G'를 반영해 투자대상 기업의 재무적 성과를 높이는 데 중점을 두는지에 대한 혼란이 있었으나 미국 최대 규모의 공적 연금인 캘퍼스(캘리포니아공무원 퇴직연금)은 후자라는 점을 분명히 했다. 즉, ESG가 단지 "기분이 좋아지는데 필요한 것이 아니라 경제적 타당성이 뒷받침되기 때문에" 채택했다는 것이다. 이는 향후 ESG의 운용에서 'G'가 핵심이 될 것이라는 점을 잘 나타내고 있다(김화진, 2021).

2. ESG의 중요성

환경, 사회, 지배구조 등의 비재무적 성과가 좋은 기업은 그 기업의 전반적인 수익성이 개선됨에 따라 지속적인 투자 활동을 하고 있다(김범석 · 민재형, 2016)고 하였으며, 프리데 등(Friede et al., 2015)은 ESG와 기업재무성과의 긍정적인 관계를 발견하였다. ESG 성능이 강할수록 경영성과, 효율성 및 기업가치가 증가한다고 하였으며(Gillan & Stuart, 2010), ESG 등급이 좋으면 재무성과를 향상한다고 하였다(장승욱 · 김용현, 2013). 프리데 등(2015)은 2,000개 이상의 연구를 메타 분석하여, ESG와 기업의 재무적인 성과 사이에 90% 이상 긍정적인 관계에 놓여 있음을 증명하였으며, 마낙톨라와 자우하리(Manaktola & Jauhari, 2007)는 소비자들은 친환경에 대한 기업의 관행을 의식하고 있으며, 추가 요금을 지급할 의사까지는 없지만, 친환경 기업을 선호하는 것을 확인하였다.

기업이 경제적, 법률적, 윤리적 책임을 다하려고 하는 것은 소비자의 만족도와 충성도를 향상하고, 경쟁 우위를 선점할 수 있기 때문이다(Ramlugun & Raboute, 2015). 또한 사회적 책임 활동은 기업에 대한 우호적인 태도와 투자 가치를 창출하고, 더 나아가 기업의 긍정적 이미지 구축, 기업과 이해관계자 간의 관계 강화 등 긍정적인 효과로 이어질 수 있으며, 기업의 활동을 이해관계자에게 효과적으로 전달할 필요가 있다(Du et al., 2010).

기업의 지속 가능성을 평가하기 위해 투자자들은 기업의 ESG 정보를 활용한다. 박은진(2019)은 한국 지배구조원의 ESG 등급을 통해 2011년부터 2017년까지 총 7년간 4,726개의 기업 연구를 통해 기업이 ESG 점수를 높일 수 있는 전략적 활동의 필요성을 주장했다. 이처럼 ESG 활동에 대한 기업의 노력은 단순한 비용을 발생시키는 것이 아니라, 기업의 건전성이나 장기적인 경쟁 우위를 확보하여 시장가치의 제고로 이어질 수 있다. ESG의 영향력은 더욱 강해질 것이며, 기업들은 더욱 ESG 전략을 적극적으로 수용하고 전개해야 할 필요가 있다(김대원, 2024).

1) 재무적 중요성

기업의 ESG 경영에 대한 핵심유인은 곧 자금 유치이다. 투자자 관점에서 ESG 경영을 도입한 기업이 장기적 안정성과 지속적 수익 창출로 이어진다는 것은 이미 시장에서 증명되고 있으며 심지어는 ESG 경영을 제대로 하지 못하는 기업에 투자자금을 제공했던 투자자와 투자기관이 투자자금의 회수 또는 철회를 결정하는 사례가 잇따르고 있다(황인극 외, 2023).

2) 소비자 및 이해관계자 변화

오늘날의 소비자들은 사회적 가치 제고에 보다 많은 관심을 보이며 사회적 책임을 회피한 기업의 저렴한 제품보다 다소 가격이 높더라도 사회적 책임에 대해 적극적으로 수행하는 기업의 제품을 선호한다.

3) ESG 관련 규제 대응

우리나라 탄소 중립위원회에서는 2021년 10월에 국가 온실가스 감축목표(NDC: Nationally Determined Contrivutions)를 2018년 대비 26.3% 줄이는 기본 계획안에서 2030년까지 40% 줄이는 상향안을 제시하였다. NDC란 2015년 파리기후변화협약에 따라 참가국 스스로가 결정하는 국가 온실가스 감축 목표를 의미하며 2050년까지 탄소 중립을 추구하는 과정에서의 중간단계로 2030년까지 얼마의 온실가스를 감축할지를 세우는 중간목표이다.

3. ESG 경영의 필요성

전 세계적으로 기후환경, 인권, 안전이 매우 중요한 쟁점이 되면서 ESG 경영의 필요성이 대두되고 있으며 기업들의 ESG 경영에 관한 관심도 증대되고 있다. 투자자와 기업의 핵심 이해관계자들은 기업의 지속 가능성을 위하여 ESG 경영에 대해 강력하게 요구하고 있다(남명진, 2022).

1) 이해관계자 중심 기업 경영의 현실화

주주 이익만을 추구하는 주주자본주의의 한계를 넘어, 모든 이해관계자의 이익을 종합적으로 추구하는 이해관계자 자본주의가 강조되고, 글로벌 금융위기, 기후변화, 코로나 19 팬데믹 등으로 인해 주주자본주의의 한계가 드러났고, 이해관계자 자본주의의 중요성이 주목받았다(박상준, 2024).

2) 고객 확보 및 투자유치 환경조성

오늘날의 사회는 정보화의 진전으로 인해 고객 등 이해관계자들이 더 많은 정보를 획득할 수 있게 되었고, 경제활동에 대한 사회적 인식도 상당히 가치 지향적으로 바뀌어 가고 있다. 특히 MZ 세대들은 '의식 있는 소비'를 인증하거나 해시태그로 환경 보호 캠페인에 참여하며, 메시지가 담긴 제품으로 자기신념을 피력하는 것과 같은 가치 소비를 확산시키고 있다.

3) ESG 규제 강화와 신보호무역 기능

ESG 경영은 기업의 선택으로 할 수 있는 사회적, 윤리적 책무를 이미 넘어 기업 경영에 실질적인 규제로 작용하고 있으며, 이에 대한 대응은 이제 기업의 생존문제로 연결되고 있다. 환경 및 인권 등에 대한 직접적인 규제와 ESG 활동의 정보공개를 통한 간접적인 규제가 지속해서 강화되고 있으며, 이러한 규제들이 각국 산업과 교역 활동에 대한 새로운 통상 규범으로서 신보호무역의 기능을 하고 있다(박상준, 2024).

4) ESG 등급의 재무적 평가 기능

주식을 발행한 상장기업은 대부분 투자기관의 판단에 의한 투자자금으로 운영된다. 그러므로 이제는 ESG가 단순히 재무적인 평가에서 비재무적인 평가로 기업을 분석하는 것이 아니라는 사실이다. 최근 주요 기관투자자들의 투자전략에 의하면, 블랙록(BlackRock)은 투자의 포트폴리오 구성 시 우선순위로 기후 변화와 지속 가능성을 염두에 두면서 펀드매니저들이 ESG 요소를 반영하고 있으며, 또한 일본 연기금(GPIF)의 경우 ESG 평가방식 및 평가 결과를 공개하여 평가 결과를 기업이 적극적으로 반영하여 개선할 수 있도록 피드백을 제공하는 등 ESG를 기업에 적극적으로 도입할 기회를 제공하고 있다(박상준, 2024).

4. ESG 7대 경영전략

1) 탄소 중립전략

2020년 12월 기준 세계은행 조사에 따르면 127개국 국가에서 1,541개의 기업이 탄소 중립 목표를 발표하였으며 목표 달성을 위한 주요 수단으로는 탄소 가격제를 활용하는 것으로 나타났다. 중국, 영국 EU 등에서 탄소 가격제가 시행되면서 2021년 기준으로 총 64개 국가에서 탄소 가격제가 시행 중이며 시가총액 세계 500대 기업 중 50%가 내부 탄소 가격제를 시행하고 있으며 세계에서 탄소 가격제를 통해 창출한 매출액 규모가 약 59조 원으로 나타났다. 이렇듯 탄소 중립에 대한 경영전략이 부재한다면 기업의 생존은 장담할 수 없는 상황에 이르렀다. 우리나라도 현재 탄소세 도입이 논의되고 있으며 도입이 된다면 우리나라 기업들의 세 부담은 최대 36조 원 이상이 될 것으로 예상한다(황인극 외, 2023).

(1) 친환경 신재생에너지의 전환

태양광, 풍력, 수력 등 자연의 힘을 이용해 전력을 생산하는 친환경 신재생에너지는 탄소 중립의 목표 실현을 위해서는 꼭 필요한 방식이기는 하나 아직은 기존의 석탄이나 가스보다 비용이 많이 들고 전력 공급에 있어서 안정적이지 못하다는 단점이 있어 생산량 편차에 대응하고자 에너지저장장치(ESS)를 통해 극복하고자 노력하고 있으나 아직은 충분한 대안이 되지 못하고 있다.

탄소 중립 경영전략의 중요한 축인 친환경 신재생에너지로의 성공적인 전환을 위해서는 에너지 안보, 산업 경쟁력 그리고 안정적인 전력 수급 차원에서 LNG나 석탄 또는 원전 등의 기존 에너지원과도 공존할 수 있는 방향을 함께 모색해야 할 것이다(황인극 외, 2023).

(2) 에너지 절약을 통한 탄소 중립

- 건물 내 에너지 절감
- 일회용 제품 사용 자제
- 에너지 빌딩 의무화 및 인센티브 강화
- 탄소 감축 캠페인(온실가스 1인 1톤 줄이기, 플로깅(조깅+쓰레기 줍기), 업사이클 캠페인)

(3) 탄소상쇄

정부와 기업, 개인이 배출한 온실가스를 다른 곳에서 줄이는 것으로 탄소배출권을 구매하거나 신재생에너지에 투자하는 일, 나무를 심는 일 등이 탄소상쇄(Carbon Offset)에 해당한다.

(4) 탄소 포집 활용 저장(CCUS: Carbon Capture Utilization Storage)

탄소(Carbon)의 포집(Capture) · 활용(Utilization) · 저장(Storage) 기술로서 산업공정에서 배출되는 이산화탄소를 흡수해 저장하고 이를 고부가가치의 소재나 제품으로 전환하는 기술을 CCUS라 한다.

2) 순환경제전략

현재 전 세계 온실가스 배출의 55%는 에너지 사용에서 발생하며 나머지 45%는 산업, 수송, 건설 등의 제품을 생산하고 유통하는 과정에서 발생하기 때문에 친환경 신재생에너지 전환만으로는 탄소 중립을 실현하기 어렵다. 순환경제는 기존의 자원 채취 → 생산 → 폐기라는 선형경제 패러다임에서 탈피하여 재활용 없이 폐기되었던 제품과 원재료 등을 새로운 자원으로 파악하여 폐기물 배출이 없는 자원순환형의 폐쇄형 경제를 의미한다(황인극 외, 2023).

(1) 플라스틱

플라스틱 사용량의 감소는 탄소 중립 실현에 크게 기여한다. 국내 기업을 또한 폐플라스틱재생 기술개발로 순환경제를 선도하고 있는데 롯데케미칼의 경우, 폐플라스틱 원료를 제품화하는 프로젝트를 시작했고 두산중공업에서는 폐플라스틱을 활용하여 수소를 생산하는 기술을 개발하고 있으며 석유화학업종의 기업들이 폐플라스틱을 재활용하는 기술개발에 적극적으로 나서고 있다(황인극 외, 2023).

(2) 자사 역량에 맞는 순환경제 비즈니스 모델 찾기

순환경제의 성공적인 전략 도입에 대해 바센호브(Luk N. Van Wassenhove) 교수와 아탈레이 아타수(Atalaly Atasu) 교수가 발표한 〈하버드 비즈니스 리뷰〉의 순환 경제 비즈니스 모델 전략을 제시하면 다음과 같다.

- 제품 보유권 유지(RPO: Return Product Ownership)
  제조업체의 제품을 고객에 임대하는 방식으로 고객이 제품을 다 사용하면 제조업체가 제품을 회수한다. RPO는 내재가치가 다양한 복합제품의 기업에 적합한 전략으로 좋은 예가 복사기 제조 및 임대업체인 제록스이다. 또한 RPO는 상대적으로 값비싸고 드물게 사용하는 제품에 효용이 좋다. 명품 옷과 가방 등의 대여가 여기에 해당한다.

- 제품수명 연장(PLE: Product Life Exlension)
  이 전략은 제품의 수명이 더 오래 연장되도록 디자인하는 데 중점을 맞추는 전략으로 중고 상품시장에서 활용될 때 의미가 있다. 제품수명이 길다는 것은 구매가 적게 발생한다는 의미도 있으나 파타고니아(Patagonia), 밀레(Miele)의 경우처럼 그들 제품의 내구성은 핵심 경쟁 차별요인으로 높은 가격에 대한 강력한 사유가 되며 또한 제품수명 연장(PLE) 전략을 통해 충성도 높은 고객을 확보하는 데에도 기여할 수 있다(황인극 외, 2023).

- 재활용 디자인(DFR: Design For Recycling)
  이 전략은 제품과 제조 프로세스를 재디자인해서 새로운 제품에 사용되는 소재의 희소성을 극대화하는 전략으로 이 전략의 실행을 위해서는 소재 회수 기술력이 뛰어난 기업과의 협력이 필요하다.

이 세 가지의 기본 전략은 독립적으로 추진하는 것보다 조합을 통해 기업의 가치를 극대화할 수 있다. 순환경제전략은 제품에서 경제적인 가치를 회수할 수 있을 때 비로소 지속 가능한 것으로서 제품의 재사용을 통해서 또는 제작 공정상의 소재 및 에너지의 가치를 연장하거나 또 다른 용도로 재활용됨으로써 가치를 확보할 수도 있다.

3) 수자원 관리전략

2015년의 파리협정 이후 각국과 기업들은 친환경 정책의 최우선 순위는 탄소 중립 실현이었으나 최근 노르웨이은행 투자운영회(NBIM: Norges Bank investment Management)를 비롯하여 블랙록 등의 글로벌 투자자들은 투자기업에 대해 물 관련 이슈를 ESG의 주요 아젠다(agenda)로 선정하여 지속해서 요구하면서 수자원이 다음 ESG의 이슈가 되고 있다. 물은 인간을 포함한 지구의 모든 생태계 유지에 필수 불가결한 자원이다. 수자원은 지구환경에 있어 지속 가능성의 핵심이며 코로나19 펜데믹 상황에서도 가장 효과적인 예방법은 깨끗한 물로 자주 손을 씻는 것이었다. 19세기 프랑스 파리에서 콜레라 전염병 발생을 위한 해결책이 하수도 개발이었는데 더러운 폐수를 하수도로 분리 배출하여 오염을 막았고 비로소 전염병에서 벗어날 수 있었다. 그러므로 깨끗한 물은 인류를 지속할 수 있게 해 준 귀중한 환경 자원이다(황인극 외, 2023).

4) 근로환경 개선전략

2015년 이후의 고용노동부 산업재해 현황 자료를 중소벤처기업위원회가 분석한 바에 따르면 국내의 산업재해자 수는 2018년 이후 매년 10만 명 이상의 산업재해가 발생하고 있으며 이 중 사망자 수는 2020년 기준으로 2,062명이다. 2021년 상반기에만 해도 1천 명에 이르는 산재 사망자가 발생했다. 산업재해로 인한 경제적 손실 추정액은 2018년 25조 원, 2019년 29조 원, 2020년 30조 원으로 최근까지 지속해서 증가하고 있으며 산업재해만 제대로 관리한다면 수많은 인명 피해와 막대한 경제적 손실을 줄일 수 있을 것이다.

5) 조직 다양성 구축전략

우리나라와 달리 여러 인종이 모여 있는 서구권 국가들에서는 평등, 차별 금지, 다양성 등에 대한 이슈를 중요하게 생각하는데, 이를 사회 내 다양성, 형평성, 포용성(DEI: Diversity, Equity and inclusion)이라고 한다. ESG 경영에서는 '조직 다양성'이라 하며 인종, 성별, 학력, 국적, 문화, 종교, 세대 등의 차이를 존중하는 조직 문화를 추구하는데, 한국의 경우는 다양성이라고 하면 대부분 성차별 의미의 젠더 다양성을 의미한다(황인극 외, 2023).

6) 투명한 지배구조 혁신전략

지배구조(G Goverence)는 ESG의 환경(E) 또는 사회(S)와 비교하면 언론에 잘 드러나지 않으나 언론에 드러날 경우는 기업의 파산이나 분식회계, 정경유착 등 경영상의 중대한 문제가 있을 때일 경우가 많다. ESG 전문가들은 ESG 중에서 가장 중요한 것은 지배구조(G)라고 이야기한다. 세계경제포럼(WEF)에서는 지배구조, 지구, 사람, 번영의 네 개 축 중에서 지배구조가 가장 중요하다고 강조하고 사회와 환경 문제를 해결하는 데 있어 리더, 이사회, 이해관계자 등의 의지가 없다면 제대로 추진될 수 없다고 강조한다. 또한 스탠더드앤푸어(S&P)는 지배구조란 "주권자의 정책 결정에서부터 이사회, 관리자, 주주와 이해관계자를 포함한 다양한 기업 참여자들의 권리와 책임 분배에 이르기까지의 의사결정체계이다"라고 정의하고 있다(황인극 외, 2023).

7) ESG 디지털 전환(DX: Difital Transformation)전략

ESG 활동 평가에서 ESG 경영에 이르는 모든 ESG 관련 활동들에 IT 기술의 도입을 통해 모든 ESG 정보들을 IT로 해결하는 혁신적인 디지털 전환(Dital Transtormation)을 ESG DX로 정의한다. ESG 활동은 대부분 정성적인데 ESG의 비재무적 요소들을 디지털화한 후 데이터로 변환하여 분석하고 가시화해야만 투자자 및 관련 이해관계자들이 기업의 ESG 성과를 파악하고 이해할 수 있다. 디지털화와 디지털 트랜스포메이션은 같은 의미로 쓰이기도 하지만 디지털 트랜스포메이션은 일반적으로 디지털화를 포함하며 새로운 가치 창출 과정들을 포함하는 활동을 의미하며 디지털 트랜스포메이션의 개념 또한 디지털 기술을 생활에 침투시켜 생활을 더욱 풍요롭게 만드는 것이다. 즉, 인공지능, 사물인터넷, 빅데이터 등의 혁신적인 IT 기술을 활용하여 디지털화된 데이터로 새로운 가치를 창출하는 과정을 의미한다. ESG 평가에서는 측정을 통해 노출된 데이터의 활용이 가치 창출 측면에서 매우 중요하다(황인극 외, 2023). ESG 경영에 IT를 도입하여 새로운 가치를 창출한 사례를 살펴보면 다음과 같다.

(1) EU의 트윈 트랜스포메이션(Twin Transformation)

유럽 연합(EU)은 '그린 디지털 트랜스포메이션'을 선언하며 IT를 활용한 ESG 경영혁신에 속도를 내고 있다. 최근 등장한 트윈 트랜스포메이션은 ESG와 디지털 트랜스포메이션이 따로 움직이는 것이 아니라 동시에 추진되고, 기업이 디지털 혁신과 지속 가능성이라는 과제를 함께 해결할 수 있는 혁신적인 경영전략이다. 2021년 3월 유럽 연합(EU)은 기후 변화, 천연자원 고갈, 대기오염 등의 환경 문제 대응을 위해 유럽 녹색 디지털 연합(EGDC: European Green Digital Coalition) 연합을 출범시켰다.

(2) AI를 활용한 탄소 줄이기

AI(인공지능)는 주변 환경에서 엄청난 양의 데이터를 수집할 뿐 아니라 인간이 미처 알지 못하는 연결고리를 직관적으로 찾아내 스스로 적절한 조치를 추천하는 능력을 갖추고 있다. 탄소 중립 실현을 위해서 배출가스의 모니터링과 예측 그리고 감축의 세 가지 영역에서 AI를 활용할 수 있을 것이다(황인극 외, 2023).

(3) AI 가상발전소

분산된 전력자원을 클라우드 기반의 단일 플랫폼에서 통합하여 이를 AI가 연계 관리하는데 각 지역에서 소규모 생산이 가능한 재생에너지 관리에 매우 적합하다.

(4) AI로 중대 재해 처벌법 대비

「중대 재해 처벌법」 시행으로 근로자 안전 확보에 큰 노력을 기울일 수밖에 없는 환경에서 특히 현장 범위가 넓어 관리 사각지대에서 발생하는 안전사고에 실시간으로 대응하고자 IT를 활용하여 사각지대 해소, 재해 예측 AI, 자율주행 다목적 로봇에 의한 안전 순찰 강화 등의 노력을 경주 중이다.

5. ESG의 기능

ESG는 Environmental(환경), Social(사회), Governance(지배구조)의 약자로, 기업의 지속 가능성과 사회적 책임을 평가하는 기준이다. ESG의 기능은 다음과 같이 구체화할 수 있다.

1) 환경(Environmental)

환경 보호는 기업이 환경에 미치는 영향을 최소화하고, 지속 가능한 자원 사용 및 환경 보호 정책을 시행하는 기능을 한다. 예를 들어, 탄소배출 감소, 에너지 효율성 향상, 폐기물 관리 등이 포함된다. 리스크 관리는 환경 관련 리스크를 식별하고 관리하는 역할을 한다. 이는 기후 변화, 자연 자원의 고갈, 오염 등에 대한 대응을 포함된다.

2) 사회(Social)

노동권 및 인권 보호는 직원과 커뮤니티의 권리를 보호하고, 공정한 노동 관행을 유지하는 기능을 한다. 예를 들어, 안전한 작업 환경 제공, 다양성 및 포용성 증진, 인권존중 등이 포함된다. 커뮤니티 참여는 지역사회와의 긍정적인 관계를 유지하고, 사회적 책임을 다하는 역할을 한다. 이는 사회 공헌 활동, 지역사회 개발 지원 등을 포함한다.

3) 지배구조(Governance)

투명한 경영은 기업의 경영 투명성을 확보하고, 이해관계자들에게 신뢰를 주는 기능을 한다. 이는 경영진의 독립성, 윤리적 경영 관행, 투명한 정보공개 등을 포함한다. 책임 경영은 경영진과 이사회가 책임감을 느끼고 기업을 운영하도록 하는 역할을 한다. 이는 이사회 구성의 다양성, 경영진의 보상 구조, 주주 권리 보호 등을 포함한다.

ESG의 기능은 단순히 기업의 사회적 책임을 다하는 것을 넘어서, 장기적으로 기업의 지속 가능성을 높이고, 투자자들에게 더 나은 의사결정 자료를 제공하는 데 있다. ESG 기준을 준수하는 기업은 리스크 관리와 평판 향상, 장기적인 재무성과 개선 등에서 이점을 가질 수 있다.

6. ESG의 특징

ESG의 특징은 기후 위기 대응 및 이해관계자 가치 제공, 비재무적 지속 가능성 평가지표, 지속 가능 경영의 추진 등 세 가지로 구분할 수 있다.

1) 기후 위기 대응 및 이해관계자 가치 제공

ESG는 기업의 투자 위험을 관리하기 위해 제시된 개념이며, 2004~2006년 국제금융공사(IFC)[2]보고서에서 자본시장의 지속 가능성을 높이기 위한 투자자 가이드로 최초로 사용되었다.

ESG 경영이란 기업 활동에 있어서 환경 영향을 고려하고 사회적 책임을 다하며, 지배구조를 개선하는 등의 노력을 기울일 때 재무적 위험은 감소하게 되고 지속 가능한 발전이 가능하다는 개념이다. 투자자 관점에서 출발한 ESG는 글로벌 기후 위기 논의와 이해관계자 자본주의 논리가 혼합되면서 기업의 목표가 주주 최우선 자본주의에서 소비자, 임직원, 정부, 협력사 등 다양한 이해관계자에게 가치를 제공하는 것으로 전환되었다(임호동, 2022.08.05.).

1992년 유엔기후변화협약으로 다양한 기후 위기 대응 규제가 제정되었으며, 2016년 파리기후협정 이후 'Net-Zero', 'RE100' 등 기후 위기 대응 가이드라인이 제시되었다(노동운, 2016). 이에 대한 기업의 대응 행태는 기업 투자에 직접적인 영향을 미치게 되었다. RE100은 Renewable Energy 100%의 약자로 기업이 사용하는 전력의 100%를 친환경 재생에너지로 전환하는 것을 목표로 추구하는 국제 캠페인이다(최유경, 2020). 또한 넷제로(Net Zero)는 탄소 제로(Carbon Zero)로서 개인, 기업, 단체가 배출한 만큼의 온실가스(탄소)를 다시 흡수하여 탄소의 실질 배출량을 0으로 만드는 것을 의미한다.

2) 비재무적 지속 가능성 평가지표

ESG는 기업의 재무제표에는 나타나지 않지만, 중장기적 기업가치에 중대한 영향을 미치는 비재무적 지속 가능성 평가지표이다. 즉, ESG는 환경, 사회적 책임, 지배구조의 기준에 적합한 활동을 해야 한다는 당위성 이상의 기업 생존, 미래의 지속

2) 국제금융공사(IFC: International Finance Corporation)는 1956년에 설립된 개발도상국과 저개발국에 투자하는 유엔 산하의 금융기관이다.

가능성을 개선하는 기준으로 볼 수 있다. ESG 평가는 사회적 평판보다 리스크에 강한 기업에 대한 평가로서 사회적 책임과 의무를 다하며 이익을 추구하는 명확한 비전으로 기업가치 제고를 추구하는 것이다. 기업 이익의 사회적 기부보다 이익이 발생하는 과정을 투명하게 공개하고 기준을 준수하는 것이 더욱 중요하게 되었다.

기업이 생존력을 높이기 위해서는 사회적 책임과 임무를 수행하여야 한다. 주주의 이익을 극대화하기 위한 경영 방식에서 고객, 직원, 협력사, 사회 등 모든 이해관계자의 이익을 추구하는 ESG 경영활동으로 전환할 때 지속 성장 및 미래 생존력을 제고시킬 수 있다(최성철, 2021). ESG 도입에 따라 단기적으로 기업은 저탄소 경영으로 전환할 때 발생하는 공정 개선, 설비 도입 비용과 제품 가격 인상 등의 비용 부담이 발생한다. 한편 장기적으로 ESG 평가가 높은 기업은 자본 비용 감소와 재무적 성과 향상이 나타나게 된다.

한편 그린워싱(Green Washing)[3]을 방지하고 기업의 투명성 강화를 위하여 2020년 유럽 연합(EU)이 발표한 '녹색산업 분류체계', 즉 택소노미(Taxonomy)[4]는 녹색산업 및 ESG에 대한 가이드라인을 제시한 것이다. 환경적으로 지속 가능한 경제활동을 업종별로 정의하고 판별하고 있다.

3) 지속 가능 경영의 추진

ESG 경영활동은 기후 변화 완화, 기후 변화 적응, 수자원의 지속 가능 이용과 보호, 순환경제로의 전환, 오염방지 및 관리, 생물 다양성과 생태계의 보호 및 복원

---

3) 그린워싱(Green Washing): 실제로는 친환경적이지 않지만, 친환경적인 것처럼 홍보하는 '위장 환경주의'를 의미한다. ESG 채권만 발행하고 ESG를 실천하지 않는 기업도 해당한다.

4) 택소노미(Taxonomy): 2020년 6월 유럽 연합(EU)이 발표한 환경적으로 지속가능한 경제활동의 범위를 정한 것으로 2022년 천연가스와 원전을 그린 택소노미로 분류하는 규정안을 확정하였다.

등 6대 환경 목표 중 하나 이상 달성하기 위한 이바지하여야 한다(김재필, 2022). 한편 대한상공회의소에서는 「지속 가능 경영을 위한 기업 가이드」에 성공적인 ESG 경영을 위한 7가지 특징으로서 명확한 목표(Targeting), 성과관리체계, ESG를 공개하는 공시(커뮤니케이션), 평가를 통한 성과 입증(측정), 균형 잡힌 지표, 가치 사슬(Value Chain), 차별화 등을 제시하였다.

그러므로 기업은 명확한 ESG 경영목표를 정해서 추진해야 하며 ESG 경영을 추진하고 성과를 관리할 ESG 경영위원회, 투명경영위원회, 지속 가능 경영위원회 등 관련 거버넌스를 구성하여야 한다. ESG 경영은 환경, 사회, 거버넌스 등에서 좋은 방향으로의 변화를 추구하면서 외형적 변화가 아닌 본질을 바꿀 수 있는 변화를 추진하여 기업의 장기적 이익을 확보하도록 한다(대한상공회의소, 2022). 특히 불확실성 시대의 환경, 사회, 지배구조 등의 복합 리스크에 대응하여 지속 가능 경영을 추구하는 것이 ESG 경영의 목적이다.

그리고 ESG 경영은 ESG 경영전략과 ESG 정보공시로 구분될 수 있는데, 먼저, ESG 경영전략은 ESG 관점에서 비전과 목표를 설정하고, 이러한 목표를 달성할 수 있는 전략과 과제, 실행체계 등을 구축하여 일관성 있게 추진해야 한다. 또한 ESG 정보공시는 투자자 관점에서 기존 기업의 ESG 정보를 지속가능경영보고서에 효과적으로 반영하여 자본시장에 공시하는 개념이다. 즉, ESG 리스크가 기업가치에 미치는 영향 정도를 분석하고 이에 대한 구체적인 대응방안을 공시해야만 한다(지방공기업 웹진, 2022).

Chapter

05

ESG의 역사

Chapter

05 ESG의 역사

현대 기업 경영과 투자에서 ESG(환경, 사회, 지배구조)는 필수적인 개념으로 자리 잡았다. ESG는 기업의 전략을 실행하고 기업의 가치를 높이기 위한 능력에 영향을 미칠 수 있는 환경, 사회 및 지배구조에 관한 요소들을 포괄하는 개념이다(한국거래소, 2021). 이 장에서는 ESG의 역사와 발전과정을 심도 있게 탐구할 것이다. 이를 위해 먼저 CSR(기업의 사회적 책임)의 기원과 초기 발전을 살펴보고, 주요 기업들의 CSR 사례를 통해 그 진화를 이해한다. CSR에서 ESG로의 전환 과정을 통해 현대 ESG 개념의 출현 배경을 설명하고, ESG의 초기 도입과 주요 사례들을 분석한다. ESG의 확산과 주요 변천사를 통해 ESG가 글로벌 스탠다드로 자리 잡는 과정을 조명할 것이다.

SRI(사회적 책임투자) 펀드의 출현과 발전도 중요한 부분이다. SRI펀드의 개념과 역사, 초기 사례와 성공 요인을 탐구하고, ESG 투자로의 확장 과정을 통해 SRI펀드가 ESG 투자로 진화하는 과정을 이해할 것이다. 마지막으로, 국제적 규범과 ESG의 관계를 통해 주요 국제 협약들이 ESG에 어떤 영향을 미쳤는지 살펴보고, UN과 OECD 등 국제기구들의 ESG 규범을 분석한다. 글로벌 ESG 평가 기준과 지표를 통해 기업들의 ESG 성과를 평가하는 방법을 알아볼 것이다.

이 장을 통해 ESG의 역사를 체계적으로 이해하고, 기업과 투자자들이 ESG를 중시하게 된 배경과 그 중요성을 깊이 있게 분석할 것이다. 이는 ESG 경영을 실천하고 지속 가능한 발전을 추구하는 데 있어 중요한 참고 자료가 될 것이다.

1. 기업의 사회적 책임(CSR)의 역사와 발전

1) CSR 개념의 기원과 초기 발전

기업의 사회적 책임(CSR, Corporate Social Responsibility)은 기업이 경제적 이익을 추구하는 동시에 사회적, 환경적 책임을 다하는 경영철학을 의미한다(Carroll, 1999). CSR의 개념은 20세기 초반부터 논의되기 시작했으며, 그 기원은 산업혁명 이후 기업의 사회적 역할에 대한 인식 변화에서 찾을 수 있다. 당시의 산업화는 경제적 번영을 가져왔지만, 노동 착취, 환경 파괴, 빈부 격차 심화 등의 부작용을 초래하였다. 이러한 문제에 대한 해결책으로 기업의 사회적 책임이 대두되었다(Wood, 1991).

1920년대와 1930년대에 이르러, CSR 개념은 더욱 구체화하였다. 하워드 보웬(Howard Bowen)의 저서 『Social Responsibilities of the Businessman』(1953)은 CSR 논의의 초석이 되었다. 보웬은 기업이 사회적 기대에 부응하는 활동을 해야 한다고 주장하며, 이는 단순한 자선 활동을 넘어 경영전략의 핵심 요소로 자리 잡아야 한다고 강조하였다.

보웬의 주장은 CSR의 이론적 기반을 마련했으며, 이는 이후 많은 학자와 경영인들에게 영향을 미쳤다. 예를 들어, 1960년대와 1970년대에 CSR 개념은 기업의 장기적인 이익을 보장하는 전략으로 인식되기 시작했다. 사회적 책임을 다하는 기업이 더 높은 신뢰를 얻고, 이는 궁극적으로 경제적 성과로 이어질 수 있다는 인식이 퍼지었다(Carroll, 1999).

CSR의 초기 발전과정에서 중요한 또 다른 요소는 법적 규제와 소비자 운동의 부상이다. 1960년대와 1970년대에 걸쳐, 「환경 보호법」, 「노동법」 등의 강화와 소비자 권리 운동의 확산은 기업들이 자발적으로 사회적 책임을 다하지 않으면 규제와 여론의 압박을 받을 수 있다는 현실을 자각하게 했다.

2) 주요 기업들의 CSR 사례

CSR의 발전과정에서 여러 주요 기업들이 선도적인 역할을 하였다. 1970년대 이후, 다국적 기업들은 CSR을 경영전략에 통합하여 지속 가능성을 추구하였다. 다음은 주요 기업들의 CSR 사례이다.

(1) 존슨앤존슨(Johnson & Johnson)

존슨앤존슨은 1975년 "크레도(Credo)"를 발표하여 CSR의 모범적인 사례로 평가받았다. 이 문서에는 고객, 직원, 지역사회, 주주에 대한 책임이 명시되어 있다. 특히, 1982년 타이레놀 사건 당시 제품 리콜 및 투명한 대응으로 사회적 책임을 다한 사례는 CSR의 모범적 사례로 자주 언급된다. 1982년, 타이레놀 사건은 미국 전역에서 큰 충격을 주었다. 시카고 지역에서 타이레놀 캡슐에 시안화물이 혼입되어 7명이 사망하는 사건이 발생하였다. 존슨앤존슨은 즉각적으로 모든 타이레놀 제품을 회수하고, 대중에게 상황을 투명하게 공개하도록 조처하였다. 이러한 신속하고 투명한 대응은 존슨앤존슨의 사회적 책임을 다한 대표적인 사례로 인정받았다.

(2) 벤앤제리스(Ben & Jerry's)

벤앤제리스는 1980년대부터 환경 보호, 공정 무역, 사회적 공헌 등을 적극적으로 실천해 왔다. 이 기업은 제품 생산 과정에서 공정 무역 인증을 받은 원재료를 사용하고, 지역사회에 대한 기여를 통해 CSR을 실천하고 있다. 벤앤제리스는 공정 무역을 통해 경제적 불평등을 해소하고, 농민들에게 공정한 가격을 지급함으로써 사회적 책임을 다하고 있다. 또한, 환경 보호를 위해 유기농 원재료를 사용하고, 제품 포장에도 재활용 가능한 재료를 사용한다. 벤앤제리스의 이러한 노력은 소비자들에게 큰 호응을 얻으며, 기업의 긍정적인 이미지를 구축하는 데 이바지하였다.

(3) 도요타(Toyota)

도요타는 환경친화적인 자동차 개발을 통해 CSR을 실천해 왔다. 특히, 하이브리드 자동차인 프리우스의 개발과 출시로 환경 보호에 기여한 사례는 도요타의 CSR 활동 중 하나로 꼽힌다. 도요타의 프리우스는 1997년에 처음 출시되었으며, 이는 세계 최초의 대량 생산 하이브리드 자동차이다. 프리우스는 내연기관과 전기 모터를 결합한 시스템으로, 연료 효율을 극대화하고 배출가스를 최소화하는 혁신적인 기술을 적용하였다. 도요타의 이러한 노력은 자동차 산업 전반에 걸쳐 환경 보호의 중요성을 인식시키는 계기가 되었다.

3) CSR에서 ESG로의 전환 과정

2000년대에 들어서면서 CSR 개념은 ESG(환경, 사회, 지배구조)로 확장되었다. ESG는 기업의 지속 가능성을 평가하는 새로운 기준으로 자리 잡았으며, 이는 CSR의 진화된 형태로 볼 수 있다(Carroll, 1999).

(1) CSR과 ESG의 차이점

CSR은 기업의 자발적인 사회적 책임 활동을 강조하는 반면, ESG는 기업의 환경적, 사회적, 지배 구조적 요소를 평가하고 이를 투자 결정에 반영하는 체계적인 접근 방식을 취한다. 이는 투자자들에게 기업의 지속 가능성을 평가하는 중요한 지표로 작용한다. CSR이 주로 기업 내부의 책임을 강조하였다면, ESG는 외부 평가자들의 시각을 반영하여 더 포괄적인 접근을 취한다.

(2) ESG의 등장 배경

2004년, 유엔 글로벌 콤팩트(UN Global Compact)는 보고서 『Who Cares Wins』에서 ESG 개념을 처음으로 제시하였다. 이 보고서는 금융기관들이 ESG 요소를 고려한 투자를 통해 더 나은 금융 성과를 얻을 수 있음을 강조하였다. 보고서에 따르면, ESG 요소를 고려한 투자가 장기적인 금융 성과를 보장할 수 있으며, 이는 기업의 지속 가능성을 높이는 데 기여할 수 있다(UN Global Compact, 2004).

2. ESG의 출현과 전개

1) ESG 개념의 탄생 배경

ESG는 환경(Environmental), 사회(Social), 지배구조(Governance)를 의미하는 용어로, 기업의 지속 가능성을 평가하는 중요한 기준으로 자리 잡고 있다. ESG의 개념은 2004년 유엔 글로벌 콤팩트(UN Global Compact)의 보고서 『Who Cares Wins』에서 처음으로 제시되었다. 이 보고서는 금융기관들이 ESG 요소를 고려한 투자를 통해 더 나은 금융 성과를 얻을 수 있음을 강조하였다. ESG는 CSR의 진화된 형태로 볼 수 있으며, 이는 기업의 경영전략에 통합되어 지속 가능한 발전을 추구하게 되었다(UN Global Compact, 2004).

ESG의 개념은 1990년대 후반부터 점진적으로 발전하기 시작했다. 1999년 유엔이 주최한 글로벌 콤팩트 회의에서는 기업들이 인권, 노동, 환경, 반부패 등 10대 원칙을 지킬 것을 요구하였다(UN Global Compact, 1999). 이는 CSR의 범위를 확장하는 중요한 계기가 되었다. 이후, 2004년 보고서 『Who Cares Wins』는 ESG가 금융 성과에 직접 영향을 미칠 수 있다는 점을 강조하며, ESG 개념의 확산에 결정적인 역할을 하였다.

2) ESG의 초기 도입과 주요 사례

ESG 개념이 처음 도입된 이후, 많은 기업이 이를 경영전략에 통합하기 시작하였다. 초기 도입 사례로는 다음과 같은 기업들이 있다.

(1) 블랙록(BlackRock)

블랙록은 2020년부터 ESG 요소를 모든 투자 결정에 반영하겠다고 선언하였다. 이는 ESG가 글로벌 금융 시장에서 중요한 기준이 되었음을 보여 주는 사례이다. 블랙록의 CEO 래리 핑크(Larry Fink)는 매년 발표하는 서한에서 ESG의 중요성을 강조하며, 장기적인 금융 성과와 지속 가능성을 위한 필수 요소로 ESG를 지목하였다(Fink, 2020). 블랙록은 ESG를 고려한 투자 상품을 다수 출시하였고, 이는 ESG 투자 시장의 성장을 견인하였다(BlackRock, 2020).

(2) 구글(Google)

구글은 재생에너지 사용 확대, 탄소 중립 달성 등 환경적 책임을 실천하며 ESG 경영을 선도하고 있다. 구글은 2007년부터 탄소 중립을 달성하였으며, 2017년부터는 전 세계 데이터 센터와 사무실에서 사용하는 모든 전력을 재생에너지로 충당하고 있다(Google, 2017). 또한, 구글은 다양한 사회적 책임 프로젝트를 통해 전 세계 지역사회에 긍정적인 영향을 미치고 있다. 예를 들어, 구글은 다양한 교육 프로그램을 통해 디지털 격차를 해소하고, 인권 보호를 위한 정책을 강화하고 있다(Google, 2020).

(3) 애플(Apple)

애플은 공급망에서의 노동 조건 개선, 재활용 소재 사용 확대 등을 통해 ESG 경영을 실천하고 있다. 애플은 2020년까지 제품의 모든 요소를 100% 재활용 소재로 대체할 것을 목표로 하고 있으며, 이는 환경 보호에 대한 강한 의지를 보여 준다. 또한, 애플은 공급망 전반에 걸쳐 노동자의 권리를 보호하고, 공정한 노동 조건을 보장하기 위해 노력하고 있다. 애플의 이러한 노력은 글로벌 기업의 모범 사례로 자주 언급되며, ESG 경영의 중요성을 재확인시켜 준다(Apple, 2020).

3) ESG의 확산과 주요 변천사

ESG는 초기 도입 이후 빠르게 확산하였다. 특히, 다음과 같은 주요 변천사를 통해 ESG가 더욱 확고히 자리 잡게 되었다.

(1) 국제적 협약과 ESG

2015년 파리 기후 협정은 전 세계적으로 ESG의 중요성을 강조한 주요 사건 중 하나이다. 이 협정은 기후 변화에 대응하기 위한 국제적 노력의 목적으로, 기업들이 환경적 책임을 다하도록 촉구하였다(UNFCCC, 2015). 파리협정은 195개국이 참여한 국제적 합의로, 지구 온난화를 2도 이하로 제한하기 위해 온실가스 배출을 감축하는 목표를 설정하였고, 기업들이 기후 변화에 대한 책임을 다하고, 지속 가능한 경영을 실천하는 데 중요한 역할을 하였다. 그 하나의 예로, 협정 이후 많은 기업이 탄소 배출량을 줄이기 위해 다양한 환경적 이니셔티브를 도입하였고, 이는 ESG 경영의 필수 요소로 자리 잡게 되었다(UNFCCC, 2015).

(2) 글로벌 금융 시장에서의 ESG

2020년대에 들어서면서 글로벌 금융 시장에서 ESG의 중요성이 더욱 강조되었다. 많은 투자자가 ESG 요소를 고려한 투자를 선호하게 되면서, 기업들은 ESG 경영을 강화하였다. 투자자들은 ESG 요소가 기업의 장기적인 리스크 관리와 성과에 큰 영향을 미친다는 점을 인식하였고, 이는 ESG 투자의 확산을 가속하였다(Bloomberg, 2020). 예를 들어, 글로벌 투자기관들은 ESG 지표를 활용한 투자전략을 개발하고,

ESG 관련 정보를 제공하는 다양한 플랫폼을 구축하고 있으며 이는 ESG 요소를 고려한 투자가 단순히 윤리적 선택이 아니라, 경제적 이익을 창출할 수 있는 전략임을 강조하고 있다.

(3) 파리 기후 협정 이후의 변화

파리 기후 협정 이후, 많은 기업이 기후 변화에 대한 대응을 강화하였다. 예를 들어, 글로벌 에너지 기업들은 재생 가능 에너지 프로젝트에 대한 투자를 확대하였으며, 자동차 제조업체들은 전기차 개발에 박차를 가하고 있다. 이러한 변화는 ESG 경영이 단순한 선택이 아닌, 기업의 생존과 직결된 전략적 요소임을 보여 주고 있다.

(4) 금융 시장의 변화

블랙록과 같은 대형 자산운용사들은 ESG 요소를 모든 투자 결정에 반영하겠다고 선언하면서, 금융 시장에서 ESG 투자의 중요성이 강조되고 있다. 이는 다른 투자자들과 기업들이 ESG 경영을 더욱 강화하도록 유도하는 역할을 하였다. 예를 들어, 블랙록의 CEO 래리 핑크(Larry Fink)는 매년 발행하는 서한에서 ESG의 중요성을 강조하며, 장기적인 금융 성과와 지속 가능성을 위한 필수 요소로 ESG를 지목하였다.

(5) 기업들의 자발적 ESG 경영 강화

많은 기업이 자발적으로 ESG 성과를 개선하기 위해 노력하고 있다. 예를 들어, 구글은 2007년부터 탄소 중립을 달성하였으며, 2030년까지 공급망 및 운영에서 발생하는 탄소 배출량을 50% 이상 감축하겠다는 것을 목표로 하고 있다(Google,

2017). 또한, 구글은 다양한 사회적 책임 프로젝트를 통해 전 세계 지역사회에 긍정적인 영향을 미치고 있다. 애플은 공급망에서의 노동 조건 개선, 재활용 소재 사용 확대 등을 통해 ESG 경영을 실천하고 있으며, 2020년까지 제품의 모든 요소를 100% 재활용 소재로 대체할 것을 목표로 하고 있다.

4) ESG 평가 기준의 진화

ESG 평가 기준은 초기 도입 이후 계속해서 발전했다. 다양한 평가 기관들이 ESG 평가 기준을 개발하여, 이를 통해 기업들의 ESG 성과를 측정하고 있다. 주요 ESG 평가 기관으로는 MSCI, Sustainalytics, FTSE Russell 등이 있으며, 이들은 각각의 평가 기준을 바탕으로 기업의 ESG 성과를 평가하고 있다(MSCI, 2020). 이러한 평가 기준은 기업들이 ESG 요소를 경영전략에 통합하고, 지속 가능한 발전을 추구하는 데 중요한 역할을 한다.

3. SRI 펀드의 출현과 발전

1) SRI 펀드의 개념과 역사

SRI(사회적 책임투자, Socially Responsible Investing) 펀드는 투자 결정에 사회적 책임 요소를 고려하는 투자 방식을 의미한다. SRI 펀드는 20세기 초반에 등장하였으며, 초기에는 주로 종교 단체나 사회적 가치에 관심이 있는 개인 투자자들에 의해 이루어졌다.

(1) 초기 역사

SRI의 개념은 18세기 감리교 창시자인 존 웨슬리(John Wesley) 목사의 설교에서 그 기원을 찾을 수 있다. 웨슬리는 1760년대 '돈의 사용법(The Use of Money)'이라는 설교에서 "사악한 거래 행위에 참여하지 말아야 한다."라고 강조하며, 이는 SRI의 철학적 기초를 마련했다(Wesley, 1760). 이러한 종교적 전통은 20세기 초반까지 이어지며, SRI의 초기 형태로 나타났다.

현대적 의미의 SRI 펀드는 1928년 미국에서 출현한 파이어니어 펀드(Pioneer Fund)에서 시작되었다. 이 펀드는 주류와 담배 회사에 대한 투자를 금지했으나, 큰 영향력을 발휘하지는 못했다. 그러나 이는 SRI 펀드의 개념이 금융 시장에 도입되는 첫걸음이었다(Pioneer Fund, 1928).

(2) 1960년대와 1970년대의 발전

SRI 펀드의 개념은 1960년대와 1970년대에 걸쳐 인권, 환경 보호, 평등 등의 사회적 가치를 추구하는 투자 방식으로 자리 잡게 되었다. 이는 당시의 사회적, 정치적 운동과 맞물려 더욱 확산하였다. 예를 들어, 1960년대의 시민권 운동과 베트남 전쟁 반대 운동은 SRI 펀드의 발전에 중요한 역할을 했다(Schueth, 2003).

1971년에 설립된 팍스 월드 펀드(Pax World Fund)는 베트남전에서 돈을 버는 기업을 투자대상에서 배제하는 '반전 펀드'로서 SRI의 초기 사례 중 하나로 평가받는다. 이 펀드는 무기 제조업체나 담배 회사와 같은 비윤리적 산업에 투자하지 않는 원칙을 세웠다.

(3) 1980년대: 확장과 다각화

1980년대에 이르러 SRI 펀드는 더욱 확장되었다. 칼버트 그룹(Calvert Group)은 1982년에 설립된 SRI 펀드로, 환경 보호, 인권, 노동 조건 등을 고려한 투자 방식을 채택하였다. 이 펀드는 투자자들에게 높은 금융 성과를 제공하면서도 사회적 책임을 다하는 모델로 인정받았다. 칼버트 그룹은 초기부터 공정 무역 인증을 받은 기업에 투자하고, 재생 가능 에너지를 사용하는 기업을 선호하였다. 이러한 투자 원칙은 칼버트 그룹이 지속 가능한 투자로서의 SRI 펀드의 모델을 확립하는 데 기여하였다.

2) SRI 펀드의 초기 사례와 성공 요인

SRI 펀드의 초기 사례로는 다음과 같은 펀드들이 있다.

(1) 파크랜드 재단(Pax World Fund)

파크랜드 재단은 1971년에 설립된 SRI 펀드로, 무기 제조업체나 담배 회사와 같은 비윤리적 산업에 투자하지 않는 원칙을 세웠다. 이 펀드는 사회적 가치와 금융 성과를 동시에 추구하는 모델로 성공하였다. 예를 들어, 파크랜드 재단은 베트남 전쟁에서 돈을 버는 기업을 배제함으로써 사회적 책임을 실천하였다. 이는 당시의 정치적, 사회적 분위기와 맞물려 많은 투자자의 관심을 끌었다. 파크랜드 재단은 이후 다양한 사회적 책임투자를 통해 지속 가능한 성장을 이루어 냈다.

(2) 칼버트 그룹(Calvert Group)

칼버트 그룹은 1982년에 설립된 SRI 펀드로, 환경 보호, 인권, 노동 조건 등을 고려한 투자 방식을 채택하였다. 이 펀드는 투자자들에게 높은 금융 성과를 제공하면서도 사회적 책임을 다하는 모델로 인정받았다. 칼버트 그룹은 초기부터 공정 무역 인증을 받은 기업에 투자하고, 재생 가능 에너지를 사용하는 기업을 선호하였다. 이러한 투자 원칙은 칼버트 그룹이 지속 가능한 투자로서의 SRI 펀드의 모델을 확립하는 데 기여하였다.

3) ESG 투자로의 확장

SRI 펀드는 ESG(환경, 사회, 지배구조) 투자의 출현과 함께 더욱 확장되었다. ESG 투자는 SRI의 발전된 형태로, 환경, 사회, 지배구조 요소를 고려한 투자를 의미한다. ESG 투자는 다음과 같은 방식으로 확장되었다.

(1) ESG 평가 기준의 도입

다양한 평가 기관들이 ESG 평가 기준을 개발하고, 이를 통해 기업들의 ESG 성과를 측정하고 있다. 이는 투자자들에게 기업의 지속 가능성을 평가하는 중요한 지표로 작용하고 있다. 주요 ESG 평가 기관으로는 MSCI, Sustainalytics, FTSE Russell 등이 있다. 이들 기관은 각각의 평가 기준을 바탕으로 기업의 ESG 성과를 평가하고, 이를 투자자들에게 제공한다.

- MSCI ESG Ratings: MSCI는 기업의 ESG 성과를 평가하는 글로벌 리더 중 하나로, 환경, 사회, 지배구조 요소를 종합적으로 분석하여 등급을 부여한다. 이는

투자자들이 ESG 요소를 고려한 투자를 결정하는 데 중요한 참고 자료가 된다. 예를 들어, MSCI는 기업의 탄소 배출량, 에너지 효율성, 노동 조건, 지배구조 투명성 등을 종합적으로 평가한다. MSCI ESG Ratings는 기업들이 자사의 ESG 성과를 개선하기 위해 노력하는 동기를 부여하며, 투자자들에게 신뢰할 수 있는 데이터를 제공한다(MSCI, 2020).

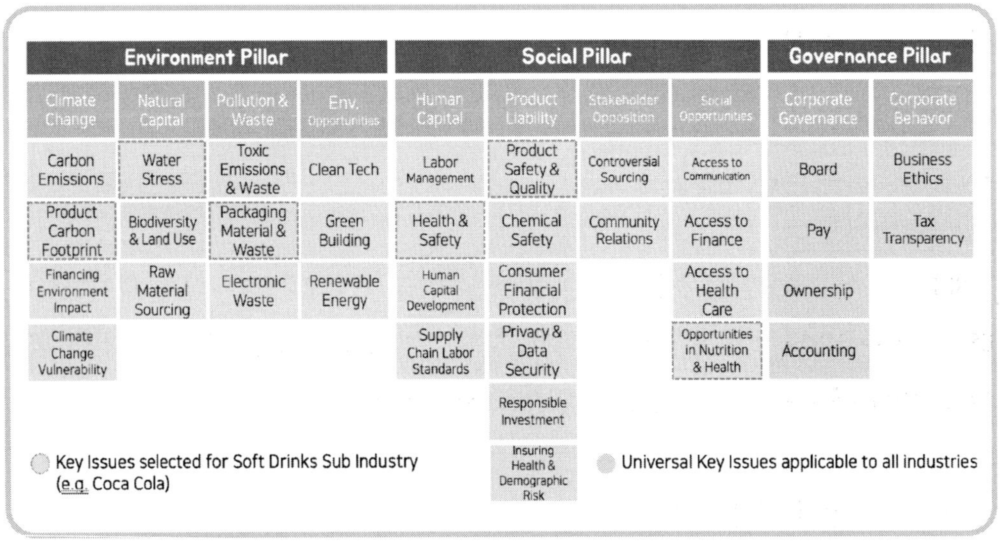

(출처: MSCI 공식 홈페이지)

[그림 5-1] MSCI ESG 평가 기준

- Sustainalytics ESG Ratings: Sustainalytics는 170여 개국의 12,000개 이상의 기업을 대상으로 ESG 리스크를 분석하며, 이를 통해 기업의 ESG 리스크 노출 정도와 관리 능력을 평가한다. Sustainalytics는 기업의 환경적 리스크, 사회적 리스크, 지배구조 리스크를 종합적으로 평가하여 투자자들에게 중요한 정보를 제공한다. 예를 들어, 기업의 환경 리스크 평가에서는 탄소배출, 물 사용,

폐기물 관리 등을 고려하고, 사회적 리스크 평가에서는 노동 조건, 인권 보호, 지역사회 기여 등을 평가한다(Sustainalytics, 2020).

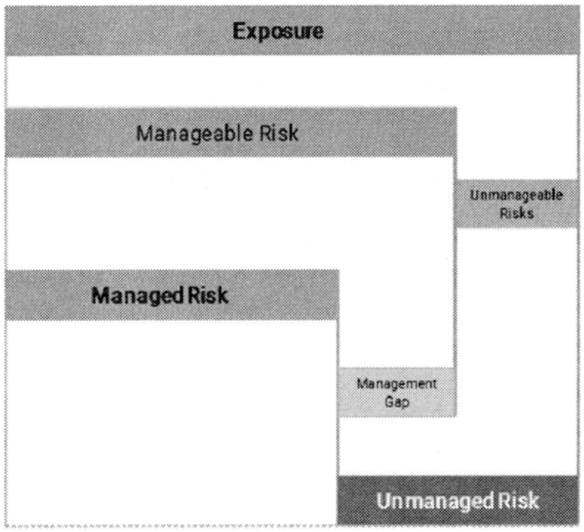

Company Exposure	=	Subindustry Exposure	*	Issue Beta		
	=	8	*	1.5	=	12
Manageable Risk	=	Company Exposure	*	MRF		
	=	12	*	90%	=	10.8
Managed Risk	=	Manageable Risk	*	Management score (as %)		
	=	10.8	*	75%	=	8.1
Unmanaged Risk	=	Company Exposure	-	Managed Risk		
	=	12	-	8.1	=	3.9

(출처: Sustainalytics 공식 홈페이지)

[그림 5-2] Sustainalytics ESG 평가 기준

- FTSE4Good Index: FTSE4Good Index는 기업들의 ESG 성과를 평가하여 투자자들에게 제공하는 글로벌 지표로, 지속 가능한 투자를 촉진하는 중요한 역할을 하고 있다. FTSE4Good 지수는 환경, 사회, 지배구조 요소를 기준으로 기업들을 평가하며, 이를 통해 사회적 책임을 다하는 기업들이 포함된 지수를 구성한다. 이 지수는 투자자들이 ESG 요소를 고려한 투자를 할 수 있도록 도와준다. FTSE4Good Index는 기업들이 ESG 성과를 개선하기 위해 노력하는 동기를 부여하며, 투자자들에게 신뢰할 수 있는 데이터를 제공한다(FTSE Russell, 2020).

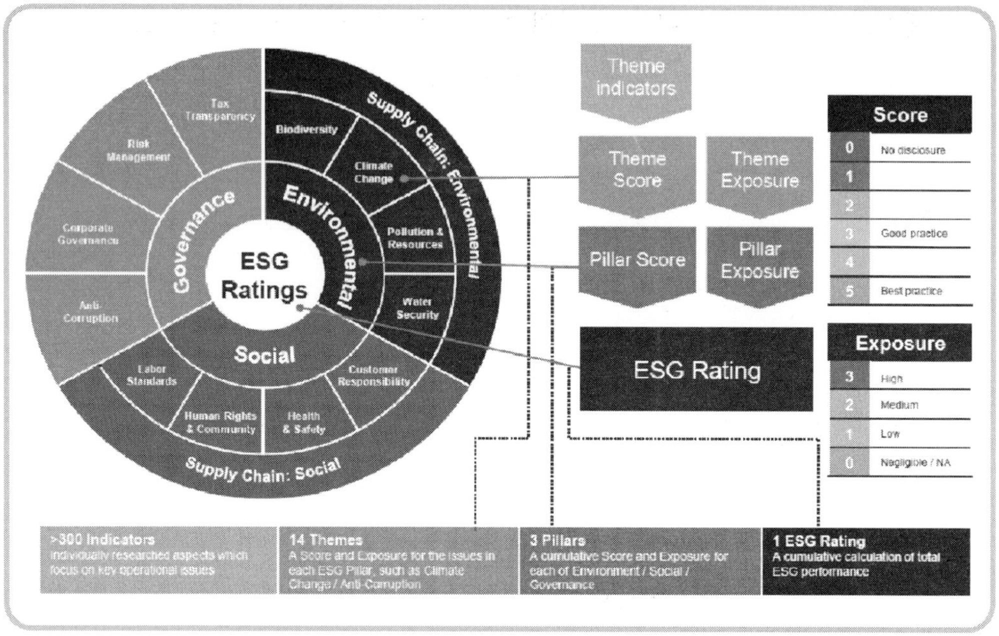

(출처: FTSE Russell, 2019)

[그림 5-3] FTSE4Good 평가 기준

4) ESG 펀드의 증가

최근 몇 년간 ESG 펀드의 수는 급격히 증가하였다. 이는 투자자들이 ESG 요소를 고려한 투자를 선호하게 되면서, 금융 시장에서 ESG 투자가 더욱 중요한 위치를 차지하게 되었다. 예를 들어, 세계 최대 자산운용사인 블랙록은 2020년부터 ESG 요소를 모든 투자 결정에 반영하겠다고 선언하였다(Fink, 2020). 이는 ESG가 글로벌 금융 시장에서 중요한 기준이 되었음을 보여 준다. ESG 펀드의 증가에는 다음과 같은 요인이 있다.

(1) 투자자 수요 증가

투자자들은 환경적, 사회적, 지배 구조적 성과가 뛰어난 기업들이 장기적으로 더 나은 성과를 낼 것으로 기대하고 있다. 이는 ESG 펀드에 대한 투자자들의 관심을 높이는 중요한 요인 중 하나이다. 많은 연구가 ESG 성과가 뛰어난 기업들이 더 안정적인 장기 성과를 낼 가능성이 크다는 것을 보여 주고 있다. 이는 ESG 요소를 고려한 투자전략이 투자자들에게 장기적인 수익과 리스크 관리를 동시에 제공할 수 있음을 의미한다(Sustainalytics, 2020).

(2) 규제와 정책 변화

정부와 규제 기관들은 기업들에 ESG 보고를 의무화하고 있으며, 이는 ESG 펀드의 성장을 촉진하고 있다. 예를 들어, 유럽 연합(EU)은 지속 가능 금융 공시 규정(SFDR)을 도입하여 금융 시장에서 ESG 정보를 투명하게 공개하도록 요구하고 있다(European Commission, 2020). 이러한 규제와 정책 변화는 기업들이 ESG 성과를 개선하고, 투자자들에게 더 많은 정보를 제공하도록 유도하고 있다.

(3) 기업의 자발적 참여

많은 기업이 자발적으로 ESG 성과를 개선하고 이를 공개하는 노력을 기울이고 있다. 이는 기업들이 사회적 책임을 다하고, 지속 가능한 발전을 추구하기 위한 중요한 노력이다. 예를 들어, 많은 기업이 탄소 중립 목표를 설정하고, 재생 가능 에너지를 사용하는 등의 환경적 이니셔티브를 추진하고 있다. 또한, 기업들은 인권 보호, 노동 조건 개선, 투명한 지배구조 구축 등을 통해 사회적 책임을 다하기 위해 노력하고 있다.

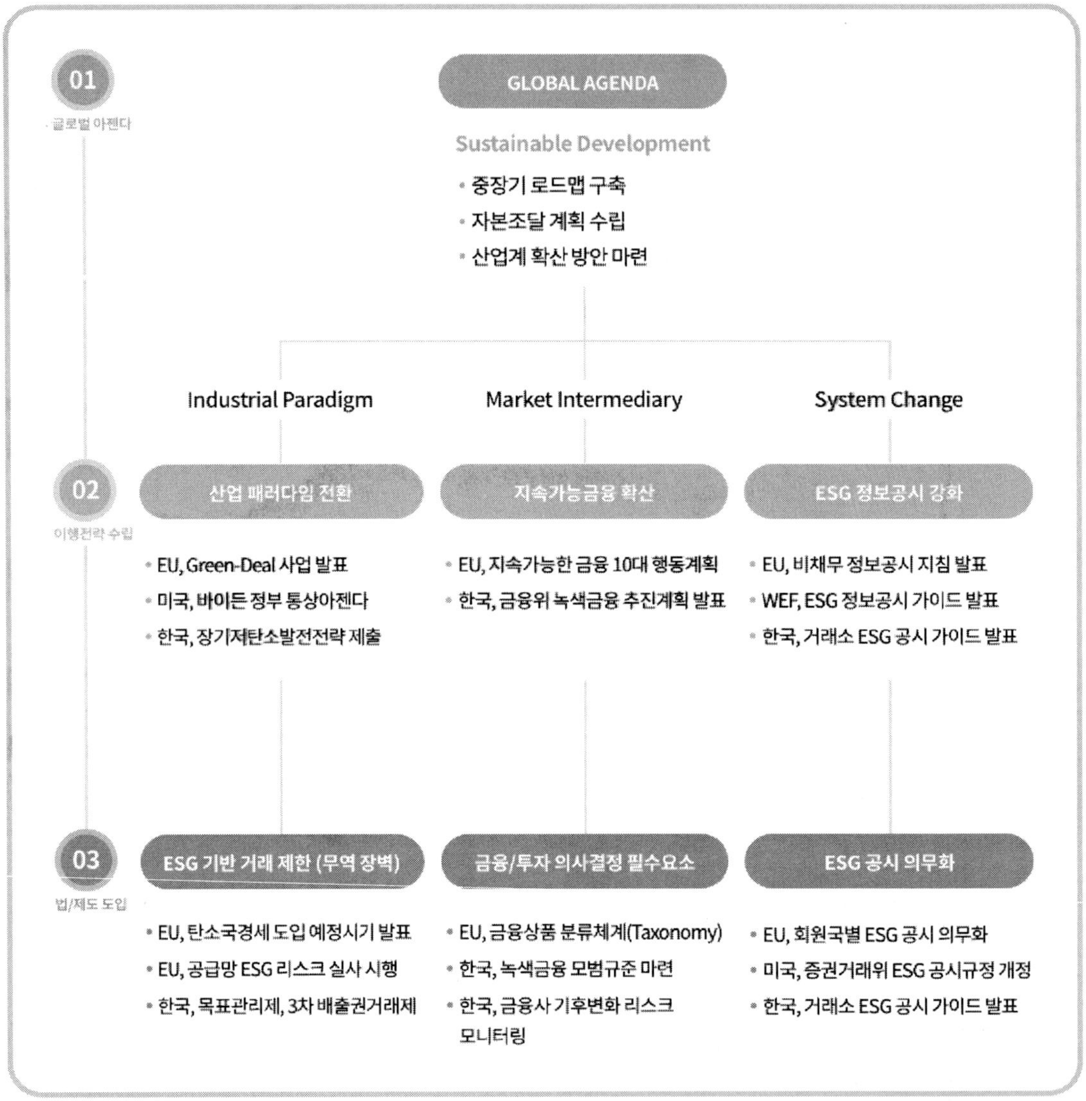

(출처: 산업통상자원부 지속가능경영센터)

[그림 5-4] 글로벌 ESG 동향

5) ESG 투자전략의 다양화

ESG 투자전략은 단순한 투자 기준을 넘어 다양한 방식으로 발전하였다. 이는 지속 가능한 발전을 추구하는 기업들과 투자자들에게 새로운 기회를 제공하고 있다. ESG 투자전략은 환경 보호, 사회적 책임, 지배구조 개선 등을 종합적으로 고려하여 투자 결정을 내리는 방식으로 발전하였다. 예를 들어, 다음과 같은 방식으로 ESG 투자전략을 구체화하였다.

(1) 테마별 투자

재생 가능 에너지, 지속 가능한 농업, 물 관리, 친환경 건축 등 특정 ESG 테마에 맞춘 투자전략이 개발되고 있다. 이러한 테마별 투자는 특정 분야의 혁신과 발전을 촉진한다. 예를 들어, 재생 가능 에너지 테마 투자에서는 태양광, 풍력, 수력 에너지 등 친환경 에너지 프로젝트에 투자하며, 이는 지속 가능한 에너지 전환을 촉진하는 중요한 역할을 한다.

(2) 임팩트 투자

투자 수익과 함께 긍정적인 사회적 또는 환경적 영향을 목표로 하는 임팩트 투자전략이 확산되고 있다. 이는 투자자들이 직접적인 변화를 추구하면서도 금융적 수익을 얻을 수 있도록 한다. 예를 들어, 임팩트 투자 펀드는 저소득층 주거 환경 개선, 빈곤 퇴치, 교육 기회 제공 등 긍정적인 사회적 영향을 미치는 프로젝트에 투자한다. 이는 투자자들이 사회적 책임을 다하면서도 안정적인 수익을 얻을 수 있도록 한다.

(3) 네거티브 스크리닝

특정 기준에 부합하지 않는 기업을 배제하는 방식으로, 예를 들어, 담배, 무기, 화석 연료 등 비윤리적 또는 환경 파괴적인 산업을 투자대상에서 제외한다. 이는 투자자들이 사회적 책임을 다하기 위해 비윤리적 기업에 대한 투자를 피하는 방식이다. 예를 들어, 많은 ESG 펀드들은 담배, 무기 제조, 화석 연료 산업에 대한 투자를 배제하고 있다.

(4) 포지티브 스크리닝

ESG 성과가 뛰어난 기업을 선별하여 투자하는 방식으로, 이는 기업들이 긍정적인 ESG 성과를 통해 더 많은 투자를 유치하도록 유도한다. 예를 들어, 포지티브 스크리닝은 지속 가능한 경영을 실천하고, 사회적 책임을 다하는 기업을 선호하여 투자하는 방식이다. 이는 기업들이 ESG 성과를 개선하기 위해 더 많은 노력을 기울이도록 유도한다.

6) 기업들의 ESG 투자전략 사례

ESG 투자전략은 기업들이 지속 가능한 경영을 실천하는 데 중요한 역할을 한다. 투자자들은 포지티브 스크리닝으로 ESG 성과가 우수한 기업에 투자하고, 네거티브 스크리닝으로 비윤리적 산업을 배제한다. 테마별 투자와 임팩트 투자는 특정 ESG 목표를 달성하는 데 주력하며, 사회적, 환경적 영향을 미치는 동시에 안정적인 수익을 제공한다. 다양한 평가 기준과 펀드의 증가, 투자전략의 다양화는 ESG 투자가 글로벌 금융 시장에서 중요한 역할을 하게 만든 배경이다. 기업들은 ESG 성과를 개선하여 지속 가능한 발전에 기여하고 있다. 다음은 기업들의 ESG 투자 전략예시이다.

(1) 블랙록의 ESG 투자전략

블랙록은 세계 최대 자산운용사로서, ESG 요소를 모든 투자 결정에 반영하겠다고 선언하였다. 블랙록의 CEO 래리 핑크는 매년 발표하는 서한에서 ESG의 중요성을 강조하며, 장기적인 금융 성과와 지속 가능성을 위한 필수 요소로 ESG를 지목하고 ESG를 고려한 투자 상품을 다수 출시하였으며, 이는 ESG 투자 시장의 성장을 견인하였다. 블랙록의 ESG 투자전략은 투자자들에게 장기적인 안정성과 지속 가능한 수익을 제공하며, ESG 요소를 고려한 투자 결정을 촉진하고 있다(Fink, 2020).

(2) 구글의 ESG 경영

구글은 재생에너지 사용 확대, 탄소 중립 달성 등 환경적 책임을 실천하며 ESG 경영을 선도하고 있다. 구글은 2007년부터 탄소 중립을 달성하였으며, 2017년부터는 전 세계 데이터 센터와 사무실에서 사용하는 모든 전력을 재생에너지로 충당하고 있다.

또한, 다양한 사회적 책임 프로젝트를 통해 전 세계 지역사회에 긍정적인 영향을 미치고 있다. 예를 들어, 구글은 디지털 격차 해소를 위한 교육 프로그램을 제공하고, 지역사회의 지속 가능한 발전을 지원하는 다양한 프로젝트를 추진하고 있다(Google, 2020).

(3) 애플의 공급망 ESG 관리

애플은 공급망에서의 노동 조건 개선, 재활용 소재 사용 확대 등을 통해 ESG 경영을 실천하고 있다. 애플은 2030년까지 제품 생산 공정에 모든 요소를 100% 재활용 소재로 대체할 것을 목표로 하고 있으며, 공급망에서의 노동 조건 개선, 재활용 소재 사용 확대 등을 통해 ESG 경영을 실천하고 있다(Apple, 2020).

(4) 테슬라의 ESG 경영

테슬라는 지속 가능한 에너지와 교통수단의 미래를 선도하는 기업으로, ESG 요소를 경영전략의 핵심에 두고 있다. 테슬라는 전기차 생산을 통해 탄소배출을 줄이고, 에너지 저장 솔루션을 개발하여 재생 가능 에너지의 활용을 촉진하고 있다. 테슬라는 배터리 재활용 프로그램을 운영하여 환경 보호에 기여하고 있으며, 노동 조건과 관련된 다양한 사회적 책임을 다하고 있다(Tesla, 2020).

(5) 유니레버의 ESG 성과

유니레버는 지속 가능한 생활을 위한 캠페인과 제품을 통해 ESG 성과를 높이고 있다. 유니레버는 환경 보호, 사회적 책임, 투명한 지배구조를 실천하는 기업으로, 재생 가능 에너지를 사용하고, 자원 효율성을 극대화하며, 폐기물 감소를 목표로 하고 있다(Unilever, 2020).

(6) 스타벅스의 ESG 경영

스타벅스는 지속 가능한 커피 공급망 구축과 지역사회 지원을 통해 ESG 경영을 실천하고 있다. 스타벅스는 커피 원두의 99%를 윤리적으로 조달하며, 농민들에게 공정한 거래 조건을 제공하고 있으며 환경 보호를 위해 매장 내에서 재활용 프로그램을 운영하고, 에너지 효율성을 높이는 다양한 이니셔티브를 추진하고 있다(Starbucks, 2020).

4. 국제적 규범과 ESG

1) 주요 국제 협약과 ESG의 관계

ESG는 여러 국제 협약과 밀접한 관련이 있다. 이러한 협약들은 기업들이 환경적, 사회적, 지배 구조적 책임을 다하도록 촉구하며, ESG 경영의 중요성을 강조한다. 주요 국제 협약으로는 파리 기후 협정과 유엔 지속 가능한 발전 목표(SDGs)가 있다.

(1) 파리 기후 협정

2015년에 체결된 파리 기후 협정은 기후 변화에 대응하기 위한 국제적 노력의 목적으로, 기업들이 환경적 책임을 다하도록 촉구하였다. 협정의 주요 목표는 지구 온난화를 2도 이하로 제한하고, 1.5도 이하로 유지하기 위한 노력을 강화하는 것이다. 이를 위해 각국은 자발적인 국가별 기여 계획(NDC)을 제출하고, 온실가스 배출량을 줄이기 위한 구체적인 목표와 전략을 수립하였다. 기업들은 이러한 국가적 목표를 지원하기 위해 탄소 배출량을 줄이고, 재생 가능 에너지 사용을 확대하는 등의 노력을 기울여야 한다.

파리협정은 기업들에 기후 변화에 대한 대응을 촉구하는 중요한 국제적 규범으로 작용하며, 이는 기업들의 ESG 경영에 직접적인 영향을 미친다. 예를 들어, 많은 기업이 탄소 중립 목표를 설정하고, 이를 달성하기 위한 다양한 환경적 이니셔티브를 추진하고 있다(UNFCCC, 2015).

(2) 유엔 지속 가능한 발전 목표(SDGs)

유엔 지속 가능한 발전 목표(Sustainable Development Goals, SDGs)는 2030년까지 달성해야 할 17개의 목표로 구성되어 있다. 이 목표들은 환경 보호, 사회적 평등, 경제적 번영 등을 포함하고 있으며, 기업들이 ESG 경영을 실천하는 중요한 기준으로 작용하고 있다. SDGs는 빈곤 퇴치, 기아 종식, 양질의 교육 제공, 깨끗한 물과 위생 보장, 기후 행동 강화 등 다양한 분야에서의 목표를 제시하며, 기업들이 이 목표들을 달성하기 위해 적극적으로 참여하도록 유도하고 있다. SDGs는 기업들이 환경적, 사회적, 경제적 책임을 다하도록 촉구하며, 이는 ESG 경영의 중요한 기준이 된다. 예를 들어, 많은 기업이 SDGs 목표에 맞춘 지속 가능성 보고서를 발간하고, 이를 통해 기업의 ESG 성과를 평가하고 있다(United Nations, 2015).

2) UN, OECD 등 국제기구의 ESG 규범

UN, OECD 등 국제기구들은 ESG 규범을 제정하여 기업들이 지속 가능한 발전을 추구하도록 촉구하고 있다. 주요 국제기구들의 ESG 규범으로는 유엔 글로벌 콤팩트와 OECD 다국적 기업 가이드라인이 있다.

(1) 유엔 글로벌 콤팩트

유엔 글로벌 콤팩트(UN Global Compact)는 기업들이 인권, 노동, 환경, 반부패 등의 분야에서 사회적 책임을 다하도록 촉구하는 자발적 이니셔티브이다. 이 프로그램은 2000년에 발족되었으며, 현재 전 세계 수천 개의 기업과 단체들이 참여하고 있다. 유엔 글로벌 콤팩트는 10대 원칙을 통해 기업들이 지속 가능한 경영을 실천하도록 지원하며, 이를 통해 글로벌 경제의 지속 가능성을 높이는 데 기여하고 있다.

유엔 글로벌 콤팩트는 기업들에 인권 보호, 노동 기준 준수, 환경 보호, 부패 방지를 포함한 다양한 사회적 책임을 다하도록 요구한다. 예를 들어, 참여 기업들은 매년 지속 가능성 보고서를 제출하고, 이를 통해 기업의 ESG 성과를 평가받는다(UN Global Compact, 2000).

(2) OECD 다국적 기업 가이드라인

OECD 다국적 기업 가이드라인은 다국적 기업들이 윤리적 경영을 실천하도록 촉구하는 가이드라인이다. 이 가이드라인은 1976년에 처음 도입되었으며, 이후 여러 차례 개정을 거쳐 현재의 형태로 발전하였다. 가이드라인은 인권존중, 환경 보호, 부패 방지, 소비자 이익 보호 등을 포함한 다양한 분야에서의 기업 책임을 규정하고 있다(OECD, 2011). OECD 가이드라인은 다국적 기업들이 ESG 요소를 경영전략에 통합하는 데 중요한 역할을 하고 있다. OECD 가이드라인은 다국적 기업들이 국제적 기준을 준수하고, 지속 가능한 경영을 실천하도록 유도한다. 예를 들어, 기업들은 가이드라인에 따라 인권 침해를 방지하고, 환경 보호를 위한 다양한 이니셔티브를 추진하며, 투명한 지배구조를 유지하기 위해 노력한다(OECD, 2011).

〈표 5-1〉 기존 OECD 가이드라인 주요 내용

기존 OECD 가이드라인의 주요 내용(2011)	
구분	주요 내용
정보공개	• 기업의 활동, 구조, 재무 상태, 실적, 지배구조 등 중대한 정보 적시 공개 • 행동강령 및 리스크관리 / 준법 체계, 이해관계자 관계 등 부가적 정보 제공 • 비재무 정보의 공개
인권	• 인권의 존중 및 인권에 대한 부정적 영향 해결 • 비즈니스 관계를 통해 당해 기업과 연관된 인권에 대한 부정적 영향 예방 및 완화 • 인권 리스크 실사 및 부정적 인권 영향의 해결
고용 및 노사관계	• 법규와 국제 노동기준에 따른 결사의 자유 및 단체협상 존중, 아동노동과 강제노동 근절, 차별적 대우 금지 • 고용주와 노동자 및 노동자 대표 간의 협의 및 협력 촉진 • 현지 근로자의 채용 및 근로자의 기술 수준 제고를 위한 훈련 제공 • 사업장 폐업 등 고용에 영향을 미치는 기업 운영 변화 시 합리적 통보
환경	• 기업에 적합한 환경경영체계 수립 및 유지 • 공정, 제품 서비스의 전 수명주기에 걸쳐 안전환경 보건에 관계된 영향 예방 • 심각한 피해를 방지, 완화, 통제하기 위한 비상 계획 유지 • 공급망 차원을 포함하는 기업의 환경 성과 개선 지속적 추구
뇌물공여, 뇌물청탁 및 강요의 방지	• 부당한 금품 및 이익의 제안, 약속, 제공 금지 • 뇌물방지를 위한 적절한 내부통제, 윤리 및 준법 프로그램 개발 및 도입 • 뇌물수수 리스크에 관한 실사를 문서화 • 뇌물청탁 및 강요 반대 관련 정보공개
소비자 보호	• 소비자 보건 안전 관련 법적 기준 충족 보장 • 제품과 서비스에 대한 명확한 정보 제공 • 소비자 교육 활성화 • 소비자 개인정보 보호
기타: 과학 및 기술, 경쟁, 조세 분야에서의 의무 규정	

(출처: 법무법인 세종, 2024)

〈표 5-2〉 개정 후 OECD 가이드라인 주요 변경 사항

개정 후 가이드라인 주요 변경 사항(2023)
주요 내용
• 기후 변화와 생물 다양성에 관하여 국제적으로 합의된 목표에 부합하기 위한 기업에 대한 권고사항 • 데이터 수집 및 사용을 포함하여 기술의 개발, 자금 조달, 판매, 라이선스, 거래 및 사용에 대한 실사 기대수준의 포함 • 기업이 제품 및 서비스 사용과 관련된 영향 및 비즈니스 관계에 대한 실사를 수행하는 방법에 대한 권고사항 • 기업 활동과 관련하여 우려를 제기하는 사람을 포함하여 위험에 처한 개인 및 그룹에 대한 보호 강화 • 기업 책임 경영(RBC) 정보공개에 대한 업데이트된 권고사항 • 모든 형태의 부패에 대한 실사 권고사항 확대 • 기업의 로비활동이 가이드라인에 부합하도록 보장하기 위한 권고사항 • 기업 책임 경영(RBC) 국내연락사무소의 가시성, 효과성 및 기능적 동등성을 보장하기 위한 절차 강화

(출처: 한국 기업 책임 경영국내연락사무소(KNCP), 2024)

(3) 글로벌 ESG 평가 기준과 지표

글로벌 ESG 평가 기준과 지표는 기업들의 ESG 성과를 측정하고, 이를 투자자들에게 제공하는 중요한 역할을 한다. 주요 글로벌 ESG 평가 기준과 지표로는 MSCI ESG Ratings, Sustainalytics ESG Ratings, FTSE4Good Index가 있다.

- MSCI ESG Ratings

  MSCI ESG Ratings는 기업들의 ESG 성과를 평가하는 글로벌 지표로, 투자자들에게 기업의 지속 가능성을 평가하는 중요한 기준을 제공하고 있다. MSCI는 37개 산업 분야의 8,500개 이상의 기업을 평가하며, 환경, 사회, 지배구조 요소를 종합적으로 분석하여 등급을 부여한다. 이는 투자자들이 ESG 요소를 고려한 투자를 결정하는 데 중요한 참고 자료가 된다.

MSCI ESG Ratings는 기업들의 환경적 성과, 사회적 책임, 지배구조를 종합적으로 평가하며, 이를 통해 기업의 지속 가능성을 판단한다. 예를 들어, 환경 성과 평가에서는 기업의 탄소 배출량, 에너지 효율성, 자원 사용 등을 분석하며, 사회적 책임 평가에서는 노동 조건, 인권 보호, 지역사회 기여 등을 평가한다.

- Sustainalytics ESG Ratings

Sustainalytics ESG Ratings는 기업들의 ESG 성과를 평가하는 또 다른 글로벌 지표로, 투자자들에게 기업의 ESG 리스크를 평가하는 데 도움을 주고 있다. Sustainalytics는 170여 개국의 12,000개 이상의 기업을 대상으로 ESG 리스크를 분석하며, 이를 통해 기업의 ESG 리스크 노출 정도와 관리 능력을 평가한다. Sustainalytics ESG Ratings는 기업들의 환경적, 사회적, 지배 구조적 리스크를 종합적으로 평가하며, 이를 통해 투자자들이 ESG 리스크를 고려한 투자를 할 수 있도록 지원한다. 예를 들어, 환경적 리스크 평가에서는 기업의 환경 규제 준수 여부, 환경 사고 발생 가능성 등을 분석하며, 사회적 리스크 평가에서는 인권 침해, 노동 착취 가능성 등을 평가한다.

- FTSE4Good Index

FTSE4Good Index는 기업들의 ESG 성과를 평가하여 투자자들에게 제공하는 글로벌 지표로, 지속 가능한 투자를 촉진하는 중요한 역할을 하고 있다. FTSE4Good 지수는 환경, 사회, 지배구조 요소를 기준으로 기업들을 평가하며, 이를 통해 사회적 책임을 다하는 기업들이 포함된 지수를 구성한다. 이 지수는 투자자들이 ESG 요소를 고려한 투자를 할 수 있도록 도와준다.

FTSE4Good Index는 기업들의 지속 가능한 경영성과를 평가하며, 이를 통해 ESG 요소를 고려한 투자를 촉진한다. 예를 들어, 지수에 포함된 기업들은 환경 보호, 사회적 책임, 투명한 지배구조를 실천하고 있으며, 이는 투자자들에게 신뢰할 수 있는 투자 기회를 제공한다.

Chapter

06

ESG와 유사 개념과의 비교

Chapter 06

ESG와 유사 개념과의 비교

ESG 관련 논의가 폭발적으로 증가했지만 그 논의 배경과 개념, 유사 개념들과의 구분에 관한 선행연구가 충분히 이루어지지 않아 해당 개념의 정립과 범주화가 필요하므로 ESG와 유사 개념과 비교하고자 한다. 또한 ESG의 유사 개념으로서 기업의 사회적 책임은 기업의 책임이 기업 활동에 관계된 이해관계자까지 있음을 인식하고 이에 부합하는 자발적인 기업 활동을 촉구하는 것으로 기업의 경영철학까지 포괄하는 개념에 따라 ESG와 유사한 개념들을 제시하고 비교 분석을 하고자 한다.

1. ESG의 이해

1) ESG의 개념

ESG는 환경(Environmental), 사회(Social), 지배구조(Governance)의 영문 첫 글자를 조합한 단어로, 기업 경영에서 지속 가능성을 달성하기 위한 3가지 핵심 요소이다. 기업의 지속적인 성장 및 생존과 직결되는 핵심가치들로, ESG를 구성하는 세부 요소들은 〈표 6-1〉과 같다(KRX ESG 포털, 2024).

〈표 6-1〉 ESG 개념

구분	환경 Environmental	사회 Social	지배구조 Governance
내용	• 기후 변화 및 탄소배출 • 환경오염 및 환경규제 • 생태계 및 생물 다양성	• 데이터 보호 및 프라이버시 • 인권, 성별 평등 및 다양성 • 지역사회 관계	• 이사회 및 감사위원회 구성

(출처: KRX ESG 포털, 2024)

과거에는 기업을 평가하면서 '얼마를 투자해서, 얼마를 벌었는가?' 중심으로 '재무적'인 정량 지표가 기준이었다. 그러나 기후 변화 등 최근 기업이 사회에 미치는 영향력이 향상하며 '비재무적'인 지표가 기업의 실질적인 가치평가에 있어서 더 중요할 수 있다는 인식이 늘어나고 있다. 기업의 사회적 책임에 대한 담론이 형성되며, 투자자와 소비자들도 기업을 평가하면서 재무적 가치가 아닌 비재무적 가치를 중시하고 있다.

〈표 6-2〉 기업의 실질적인 가치평가의 변화

돈을 잘 버는 기업이 최고! 영업이익=기업가치	→	지속 가능한 성장을 위해서는 재무 지표뿐만 아니라, 기업이 사회적으로 어떠한 영향을 미치는지도 중요!
(과거) 재무적 가치		(현재) 비재무적 가치

ESG 정의는 기관별 설립목적 및 사업의 특성, 이해관계자의 차이에 따라 상이하게 제시되고 있다. 이들을 종합할 경우 투자 의사결정 · 장기적인 수익 · 재무적인 가치 · 경영 리스크 · 사회책임 · 지속 가능성 등이 공통으로 제시되는 키워드로, 자본시장에서 집중해야 할 ESG 개념은 '투자 의사 결정 및 장기적인 재무적 가치에 영향을 미칠 수 있는 중요한 비재무적 요인'이다.

이러한 ESG 개념은 규범 · 통합 · 도구 · 정치적 관점으로 다양하게 해석될 수 있다.

〈표 6-3〉 ESG 개념

구분	내용
규범적 관점	**기업의 준수 의무** 사회의 목표와 가치 측면에서 바람직한 정책을 추구하고, 그에 대한 의사결정 혹은 행동하는 기업인의 의무(Bowen, 1953)
통합적 관점	**이해관계자 기대부합** 특정 시점에 사회가 조직에 대해 가지는 경제적, 법적, 윤리적, 자율적 기대를 포괄함(Carroll, 1979)
도구적 관점	**투자 의사결정 반영** 기업의 사회적 책임은 투자 형태로 볼 수 있으며, 경영진은 기업에 적절한 CSR 투자 수준을 결정해야 함(Mcwilliams & Siegel, 2001)
정치적 관점	**정치적 이해관계** 정부 당국이 사회적 역할을 수행할 수 없거나 의지가 없는 경우, 기업이 공공재 공급자로서 책임 있는 비즈니스를 제공하는 것을 의미함(Scherer at al., 2016)

Organization	Definition	Keywords
UN PRI	factors into investment decisions, to better manage risk and generate sustainable, long-term returns	투자자 의사결정, 지속가능성 창출, 경영 리스크, 중장기 수익
Chartered Financial Analyst (CFA) institute	investors are considering in the context of corporate behavior. Often these ESG issues have been considered non-financial or non-quantifiable in nature and have a medium-to long-term time frame in their effect on a Company.	투자자 고려사항, 기업 행동, 중장기 기간, 비재무
Sustainable Stock Exchange Initiative	broad set of environmental, social and governance considerations that may impact a company's ability to execute its business strategy and create value	환경,사회,지배구조, 사업 전략, 가치 창출, 기업 역량 영향력
Nasdaq	broad set of environmental, social and corporate governance considerations that may impact a company's ability to execute its business strategy and create value over the long term	기업 역량 영향력, 사업 전략, 가치 창출, 장기적
London Stock Exchange Group	'sustainability', 'corporate responsibility' or 'corporate social responsibility' to refer to strategies or programmes related to ESG activities.	지속가능성, 기업의 사회적 책임, 전략 혹은 활동
Toronto Stock Exchange	three categories of factors that may affect an organization's performance, and therefore, its value	성과 요소, 가치
RobecoSAM	factors to evaluate companies and countries on how far advanced they are with sustainability	평가 요소, 지속가능성

(출처: Rasche, Morsing & Moon, 2017 재정리)

[그림 6-1] ESG 개념

2. CSR의 이해

1) CSR의 개념

사회적 책임(CSR)이란 기업이 주주(shareholder)에 대한 법적인 기대책임 이상으로 종업원, 소비자, 해당 지역사회 등 이해관계자(stakeholder)에게 지는 도의적, 윤리적 책임을 의미한다. 기업이 지속해서 존속하기 위한 이윤추구 활동 이외에 법령과 윤리를 준수하고, 기업의 이해관계자의 요구에 적절히 대응함으로써 사회에 긍정적 영향을 미치는 책임 있는 활동, 즉 기업의 사회적 책임(Corporate Social Responsibility)을 말한다. 오늘날에는 기업의 성장과 발전이 해당 기업이 소속된 사회나 국가의 경제 발전과 경제사회의 구조를 규정할 수 있을 만큼 기업이 대규모화되고 있다. 따라서 기업의 활동은 사회적으로 큰 영향을 미치게 되었으며, 이로 인해 기업의 사회적 위치가 커지고 그만큼 기업에 대해 요구하는 사회적 책임도 커지게 되었다. CSR은 각국의 경제 · 사회 상황이 서로 상이하고 기업마다 사회적 책임에 대한 인식의 차이가 존재해 국제적으로 통일된 정의는 없다. 하지만 일반적으로 다음과 같은 4단계로 구분된다. 제1단계는 경제적인 책임으로, 이윤 극대화와 고용창출 등의 책임을 말한다. 제2단계는 법적인 책임으로, 회계의 투명성, 성실한 세금납부, 소비자의 권익 보호 등의 책임이다. 제3단계는 윤리적인 책임으로, 환경 · 윤리경영, 제품 안전, 여성 · 현지인 · 소수인종에 대한 공정한 대우 등의 책임을 말한다. 마지막으로 제4단계는 자선적인 책임으로, 사회공헌활동 또는 자선 · 교육 · 문화 · 체육활동 등에 대한 기업의 지원을 의미한다(기획재정부 시사 · 경제 용어사전, 2024).

2) CSR의 정의

CSR(Corporate Social Responsibility, 기업의 사회적 책임)이란 기업 활동 때문에 영향을 받거나 영향을 주는 직·간접적 이해관계자들에 대하여 발생 가능한 제반 이슈들에 대한 법적, 경제적, 윤리적 책임을 감당할 뿐 아니라, 기업의 리스크를 줄이고 기회를 포착하여 중장기적 기업가치를 높일 수 있도록 추진하는 일련의 "이해관계자 기반 경영활동"이라고 할 수 있다(중소벤처 24, 2024).

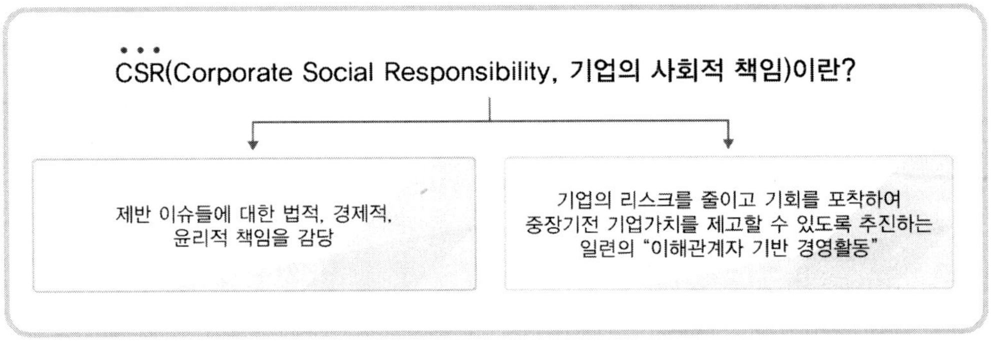

(출처: 중소벤처 24, 2024)

[그림 6-2] CSR의 정의

하지만 이에 대한 정의는 학자, 단체마다 다르게 나타나고 있고 공통으로 사용하고 있는 정의가 없는 실정이다. 다양한 조직에서 서로 다른 내용으로 CSR에 대한 정의를 내리고 있으며 이러한 차이는 서로 다른 문화와 국가의 발전 정도, 지역사회에서의 우선순위 등이 반영되기 때문이다. CSR과 관련된 몇 가지 정의를 살펴보면 다음과 같다.

(1) 이익 창출 및 이해관계자들의 수요에 부응하기 위해 규제에 순응하는 것 이상으로 기업이 노력하는 것(The myth of CSR, Deborah Doane)
(2) 기업과 사회와의 공생관계를 성숙시키고 발전시키기 위해 기업이 취하는 행동(OECD)
(3) 직원, 가족, 지역, 사회 및 사회 전체와 협력해 지속 가능한 발전에 기여하고 이들의 삶의 질을 향상하고자 하는 기업의 의지(WBCSD, 1998)
(4) 기업 스스로가 자신의 사업 활동할 때나 이해관계자(stakeholder)와의 상호관계에서 자발적으로 사회적 또는 환경적인 요소들을 함께 고려하는 것(Commission of the European Commnities, 2001)

하지만 이들의 공통점을 찾아보면 CSR이란 기업의 이익을 창출하는 데 책임감을 느끼고 있던 범위를 넘어 이해관계자를 포함한 사회와 환경 등에 대한 책임감을 느끼고 그것을 실천하는 행위임을 알 수 있다.

3) CSR의 필요성

(1) CSR 추진 필요성

CSR은 윤리적 혹은 도덕적 책임이라는 의미로 사용될 뿐, 법적 책임과 이행강제력은 크게 존재하지 않았다. 하지만 최근에는 CSR을 윤리적 책임인 동시에 소비자, 노동자, 국가사회복지, 환경과 공해방지, 지역사회 등의 다양한 이익을 충족하도록 하는 책임으로 확대되고 있다. 그뿐만 아니라 기업을 평가하는 글로벌 기준이 증가하고 있다. 이러한 압력 외에도 CSR을 기업의 전략 수단으로 활용하는 기업들이 나타나고 있다(중소벤처 24, 2024).

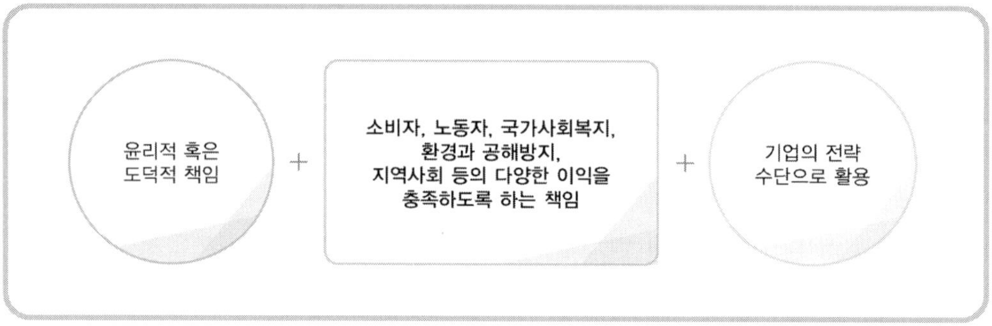

(출처: 중소벤처 24, 2024)

[그림 6-3] CSR의 추진 필요성

2010년 국제표준화기구(ISO)가 공표할 ISO 26000은 사회적 책임(CSR)에 대한 표준 가이드라인으로, 많은 전문가는 이것이 국제적인 규약으로 발전하여 해외 무역에서 비관세 무역장벽으로 작용할 것으로 전망하고 있고 국제적인 규약과 각종 사회적 책임 경영 가이드라인이 증가하는 추세이다. 지속가능경영보고서(Sustainability Report; SR)는 영업실적 이외의 위험과 성과를 판단할 수 있는 자료로 활용되어 투자자의 투자 의사 결정 지표로 활용되고 있다.

UN은 글로벌 콤팩트(The Global Compact)를 제정하여 기업들이 인권, 노동, 환경, 반부패 영역 등에서 10개의 원칙을 준수하고 실천토록 권고하는 등 기업의 공적 책임(Public Accountability)과 투명성 강화를 촉구하고 있고 또한 사회적 책임투자 원칙(SRI)을 제정(2006년 4월)하여 각국 정부와 금융기관의 연기금 운용 시 CSR 활동에 충실한 기업을 선별하여 투자할 것을 권고하고 있다. OECD는 "다국적 기업에 대한 OECD 가이드라인(OECD Guidelines for Multinational Enterprises)"을 제정(2000년 전면개정)하여 환경, 고용, 반부패, 소비자 권익, 정보공개 등에 대한 기업 행동원칙을 제시하고 동 원칙의 준수를 권고하고 있고 또한 "국제거래 시 외국 공무원의 뇌물방지 협약", "기업지배구조에 관한 원칙"의 제정(1999년 제정, 2004년 개정) 등 기업 활동 관련 규범을 지속해서 제정하고 있다.

또한, 기업의 전략 수단으로 활용되고 있다. 기업의 다양한 사회 활동을 통해 소비자들에게 인식된 기업의 평판은 소비자의 구매 결정에 중요한 판단기준이 될 수 있다. 즉, 기업의 사회적 책임이 소비자의 기업이나 브랜드에 대한 구매 의도나 구매 태도에 영향을 미치고 있다. 기업이 윤리적이고 정직하며 환경친화적인지 혹은 소비자의 요구에 잘 반응하는지에 대한 소비자의 인식이 CSR을 잘 이용하는 기업에는 강력한 경쟁력이 되지만, 상업적인 이익만을 추구하여 이를 무시하는 기업에는 약점으로 작용하게 되었다. 기업 혹은 사회단체들은 기업의 이익금, 금융자산, 보유인력, 시설, 장비 등을 활용하여 공익적인 목적의 사업을 지원, 또는 후원을 하여 이를 통해 기업의 이미지 제고, 고객 충성도 향상 등의 효과를 얻는 공익연계 마케팅 활동도 점차 증가하고 있다(중소벤처 24, 2024).

4) CSR의 표준

(1) ISO 26000

국제표준화기구(ISO: International Organization for Standardization)는 사회적 책임에 대한 가이드라인을 제시하는 국제표준을 개발하고 공표하기로 하였다. 2010년 10월 제정되는 이 표준은 요구사항을 포함하지 않기 때문에 인증으로 사용되지는 않을 것이다. 기업 외 다양한 조직(자치단체, 정부 기관, NGO, 병원, 대학 등)을 대상으로 하고 있으므로 영향이 미치는 범위는 매우 넓을 것으로 예상한다.

(2) GRI Standard

기업의 CSR 활동이 점차 중요해짐에 따라 CSR 활동에 대한 기업의 정보를 보다 투명하게 공개해야 할 필요성이 대두되었다. 이에 네덜란드 암스테르담에 있는 GRI(Global Reporting Initiative)는 기업을 주된 대상으로 지속가능경영보고서 가이드라인을 발표하였으며, '16년 이를 고도화한 GRI Standard를 발표하였다. GRI Standard는 기업의 경제적, 환경적, 사회적 성과를 지속 가능성 관점에서 기술하고 있으며, 기업의 CSR 경영성과 공개를 유도하고 있다. GRI Satndard는 기업을 둘러싼 각종 이해관계자가 기업의 정보공개를 요구하는 시대에 기업 지속가능경영보고서 발간에 있어 필수적인 지침이 되고 있다.

* GRI: '97년 '세리즈 원칙'을 제정한 미국의 비정부기구(NGO) CERES(환경에 책임을 지는 경제를 위한 연합)와 UNEP(유엔환경계획) 등이 중심이 되어 설립한 기구이다.

(3) UNGC(UN Global Compact)

UN 글로벌 콤팩트는 1999년 유엔 전 사무총장인 코피 아난(Kofi Annan)의 제안으로 2000년 7월 만들어진 자발적인 기업 시민을 위한 이니셔티브이다. 코피 아난 총장은 1999년 1월 31일 스위스 다보스에서 열린 세계 경제 포럼(WEF)에서 사회윤리와 국제환경개선을 위한 UN 글로벌 콤팩트에 동참을 권장하였으며, 이후 2000년 7월 26일 유엔 본부에서 UN 글로벌 콤팩트 창설 회의가 개최되었다. UN 글로벌 콤팩트는 인권, 노동, 환경과 반부패 분야에서의 10대 원칙을 제공하여 사회적 합리성에 기반한 지속할 수 있고 통합적인 세계 경제를 실현하는 것을 추구하고 있다(중소벤처 24, 2024).

(4) SA(Social Accountability) 8000

1997년 미국 노동부 산하 근로문제 연구 기관인 SAI(Social Accountability International, 전 CEPAA)의 기술위원회에 의해 제정된 근로자들의 노동환경에 대한 인증시스템 규격이다. SA 8000 요건에는 유소년 노동, 보상, 차별, 강제노동, 근로시간, 보건 및 안전, 단결권 및 단체교섭권과 근로 경영시스템에 대한 요구사항을 포함하고 있다. 전 세계적으로 노동환경을 개선하자는 세계적인 인권/노동 기구 간의 연대 움직임과 노동문제의 매체 발표로 인한 회사 제품 이미지의 막대한 실추 등 여러 이유로 대형 기업들이 그들의 전 세계 협력업체에 SA 8000 인증을 요구하고 있다.

(5) EICC(Electronic Industry Code of Conduct)

전자산업시민연대(EICC- Electronic Industry Citizenship Coalition, 예전 이름: Electronic Industry Code of Conduct)는 소니, 마이크로소프트, IBM, 인텔, 삼성 등 세계 전역의 30개 이상 주요 전기 · 전자 기업체로 구성되어 있으며 모든 공급업체의 근로조건 및 환경 의무를 개선하고자 하는 같은 목적을 가지고 함께 모여, '전자업체 행동규범–EICC 코드'라는 일반규범을 만들었다. 이 규범은 (1) 노동 (2) 보건 및 안전 (3) 환경 (4) 윤리 (5) 경영시스템을 포함하여 기업의 일반 관행에 걸쳐 실행, 준수, 심사, 보고 지침을 내세우고 있다. 이것이 널리 채택되어 전자산업 분야에 있어서 사회적 책임에 대한 표준이 되고 있다. EICC는 국제적인 계약에 입찰하거나 신규 비즈니스를 지역적으로 확장할 때 기업이 공급사슬 속에서 공급망–CSR 경영 규정을 준수하고 있음을 증명해 주고 있다(중소벤처 24, 2024).

3. SRI의 이해

일반적으로 사회책임투자(Social Responsible Investment, 이하 SRI)는 투자의 사결정 시 기업의 재무적 요소와 더불어 비재무적 요소인 환경 · 사회 · 지배구조(ESG)도 고려하여 투자하는 방식으로 정의된다. 그러나 SRI의 역사와 그 기원을 살펴보면, SRI는 시대가 변해 감에 따라 투자 방식이 세분되거나 새로운 투자 방식이 생겨났고, 문화, 종교, 가치 및 신념에 따라 그 정의가 다르므로 SRI 개념을 정의내리기란 쉽지 않다. 실제로 미국 사회책임투자포럼(이하 US SIF)과 유럽 사회책임투자포럼(이하 Eurosif)을 비롯해 SRI 연구기관들은 SRI에 대한 정의를 내리지 않고 있으며, SRI는 역사적 배경, 가치, 문화, 신념에 따라 윤리적 투자, 녹색 투자, 책임투자, 지속 가능한 투자 등으로 다양하게 불리고 있다

1) 사회적 책임 투자(SRI)의 개념

사회적 책임투자(Socially Responsible Investing, SRI)란 투자가 미치는 사회적, 환경적인 결과를 고려하고 관련 투자에 대해 철저히 재무 분석하여 투자함으로써 공공선과 경제적인 수익을 함께 성취하고자 하는 투자과정이다. 회사의 사회적, 환경적인 행동들이 바람직한 기업 정신과 부합하는 회사에는 투자하고 그러하지 않은 회사는 배제되었고 기존의 투자이론은 기대위험과 기대수익만을 투자 의사 결정에 이용하였으나, SRI에서는 투자의 경제적, 사회적, 환경적인 이득을 함께 고려하였다. 16세기 미국 퀘이커교도들로부터 시작, 남아공 인종차별에 대한 항의가 전환점이 되었고 현재는 환경, 인권, 살상 무기 등 다양한 이슈들로 확산하였다.

사회적 책임투자(SRI)를 하는 주요투자자들은 대형 투자기관(연금기금, 뮤추얼펀드 포함), 보험회사, 노조, 재단, 종교 단체, 지역공동체개발금융기관 등이 있었고 사회적 책임투자(SRI) 방법은 Social Screening, Shareholder Advocacy, 지역공동체 투자가 있으며 이 중에서 Social Screening이 가장 널리 사용되고 있다. Social Screening은 사회적 또는 환경적인 기준에 따라 해당하는 회사의 주식 또는 채권 등을 투자 포트폴리오에 넣거나 제외하는 투자전략, Shareholder Advocacy은 특정 기업의 주식을 보유하고 이를 이용하여 그 기업의 업무 관행을 보다 사회적으로 책임 있는 방향으로 개선하도록 유도하는 투자전략, 지역공동체 투자는 경제적으로 불이익을 받는 계층 또는 지역공동체가 필요로 한 기회나 자원을 제공하는 투자 방법 등으로 사용되었다.

또한, 평가에 필요한 자료는 직접 수집하기도 하나, Innovest와 같은 전문정보회사로부터 받기도 하고, SRI 기준에서 우수한 기업만을 대상으로 하는 주가지수를 이용하여 투자하기도 하며, 주요 기준은 담배, 술, 노사관계, 환경 문제, 도박, 무기, 동등한 대우, 인권, 공동체에 미치는 영향, 포르노, 동물실험, 낙태 등 다양하다(나우승, 2024).

2) 사회적 책임 투자(SRI)의 효과

투자 수익 측면에서 사회적 책임 투자는 그렇지 않은 투자와 비교할 경우 수익률은 높고 비용은 낮은 것으로 나타나는데, SRI를 선호하는 논리는 기업이 경제적, 환경적 사회적 책임을 다하면 정부 벌금, 소송, 또는 제품불매운동을 당할 가능성이 작고, 고객만족도가 높으며 노사관계가 강화되기 때문에 판매증가로 연결된다는 것이다. 또한, 사회적 책임투자는 기업의 사회적 책임을 보여 주는 구체적인 실행

수단으로서 기업 이미지 제고로 이어진다. 기업이 사회적 책임을 다하는가를 기업 평가에 중요 요소로 고려하는 추세가 세계적으로 널리 퍼지고, 기업의 사회적 책임 이행 의지와 실천은 "기업 발전뿐만 아니라 사회의 지속 가능한 발전도 함께 추구한다는 믿음을 줄 수 있는 기업 이미지"가 이해관계자들에게 구축되며 기업의 사회적 책임의 성과는 일회성 행사보다는 회사의 업무와 긴밀히 연계될 때 그 성과를 크게 발휘하며, 금융기관에서 SRI는 사회적 책임을 이행하는 중요한 기능을 가진다(나우승, 2024).

4. CSV의 이해

공유가치창출(公有價値創出, 영어: Creating Shared Value, CSV)이란 경제/사회적 조건을 개선하면서 동시에 비즈니스 핵심 경쟁력을 강화하는 일련의 기업 정책 및 경영활동을 의미한다. 하버드 비즈니스 스쿨의 마이클 포터(Michael Porter)와 FSG의 공동창업자 마크 R. 크레이머(Mark R. Kramer)가 2006년 12월에 하버드 비즈니스 리뷰에 발표한 "전략과 사회: 경쟁 우위와 CSR 간의 연결(Strategy and Society: The Link between Competitive Advantage and Corporate Social Responsibility)"[1]에서 처음으로 등장한 개념이며, 2011년 1월에 발표한 "공유가치를 창출하라: 자본주의를 재창조하는 방법과 혁신 및 성장의 흐름을 창출하는 방법(Creating Shared Value: How to reinvent capitalism — unleash a wave of innovation and growth)"[2]에서 본격적으로 확장된 개념이다(위키백과, 2024).

공유가치창출(Creating Shared Value, 이하 CSV)은 수익 창출이 이루어진 후에 기업이 사회공헌활동을 하는 것이 아니라, 기업의 활동 그 자체가 사회적 가치를 창출하면서 동시에 경제적 수익을 추구하는 것이 가장 큰 특징이다. 즉, 경제 및 사회적 여건을 개선하는 동시에, 사업의 핵심 경쟁력을 강화하는 일련의 기업 정책과 경영활동을 의미한다. 공유가치창출은 기업의 자선적인 사회적 책임 활동으로 현재의 경제 체계가 지닌 문제점을 해결하는 데 한계가 있다는 인식하에 등장한 것으로, 창조적 자본주의, CSR 3.0, 임팩트 비즈니스, 사회적 혁신들의 개념들과 일맥상통하는 개념이라 볼 수 있다. 이처럼 새롭게 대두된 개념들은 기업의 성과와 사회 구성원의 이익 간의 관계를 구분하여 바라보는 것을 지양하고, 이들이 양립 가능한 관계를 형성할 수 있음을 전제로 한다는 점에서 유사성을 갖는다.

공유가치창출을 의미하는 CSV(Creating Shared Value: 공유가치창출)가 기존의 CSR(Corporate Social Responsibility: 기업의 사회적 책임)을 뛰어넘는 새로운 기업 사회공헌활동으로 떠오르고 있다. CSV는 마이클 포터 하버드대 교수 등이 처음 제시한 개념으로 전통적인 기업 활동의 목적이었던 경제적 가치와 사회적 가치를 결부시킨 공유가치를 기업 경영의 목표로 삼는 것을 의미한다.

CSV는 사회의 발전과 기업의 경제적 이익 창출이 양립할 수 있다는 전제에서 출발한다. 기업 경영의 산물인 이익을 사회와 함께 나누는 CSR보다 기업 경영의 가치 창출 과정에서 지역사회와의 협력을 통해 공유가치를 만들어 내는 CSV가 기업과 사회 쌍방에게 더 큰 이익을 가져다줄 수 있다는 것이다. 기업의 본업과는 별도로 운영되는 CSR이 기업이미지 제고에 이바지할 수는 있으나 경제적 이윤을 발생시키지 않는 사회 환원 비용으로 간주하는 반면, CSV는 사회, 경제적 효용을 증가시킨다는 점에서 기업의 경쟁력 향상을 위한 경영전략으로 인식되기도 한다. CSR의 경우 때로는 홍보를 지나치게 의식한 보여 주기식 이벤트로 기업 이미지에 부정적인 영향을 미치는 결과를 낳기도 한다.

CSV와 CSR의 근본적인 차이점은 비즈니스와의 연계 여부에 있다. GE나 네슬레, IBM 같은 세계적인 기업들이 가난한 사람들에게 적정기술과 제품을 제공해 사회수요 충족과 신시장 개척을 이루어 내며 기업의 가치도 창출한 CSV의 대표적인 성공사례로 떠오르고 있다. 최근에는 국내 기업들도 많은 관심을 보이며 과거 수행하던 CSR 프로그램을 CSV 관점에서 재검토하는가 하면 사업부서의 명칭을 아예 CSV 팀으로 바꾸는 경우도 발견된다. 기업으로서는 수익을 사회에 환원해야 하는 사회공헌보다 경제적 가치와 사회적 가치를 동시에 창출할 수 있는 CSV가 매력적일 수밖에 없다.

그러나 CSV를 CSR의 연장 선상에서 파악하는 흐름에 대해서는 우려하지 않을 수 없다. CSV는 전사적 관점에서 프로젝트나 사업을 개발해 장기적인 이윤 창출을 지향한다는 점에서 단순히 배정된 사회공헌예산을 전담부서가 활용하는 CSR와는 다르기 때문이다. CSV는 사회공헌모델과는 다를 뿐 아니라 반드시 구분해야 할 새로운 비즈니스모델이기 때문에 CSR팀의 명칭을 바꾸거나 별도조직으로 CSV 전담팀을 만드는 정도의 노력으로는 결코 성공을 장담할 수 없다. CSV는 회사 전체의 경영전략과 미래전략, 신규사업, 구조조정 등을 담당하는 핵심부서들이 참여하여 지속 가능 경영을 위한 새로운 비즈니스모델 구축과 장기적인 실천방안 수립을 위한 시스템적 접근이 이루어져야 하는 전사적 프로젝트이다.

CSV가 제대로 자리 잡기 위해서는 우선 핵심가치를 나타내는 명확한 CSV 비전이 제시되어야 하며 최고경영자, 이사회, 임직원 등 상층부 구성원들의 적극적인 의지와 통합적인 리더십 발휘가 절대적으로 필요하다. 그러기 위해서는 무엇보다 최고경영자의 인식 전환이 우선되어야 한다. 마이클 포터와 CSV를 공동으로 창안한 마크 크레이머(Mark Kramer)는 CSV의 성공적인 도입과 실행을 위해서는 CEO의 확고한 의지와 강력한 리더십은 물론, 장기간에 걸친 준비가 필요하며 단순한 일부 인력배치가 아닌 기업 내 업무 프로세스의 전면적 변화와 성과보상체계의 재설계 및 외부파트너들과의 협업 또한 필수적이라고 했다. 결국, CSV의 성공은 '공생 발전'과 '상생 협력'이라는 가치를 얼마나 진정성을 갖고 추구하느냐에 달린 셈이다. 우리 기업들이 이러한 요소를 충분히 고려하여 CSV의 성공적인 정착을 이루어 내었으면 한다(아름다운재단, 2024).

CSR보다 한 단계 더 나아가 사회 구성원들이 전반적으로 공유할 수 있는 가치를 창조해야 한다는 인식이 확산한 것이다. 이런 가운데 CSV라는 개념이 등장했다. CSV는 기업이 사회에 공헌하는 활동을 통해 이익을 늘리고, 사회의 문제를 기업의 경제적인 가치 창출과 일체화시킨다는 게 핵심이다. 이 용어는 미국 하버드 비즈니스 스쿨의 마이클 포터와 비영리컨설팅업체 FSG의 공동창업자 마크 R. 크레이머가 2006년 1월 『하버드 비즈니스 리뷰』에 발표한 「전략과 사회: 경쟁 우위와 CSR 간의 연결」이라는 논문에서 처음 등장했다. 이들은 2011년에 "공유가치를 창출하라: 자본주의를 재창조하는 방법과 혁신 및 성장의 흐름을 창출하는 방법"이라는 글을 통해 CSV에 대한 논의를 본격화되었다.

'소셜슈머'(Socialsumer)라는 새로운 소비자의 등장도 이런 변화를 한몫 거들었다. '사회적 소비자' 정도로 해석되는 말이다. 이제는 소비자가 단순히 기업이 생산해내는 물건의 품질이나 가격만을 보고 소비하는 게 아니라 기업이 제품에 어떤 사회적 가치를 담았는지까지 보면서 소비한다는 것이다. 이미 미국의 선진 기업들은 CSV 개념을 일찍 기업 활동에 접목했다. 정보기술(IT) 회사인 시스코와 마이크로소프트는 IT기술을, GE는 회사의 포트폴리오를 재구성하면서 집중하기 시작한 에너지와 환경을 주제로 삼았다. 정유회사인 엑손모빌은 유전개발을 활발히 진행한 지역인 아프리카의 문제, 스타벅스는 커피 원료 구매, 그리고 코카콜라는 가장 중요한 제품 원료인 물을 각각 테마로 잡고 활동을 벌여 왔다.

삼성은 '꿈 멘토링' SK는 '해피 카 스쿨', 이들은 일방적으로 지원금을 주거나 봉사 활동 자체만을 강조한 게 아니었다. 그 활동을 함으로써 기업의 사업이 확장된 효과를 얻었다. 기업 자체의 역량으로 부족한 부분은 각 지역의 교육 기관이나 비영리 단체, 나아가 다른 기업들과 협력해 활동을 진행했다. 이렇게 함으로써 기업의 브랜드 가치를 같이 활동하고 있는 기관이나 단체들까지 심어 줌으로써 파급력을 높이는 효과를 얻었다. 향상된 브랜드 가치는 자연스레 기업의 영업이익을 높이는 효과를 불러오게 된 것이다. 즉, 사회에 좋은 일을 하려고 추진한 일이 자기 회사의 물건을 많이 팔게 되는 일거양득의 결과로 나타난 것이다. 이게 바로 CSV의 핵심이다.

삼성의 경우 임직원이 참여하는 '꿈 멘토링'을 통해 청소년들이 적성과 꿈을 찾게 도와준다. IT기기를 활용해 다양한 정보를 수업에 활용하고 학생별 맞춤 학습을 지원하는 '스마트 스쿨' 사업도 한다. 현대자동차는 경제적 어려움과 창업계획, 자립의지 등을 종합 평가해 매월 지원 대상자를 선정해 차량(미니 트럭)을 지원하였다. 창업자금과 컨설팅까지 해 주고 있다. SK그룹이 운영하는 '해피 카 스쿨'은 1년간 차량 정비기술을 배우고 도장 기술을 익혀 취업을 돕고 있다. LG그룹은 'LG 사랑의 다문화학교'를 통해 과학 분야에 재능이 있는 다문화가정 청소년들을 선발, 2년간 교육비용을 지원한다. 각 기업의 자신의 사업영역인 IT와 자동차, 정비기술을 기반으로 하는 모습이다. 이런 활동이 기업가치를 높여 소비자들이 더 해당 회사의 제품을 많이 사고 이용한다면 그것이야말로 성공적인 CSV가 된 것이다(The Joongang, 2015).

1) 이상적인 CSV의 조건

기업이 이상적인 공유가치를 창출하기 위해서는 다음과 같은 세 가지 조건을 충족해야 한다.

(1) 제품과 시장에 대한 재구상

기업은 시장에 더 나은 서비스를 제공하거나 새로운 시장을 창출하거나 혁신을 통해 비용을 낮춤으로써 사회적 요구를 충족시킬 수 있다.

(2) 가치 사슬의 생산성 재정의

기업은 필수 천연자원에 대해 집사(감시인)로서 활동하고, 경제와 사회 발전을 촉진하면서 자원 투입과 분배의 양과 질, 비용 및 신뢰 등을 개선할 수 있다.

(3) 지역 클러스터 구축

기업은 사회와 동떨어져 혼자 영업 활동을 하지 않는다. 기업이 경쟁력을 확보하고 사회와 함께 성장하기 위해서 기업은 믿을 만한 지역 공급업체, 도로와 통신과 같은 인프라, 재능 있는 인력, 효과적이고 예측 가능한 제도 등과 함께 클러스터를 구축해야 한다.

2) CSV 실행 프레임워크 10단계

FSG는 2011년 9월에 발표한 CSV 가이드라인인 "Creating Shared Value: A How-to Guide for the New Corporate(R)evolution"[3]에서 기업이 CSV를 실행하기 위한 10단계의 프레임워크를 제시하였다. 10단계는 성격에 따라 비전(Vision), 전략(Strategy), 실행(Delivery), 성과(Performance)의 상위 카테고리로 다시 묶일 수 있다(위키백과, 2024).

10단계 중 비전에 해당하는 단계는 '비전 통합'이다. 기업이 CSV를 추진하기 위해서는 핵심가치를 나타내는 명확한 CSV 비전을 제시해야 한다. 최고경영자, 이사회와 임직원 등 상위 관리자의 적극적인 의지와 통합적인 리더십이 중요하다. 전략에 해당하는 단계는 이슈 선정, 목표 설정이다. 기업이 해결하고자 하는 사회 이슈를 선정하기 위해서는 기업의 포지셔닝, 환경, 역량, 비용 편익 및 성장 가능성 등 다양한 측면을 고려하여야 한다. 그리고 모호한 구호가 아닌 구체적인 수치와 방향을 제시하는 목표가 필요하다. 명확한 목표가 부과되어야지만 세부적 사업 계획을 수립할 수 있고, 내외부의 책임감을 강화할 수 있다.

실행에 해당하는 단계는 자산 활용, 통합 관리, 파트너십이다. 기업은 기업 내 현금, 상품 및 서비스, 인력, 사회적 영향력 등의 자산을 CSV 계획 수립을 위해 적극적으로 활용해야 한다. 또한, CSR 내에서는 사회공헌팀이나 지속 가능 경영부서만 계획을 수립하였는데 CSV에서는 사내 다양한 부서 및 임직원이 함께 기획하고 실행할 수 있는 기업문화와 관리 시스템이 필요하다. 그리고 기업 외부의 다양한 파트너 그룹과 효율적으로 협력할 수 있는 구조를 만들어야 한다. 성과에 해당하는 단계는 결과 측정, 학습 루프, 규모 확장, 의사소통이다. 사업 전반에 대한 정보뿐만 아니라 사업의 결과로 인한 사회적 변화를 체계적으로 관리해야 한다. 그리고 이러한 결과를 통해서 교훈을 습득하고, 습득한 교훈을 다시 시스템에 반영하여 프로젝트를 확대하여 공유가치를 극대화한다. 마지막으로 전 과정을 통해 축적한 데이터와 결과를 지속 가능 보고서 이외의 다양한 수단과 매체를 통해 내부와 외부의 이해관계자들과 공유해야 한다. CSV는 그 누구보다도 임직원의 참여가 중요하기 때문이다.

3) CSR과 CSV의 차별점

개념이 '선행을 통하여 이롭게 한다.'라는 같은 배경을 가지고 있지만, 기업의 사회적 책임(CSR)은 공유가치창출(CSV)과는 다르다. '하버드 비즈니스 리뷰' 잡지에 게재된 공유가치창출 기사의 공동저자인 마크 크레이머는 "공유가치창출"이라는 자신의 블로그에서 두 개념 간의 주요 차이점은 CSV는 가치를 창출하는 것인데 반해, CSR은 책임에 관한 것이라고 기술하고 있다. 이 개념이 "CSR의 새로운 확장 형태" 또는 "공유가치" 중 어느 것이든 간에, CSV는 이전의 CSR 활동과는 근본적으로 다르다.

CSR과 CSV의 결정적인 차이점은 비즈니스 연계에 있다. CSR은 시민의식과 자선활동을 동기로 가지고 있으며, 기업의 가치 사슬상 존재하는 사회 문제와 이와 관련된 이해관계자 이슈에 대응하는 활동을 의미한다. CSR을 위한 예산은 한정적이기 때문에 활동은 제한적일 수밖에 없다. 한편으로는 CSR이 가지는 중요성이 증가하면서 기업들이 외부적으로 부여된 사회와 환경에 관한 기준을 준수하기 위해 비용을 추가로 지불하거나 사업상 제약을 떠안게 되는 경우가 발생했다.

반면 CSV는 기업의 이윤 극대화를 위한 전략 내에 사회적, 환경적 가치를 통합하는 개념이다. 비용으로 인식되는 CSR와는 다르게 CSV는 기업의 사회 · 경제적 효용을 증가시키는 점에서 기업의 경쟁 우위를 위한 기회에 초점을 맞추고 있다. 그리고 CSV를 위해서는 기업 본연의 전략을 재창조해야 하므로 기업 전체의 조직과 예산이 투입되어야 한다. 저자들은 위 논문에서 공정 무역의 사례를 통해 CSR과 CSV의 사례를 설명한다. 가난한 농부가 재배한 농작물에 제값을 쳐주는 공정 무역은 CSR 관점에서 빈곤을 해결하는 선행이라는 의미가 있지만, 이는 현재의 파이를 재분배하는 것에서 그친다는 한계가 있다. 반면 CSV는 농법을 개선하고 농부를 위한 지역 협력과 지원 체계를 구축하는 방법으로 접근하여, 농부들이 더 효율적이고 지속 가능한 방법으로 작물을 재배해 수확량과 품질을 개선하도록 도우면서 농가 소득에도 보탬이 된다.

이처럼 CSV는 CSR 개념이 변모, 확장되었다고 볼 수 있다. 기업의 책임은 전통적 CSR 1.0(단계: 방어, 자선, 홍보, 전략)으로부터 변형적 CSR2.0과 CSV와 유사한 CSR3.0으로 진화하였다. CSR 재정립에 따른 단계적 발전으로 기업과 사회는 지속적이고도 공통으로 사회적 문제를 극복할 수 있는 이론적 토대를 마련하였다. 자본주의가 성숙해짐에 따라, 전통적 CSR의 한계를 인식, 그로부터 탈출하여 경제와 사회적 발전에 도움이 되는 새로운 시장전략을 재구성하고 추진하는 것이야말로 기업의 책무이다. CSV는 경쟁이 심한 자본주의 시장에서 기업이 살아남는 길을 제시한다는 점에서 CSR을 대체하는 개념이다. CSR은 사회적 압력에 의해 선행을 베풀고 이를 통한 기업평판 제고에 가치를 둠에 반해서, CSV는 수익 극대화라는 경쟁세계에서 비용대비 경제적 사회적 편익 모두를 창출하는 것에 가치를 둔다. CSV는 외부요인에 이끌려 가거나 CSR이 가지고 있는 재무예산의 제약을 떠나 내부적으로 형성된다. CSV가 출현하고 전 세계적인 호평을 받으면서, 기업들은 지속적인 성장이라는 자신들의 비전에 대하여 더욱 숙고하기 시작했다. 하지만, 포터와 크레이머는 “CSR에 대한 과거 수십 년간의 학술토론 결과도 반영하지 못하고 또한 오늘날 실제 CSR 사용례의 대부분도 포착하지 못할 정도로 매우 특이하고 제한된 정도로만 CSR에 대해 이해하고 있을 뿐이라”고 비평가들은 주장한다. 현대적 CSR에 대한 이해보다는 저자의 헌신과 창의성 주장을 정당화하기 위하여 CSR은 고작 허수아비에 불과하다는 수사 정도로 보인다는 것이다(위키백과, 2024).

4) CSV의 사례

(1) CJ Group

국내 기업인 CJ그룹은 기업 내 주력사업인 식품, 엔터테인먼트, 미디어, 유통 등 부분에서 계열사별로 사업 내용의 특성에 맞는 CSV 프로그램을 진행해 왔다. 이에 2015년 말 CSV 전담부서인 사회공헌추진단 부서를 독립적으로 개설해 기업의 CSV 행보를 강화하였다. 대표적으로 CJ오쇼핑은 CJ IMC라는 자회사를 설립해 국내 중소기업의 해외시장 진출을 적극적으로 지원하고 있다. 기존 CJ의 글로벌 유통 채널을 활용해 국내의 경쟁력 있는 중소기업의 제품을 외국 소비자에게 소개하는 플랫폼의 역할을 한다. 이를 통해 CJ오쇼핑은 다양한 제품군을 확보할 수 있고, 국내 중소기업들은 해외시장 개척 기회를 얻을 수 있게 된다. 이 외에도 2014년 5월부터 KOICA(한국국제협력단)와 함께 베트남에서 베트남 농가의 안정적 수익 증대와 자생력 강화를 도와주는 CSV 프로그램을 진행함으로써 글로벌 CSV도 진행 중이다. 한국의 농가를 빈곤에서 탈출시킨 새마을 운동을 원용하여 '新 새마을 운동'이라는 이름의 이 프로젝트는 베트남의 지역인 닌투언성 농가에 한국산 고추 종자와 효과적인 재배 기술 등을 전수한 뒤 지역 주민이 재배한 농산물을 사들여 원료로 활용한다는 구상이다. CJ제일제당이 가지고 있는 국내 및 베트남 시장 내 판로를 활용하여 기술 전수를 통한 생산량 증대가 소득으로 이어질 수 있도록 설계했다. 단순히 일시적 기부가 아니라, 빈곤에서 벗어날 수 있는 근본적인 해결책을 제공하겠다는 '글로벌 상생'의 모습에 집중하고 있다. 이 프로젝트에 대해 세계 빈곤 퇴치를 위한 비영리 단체 The Global Poverty Project(PTT)의 휴 에반스(Hugh Evans) 대표는 "CJ가 펼치는 베트남 새마을 운동처럼, 농가가 스스로 성장할 수 있도록 교육을 통해 생산성을 향상하고 수익을 증대시킴으로써 장기적으로 절대 빈곤에서 벗어날 수 있도록 하는 활동은 빈곤 퇴치를 위한 좋은 사례"라고 언급하기도 했다(위키백과, 2024).

(2) 네슬레(Nestle)

기업은 공동체 투자를 통하여 자신의 경쟁력 체제를 개선할 수도 있다. 예를 들어, 네슬레는 인도의 모가 우유 구역(Moga Milk District) 농부들과 긴밀히 협력하여 지역의 사회기반시설에 투자하고 세계 초고 수준의 기술을 이전하여 경쟁력 있는 우유 공급망을 구축함으로써 의료개선, 양질의 교육 제공과 경제 발전을 동시에 이루었다(위키백과, 2024).

(3) GE(제너럴 일렉트릭)의 에코이매지네이션

제너럴 일렉트릭이 2005년 "에코이매지네이션"이라는 방향으로 사업계획을 진취적으로 수정한 것은 전력과 연료비, 탄소배출 저감을 위한 사회적, 국가적 요구에 따른 결과이었다. G.E.는 환경 분야 컨설팅기업 그린오더(GreenOrder)의 도움을 받아 자신들의 제품을 친환경적, 에너지 절감형으로 수정하는 데 성공했다. 판매량은 2009년 180억$에 달하였고, 기업 전체 매출이 향후 5년 동안 두 배 이상으로 성장할 것으로 예측하고 있다(위키백과, 2024).

5. ESG 유사 개념과의 비교

앞서 이야기한 내용을 바탕으로 ESG와 관련된 다양한 유사 개념들에 대하여 〈표 6-4〉에 다음과 같이 정리하였다.

〈표 6-4〉 ESG 유사 개념 비교

ESG	기업의 사회적 책임(CSR)	공유가치 (CSV)	지속 가능성 (Sustainability)	임팩트 투자 (Impact Investment)
환경, 사회적 요소, 지배구조, 비재무적 요소 강조	기업이 본업으로 낸 수익으로 사회에 기여, 자선, 기부적 개념	Creating Shared Value 경제와 사회적 가치를 함께 창출	미래세대의 충족할 능력을 손상시키지 않고 현재의 필요를 충족시키는 것	사회적, 환경적 문제를 해결하는 기업, 단체, 투자

(출처: 티스토리, 2024 재인용)

ESG와 CSR, CSV는 기업의 활동이 사회에 긍정적인 영향을 미친다는 공통분모가 있지만 중요하게 생각하는 지점과 활동의 방향이 다르다. ESG는 '비재무적 요소(ESG)에서 리스크가 있는 기업은 재무적 요소로 가늠할 수 없는 마이너스 요인이 있으므로 투자하지 않거나 투자하지 않는다'라는 개념이다. 비재무적 요소에 문제가 있으면 장기적으로 주주에게 손해를 끼칠 수 있다고 보아 기업에 비재무적 요소(ESG)에 관한 정보공개를 요구하거나 관련 리스크를 줄일 것을 요구하는 것이다. 이는 소비와 투자에 가치관을 부여하거나 환경 보호에 관심이 커진 시대변화와 전 세계적으로 환경 및 신재생에너지 규제 이슈가 커지고 있는 점과도 연결되어 있다. 하지만 최근 들어 기업이 ESG를 강화하는 움직임을 펼치면서 'ESG워싱', '그린워싱' 등의 사례도 생겨나고 있다(티스토리, 2024).

CSR은 기업이 사회적 책임을 완수하기 위한 윤리적 책임의식을 경영에 통합하는 것이다. CSR 개념을 정립한 미국의 경제학자 하워드 보웬(Howard Bowen)은 '오늘날 기업은 사회적 권력의 중심이며, 회사의 행동은 다양한 방식으로 대중의 삶에 영향을 미친다.'라고도 말했다. 다시 말해, 선행을 통해 사회에 기업의 이윤을 환원하는 것이다. 기업의 CSR의 대표적 활동은 기부, 봉사 활동, 문화예술 후원 등이 있는데, 기업이 '브랜드와 이미지'를 위해 '시혜적'으로 사회공헌에 나서는 것이 아니냐는 비판을 받기도 한다.

CSV는 공유가치 창출, 즉 소비자의 가치, 기업의 가치, 사회적으로 필요한 가치가 상호 조화를 이뤄 기업과 지역사회가 상생하는 것이다. 사회적 가치를 창출하면서 동시에 경제적 수익을 추구하는 기업 활동으로 CSR에서 진화한 개념으로 볼 수 있다.

요약하면 CSR은 기업이 선행을 통해 사회에 기업의 이윤을 환원하는 것이고, CSV는 단순한 기업이윤의 환원이 아니라 사회적 가치를 창출하면서 동시에 경제적 수익을 추구하는 것이다. 그리고 ESG는 주주 및 외부에서 기업에 정보공개 및 사회적 책임을 강요함으로 더욱 강력하고 주도적으로 기업의 경영에 영향력을 미치게 된다. 과거에 기업의 이윤을 선행 수준에서 사회에 공헌했다면 ESG는 기업 경영이 사회에 긍정적인 영향력을 가져올 수 있도록 더욱 주주 및 외부의 개입이 가능하게 된 것이다. 우리나라도 2025년부터 자산총액 2조 원 이상의 유가증권시장 상장사의 ESG 공시 의무화가 도입되며, 2030년부터는 모든 코스피 상장사로 확대되는데, 이로써 비재무적 친환경 사회적 책임 활동이 기업가치를 평가하는 주요 지표로 자리매김했다고 볼 수 있다.

또한, ESG 투자와 비슷한 말로는 사회적 책임투자(SRI: Socially Responsible Investment)가 있다. 기본적인 개념은 같지만 SRI는 경제 상황 외에서의 사회적, 윤리적 가치관을 바탕으로 투자처를 선정하고 투자하는 방식으로 사회적 기업에 대한 기대를 투자로 반영한 것이라 할 수 있다. 1920년대에 미국의 크리스트 교회가 자산 운용 시에 윤리적인 관점에서 투자대상을 배제한 것(네거티브 · 스크리닝)이 시작이라고 말해지고 있다. SRI에서는 명확하게 ESG의 관점을 가리키고 있지 않다. 한편 ESG는 최근의 사회 문제에 대한 요망이 세 가지 관점으로 집약되고 있다고 볼 수 있다. 또한, SRI 부분은 윤리성을 중시하고 있는 데 반해 ESG에서는 사회와 환경에의 대처나 기업 통치가 기업의 이익을 낳는다고 하는 생각이 포함된 점에서 차이점을 볼 수 있다(티스토리, 2024).

Chapter

07

ESG 경영의 이해

Chapter

07 ESG 경영의 이해

포스트 코로나 시대가 초래한 사회적 거리 두기와 경제적 문제들은 기존 비즈니스 모델과 사회 구조의 변화를 촉발했다. 사회가 급변함에 따라서 그 변화의 속도와 다양한 문제가 발생하면서 기존의 국가체제가 미처 대응하지 못하는 부분을 NPO가 담당하게 되었다. 이러한 NPO의 중요성이 두드러지면서 국내 NPO도 점차 활성화되고 있다. 2023년 통계에 따르면 기준 국내 NPO의 수는 총 13,892개에 이르며, 대부분의 NPO가 사회 곳곳에서 정부가 미처 담당하지 못하는 여러 분양에서 활동하고 있다. 비영리법인은 설립법인 수, 고용인원, 예산 등의 측면에서 영리법인보다 소규모에 지나지 않지만, 종교, 교육, 보건의료, 사회복지 및 문화, 자선, 환경 등의 영역에서 영리 회사들이 수행하지 못하는 사회적 기능을 담당하고 있다(김정연, 2022).

이러한 NPO의 발전과 당위성의 이면에는 분명한 명암이 존재한다. 사회는 예측할 수 없이 빠르게 변모하는 동시에 수익도 불확실성도 커지게 되었다. 이러한 상황은 NPO의 지속 가능성에 대한 우려를 불러일으키고 있다. 이러한 문제들을 극복하고 NPO의 비전과 목표를 실현하기 위해서는 새로운 경영전략이 필요하다. ESG 경영은 급변하는 시대에 떠오르는 새로운 경영전략으로 사회 전 분야에서 적용이 요구되고 있다. ESG 경영은 기업이 장기적인 관점에서 친환경 및 사회적 책임 경영과 투명경영을 통해 지속 가능한 발전을 추구하는 것을 의미한다. ESG 지배구조는 앞으로 기업 경영의 투명성과 윤리성을 담보하는 중요한 요소이며 ESG 경영의 중추이다. 이러한 ESG 경영을 NPO 지배구조에 도입한다면 이를 통하여 투명한 경영, 이사회의 독립성 및 효율성, 주주의 권리 존중 등으로 나타날 것이다. 이러한 일련의 프로세스를 통해서 NPO의 지배구조를 강화하며 NPO 경영에 긍정적인 영향을 미칠 것이다. 따라서 본 장에서는 기존 기업 지배구조를 분석하고 이를 토대로 NPO 경영에 ESG 경영의 도입에 대한 효과를 탐색하고자 한다.

1. NPO 지배구조 측면에서의 ESG

1) NPO 지배구조

(1) NPO 지배구조의 정의

비영리 조직의 성과를 평가할 수 있는 기준이 모호할 뿐 아니라 그 책임의 소재를 물을 수 있는 주체가 분명하지 않다는 특성을 갖는다. 이에 따라 성공과 실패를 분명히 구분할 수 있거나, 성공을 측정할 수 있는 양적, 질적인 평가를 판단하는 것이 어려우므로 영리를 목적으로 하는 조직의 지배구조를 평가하는 것보다 훨씬 더 어렵게 만드는 요인이 되고 있다(박태규, 2021).

영리단체와 비영리 단체의 근본적인 차이는 추구하는 목적에 있다. 영리단체의 궁극적인 목적은 소유주들에게 이윤을 남겨 주는 것이다. 기업의 소유 형태는 여러 가지다. 기업 전체를 한 개인이 소유하거나 파트너나 주주들, 다른 그룹이 공동으로 소유하는 형태가 있다. 비영리 단체에는 소유의 개념이 없다. 따라서 비영리 단체의 목적은 영리단체와 완전히 다르다. 비영리 단체는 공익을 추구하기 때문에 소유주가 있을 수 없으며 소유와 그에 따르는 사익은 공익과 공존할 수 없다고 법에 명시되어 있다. 물론 비영리 단체가 돈을 벌지 못하는 것은 아니다. 비영리 단체가 영리단체처럼 돈을 벌 수도 있고 실제로 벌기도 한다. 그러나 번 돈은 단체가 세워진 공익의 목적을 위해 쓰이거나 예치해 두거나 다른 공익단체에 넘겨져야 한다(Wolf, 2020).

비영리 조직은 법률 및 세법에 정의되어 있고 수많은 외부 구성원의 영향을 받고 자체 사명, 구조, 활동, 성격, 정책 및 절차에 맞게 형성된 복잡한 기능적 역할 및 절차를 통해 관리된다. 비영리 조직의 거버넌스는 목적, 사람, 자원, 계약, 고객, 경계, 지역사회 연합 및 네트워크, 정관 및 내규, 주 법률 및 규정에 규정된(또는 금지된) 행위의 산물이다. 비영리 조직이 법인화되면 법인이 되므로 법률상 여러 면에서 영리 기업과 유사하다. 법인은 인위적인 인격체로, 법인 설립 행위를 통해 또는 어떤 경우에는 법적으로 연합하는 행위를 통해 법적 정체성과 법적 지위를 얻는 개인 그룹이다(Dicke et al., 2023).

(2) 거버넌스 이론

거버넌스의 어원은 그리스어 kubernáo로 알려져 있다. 그리스의 철학자 플라톤(Platon)은 이 단어를 '배를 조종하다.' 또는 '배의 키를 잡다'라는 뜻으로 사용했다고 한다. 즉, 배가 어떤 목적지를 향해 가기 위해 선장과 선원들이 힘을 합해 배를 젓는 것을 kubernáo라고 하고 이것이 영어 거버넌스의 어원이 되었다는 것이다(유승권, 2022.10.14.). 거버넌스는 조직에 대한 궁극적인 권한, 책임 및 책임을 포함하는 포괄적인 용어이다. 거버넌스는 한 그룹의 사람들이 비영리 자격을 갖춘 조직적 목적을 위해 국가 법률에 따라 통합할 때 가정하는 감독 기능이다. 대부분의 비영리 조직 관찰자에게 거버넌스는 면세 조직을 관리하는 이사회 또는 이사회의 집단적 행동을 지칭하는 일반적인 용어이다. 거버넌스에는 이사회에서 봉사하고 조직과 관련된 문제에 대한 태도, 신념 및 가치를 행사하고 표현하는 것이 포함된다. 일부 사람들은 이러한 협소한 거버넌스 구성에 동의하지 않으며 정의가 더 넓어야 한다고 믿는다. 예를 들어, 거버넌스라는 용어는 비영리 조직의 전략적 리더십을 의미하는 것으로 정의될 수 있다. 현재 용어에서 이 용어는 특정 유형의 관리 결정을 내리는 프로세스로서 더욱 구체적인 의미가 있다. 이를 일반적으로 전략적 결정이라고 한다(Dicke et al., 2023).

기업의 지배구조를 다루는 이론은 주주 중심주의를 분석하는 틀인 주인-대리인 이론과 주주뿐만 아니라 이해관계자를 주인의 범주에 포함해야 한다는 계약적 지배이론의 두 가지가 있다. 주인 대리인 이론은 소유와 경영이 분리된 상태에서 주인인 주주와 대리인인 경영자 사이에 정보의 비대칭성으로 인한 대리인의 도덕적 해이를 통제하는 시스템을 지배구조로 본다. 반면에 계약적 지배이론에서는 주주만이 경영위험을 부담하는 독점적 잔여청구권자가 아니라 다양한 이해관계자도 실질적인 잔여청구권자이기 때문에 지배구조란 다양한 이해관계자들이 각자의 이익을 극대화하며 계약 비용을 최소화하기 위해 체결하는 장기적이고 안정적인 계약을 의미한다(이태호, 2023).

기업지배구조에 대한 정의를 살펴보면 다양한 논의가 있지만 블레어(Blair)의 정의에 따르면 "소유가 분산된 기업에서 누가 최종의사결정을 하고 기업 활동에서 발생하는 수익과 위험을 어떻게 배분할 것인가를 규정하는 법적 제도적 문화적 메커니즘"이 기업지배구조를 잘 정의한 것이다. 또한 Eu의 정의인 "기업 거버넌스는 주주, 이사회, 경영진, 기타 이해관계자 상호관계 안에서 기업이 관리되고 통제되는 방식"도 참고할 만하다. 결국, 기업의 거버넌스란 광의에서는 기업과 국가 사회관계이고 협의에서는 경영자와 투자자의 관계이다. 또한, 윤리성과 효율성이 그 요소이다(이태호, 2023).

(3) NPO 지배구조의 개선 필요성

한국은 1997년 IMF를 계기로 낙후된 기업 지배구조를 개혁과제로 인식하기 시작했다. 기업은 집행 경영진을 견제하는 제도적 장치로서 사외이사제 도입, 감사위원회 설치 등 기업의 투명한 지배구조를 갖추기 위한 대책을 실시했다. 하지만 기업 지배구조의 법률적 요건은 어느 정도 갖추었지만, 20년 이상이 지나도록 여전히 이사회가 실질적 기능을 발휘하지 못하고 있다. 공정거래위원회의 보고서에 따르면, 우리나라 대기업 이사회는 감시와 견제 기능을 아직 충분히 실행하지 못하고 있다. 경영진이 결정한 내부거래 안건의 대부분을 원안대로 통과시키는 등 '거수기 역할'에서 벗어나지 못하고 있다(이형종 · 송양민, 2021).

이러한 기류는 비영리법인에도 유효한 것으로서 21세기에 들어서 복지를 비롯한 사회 여러 분야에서 비록 국가의 기능을 일부 수행하고 있는 측면이 있으나 국가기관의 감독과 제재에서는 결코 자유로울 수는 없다. 글레이저(Glaeser, 2003)는 영리법인의 대리인 문제가 경영자와 주주 사이에서 발생하는 문제라면 공익법인의 대리인 문제는 발생이익이 구성원에게 배분되지 않는 구조에서 경영진, 노동자, 기부자, 목적사업의 수혜자 사이에서 일어나며, 이들 중 어느 집단의 선호도가 의사결정을 좌우하는지가 지배구조 문제의 핵심이라고 보았다(김지혜 · 김정교, 2020). 일반적으로 경영자의 선호도가 의사결정에서 가장 중요한 역할을 차지하나 설립 초기는 자금제공자가 이사회를 구성하여 의사결정과정을 지배하며, 거액의 기부자들은 공익법인의 운영이 자신의 의도와 다르게 나타날 것을 우려하여 직접 통제할 수 있는 법인을 신설하는 경향이 있음을 주장하였다. 자원제공자의 영향력은 의존자원의 집중 정도와 중요성이 커질수록 증가하여 소수의 자원제공자에게 의존하는 법인은 의사결정에 더 큰 영향을 받을 수 있다(Froelich, 1999). 파슨스 등(Parsons et al., 2017)은 공익법인의 경영진이 자원제공과 관련된 환경에 영향을 받아 특정 조건을 요구하는 기부자, 보조금 지급 기관, 평가 기관에 유리하도록 경영성과를 조정할 의사를 표명하고 있음을 주장한다(김지혜 · 김정교, 2020). 주요 자원제공자인 설립자 또는 출연인의 영향력은 공익법인에 대한 감시 시스템이 완비되지 않은 우리나라 실정에서 더 크게 나타날 수 있다.

정구현(2003)은 가족경영이 주를 이루는 우리 기업에서 대리인 문제는 경영권을 가진 대주주가 경영권이 없는 소액주주의 이익을 지켜주고 있는가의 문제이며 가족주의, 연고주의, 집단주의로 대표되는 한국 조직 문화의 특성으로 인해 공익법인 지배구조에도 유사한 문제가 나타날 것이라고 보았다. 설립자가 의사결정과정에 절대적인 영향력을 행사한다면 이사회는 이해관계 충돌 시 건전한 의사결정기구로서 역할을 하지 못하며(김완희 외, 2013), 출연인 또는 특수관계자가 법인을 사적으로 악용하여 존립에 위협을 가하더라도 이를 통제할 내부 수단과 법적 장치가 작용하기 어렵다(김진우, 2014). 선행연구의 주장을 종합하면 자원제공자의 영향은 자원의 집중도, 의존도, 중요성이 증가할수록 증가하며, 자원제공자는 법인 운영에 필수적인 자원제공을 담보로 의사결정과정을 좌우하여 지배구조의 최정점에 자리하고 있다(김지혜 · 김정교, 2020).

(4) NPO 지배구조 관리

이러한 지배구조 요소들을 관리하기 위하여 중요한 것은 지속적인 관리 활동이다. 그것은 우선 지속 가능 경영 통합원칙과 정책을 제정하는 것이고 또한 환경경영 원칙과 정책을 제정하며 인권 경영의 원칙과 정책을 제정하고 공급망 관리 원칙과 정책 거버넌스 원칙과 정책을 제정하는 것이다(이태호, 2023).

비영리법인에는 주식회사의 주주와 같이 운영진들의 대리 비용을 통제할 직접적인 이해 관계자가 없으므로 시민 사회의 신뢰를 위한 투명성을 위해서 외부의 감시와 개입이 우선 필요하다. 그러나 공적 규제와 같은 외부적 기제는 비영리법인에서 발생하는 부정과 도덕적 해이를 방지하는 데 한계가 있다. 비영리법인은 어디까지나 민간 영역에서 설립 및 운영되는 조직이기 때문에 비영리 부문에서도 사적 자치의 원칙이 존중되어야 할 것이다. 정책적으로도 비영리 부문에 대한 사회적 신뢰를 회복하기 위해서는 외부적 강제뿐만 아니라 내부적, 자발적인 운영 개선 노력이 이루어지도록 유도할 필요가 있다. 비영리법인의 지배구조 개선은 비영리법인 자체적으로 조직의 구성 및 작동원리를 정비해야 한다는 당위에서 대두되었다(김정연, 2022).

비영리법인도 어디까지나 사원(사단법인)이나 출연자(재단법인)와는 독립된 법인격을 지니고 있으므로, 의사를 결정하고 집행하기 위한 기관을 둔다. 민법상 비영리법인은 집행 및 의사결정 기관으로서 이사를 선임하여야 하고, 감독기관으로서 감사를 선임할 수 있으며, 사단법인은 구성원들의 전체 뜻을 모으기 위해서 사원총회를 두어야 한다.

민법에서는 이사회가 필수 설치기관은 아니지만, 복수 이사들의 합의제로 사무를 집행하는 경우가 많고, 특히 공익법인 운영과 설립에 관한 법률(이하 "공익법인법"이라 한다) 및 비영리법인 설립 근거가 되는 각종 특별법에서는 이사회를 설치, 운영하도록 한다. 민법상 비영리법인은 업무와 회계를 감사하는 역할을 담당하는 감사를 선임할 수 있고, 공익법인법 등에서는 감사를 필수 선임기관으로 정하고 있다. 비영리법인의 각 기관이 자신의 역할과 책임을 제대로 수행함으로써 비영리법인에서의 본인-대리인 문제를 해소하고 설립목적을 달성되도록 하는 것이 비영리 법인 지배구조 개선의 과제라고 할 것이다(김정연, 2022).

2) ESG 경영을 통한 NPO 지배구조의 개선

(1) ESG 경영과 지배구조

ESG에 대한 정의란 기관의 설립목적 및 그 사업의 특성에 따라 상이하고, 특히 이해관계인의 입장 차에 따라 다르게 정의될 수 있다. 어떠한 입장이든 ESG에 대한 공통된 키워드는 투자 의사 결정, 장기적 수익 창출, 재무적 가치, 경영 리스크, 사회적 책임(CSR), 지속 가능성 등으로 설명된다. ESG는 지속 가능 경영과 기업의 사회적 책임(CSR)이 진화되어 규범화된 것이라 볼 수 있다(박한성, 2023). 과거 기업들은 거대자본으로 이러한 문제점이 드러나지 않도록 숨겨 왔으나, 인터넷이 발전하고 개인들이 집단 활동을 시작하면서 기업의 경영상 문제점을 지적하는 목소리를 덮는 것이 어려워졌다. 게다가 이들이 단순 비판에 그치지 않고 집단 불매 운동이나 주식 투자를 통해 직접 기업에 압박을 가하면서 기업도 더는 외면할 수 없는 상황이 되었다. 유럽의 경우, 지속 가능성을 원칙으로 하는 기업의 의무를 법제화하여 ESG 정보를 공시하도록 의무화하고 있으며, 우리나라에서도 2030년까지 모든 코스피 상장기업에 대해 ESG 관련 공시를 의무화하는 정책이 도입될 예정이다. 또한, 각국의 주요투자자들은 향후 ESG를 주요 투자 정보로 활용할 것을 예고했으며, ESG 평가 기준에 적합하지 않은 기업에 대해서는 아예 투자대상에서 제외하겠다고 선언하기도 했다. 당장 우리나라 국민연금공단도 2022년까지 운용자산의 50%를 ESG 기업에 투자할 계획이라고 밝혔으니 기업들이 ESG 경영에 주목하는 것은 당연하다고 볼 수 있겠다(김영기 · 진미경, 2024).

대다수 언론이나 투자자, 경영진들은 ESG 중에서 E(환경)나 S(사회)와 관련한 이슈에 많은 관심을 두고 있지만, 상당수 ESG 전문가들은 가장 중요한 것은 G, 지배구조라고 말한다. 투자자들은 그린, 환경 분야에 돈이 몰리는 'E'에 관심이 많고, 사회적 이슈나 기업 이미지에 민감한 언론 및 경영진들은 'S'에 관심이 몰린다. 하지만 E와 S를 위한 기업의 모든 활동은 결국 CEO를 비롯한 경영진의 의사결정에서 비롯되는데, 지배구조가 투명하고 민주적인 구조로 짜여야만 여러 이해관계의 충돌을 극복하고 올바른 의사결정을 내릴 수 있기 때문이다. CEO의 독선적 경영, 사내외 이해관계자들에 대한 갑질 경영을 막으려면 지배구조가 제대로 작동해야 하고, 그래야만 이해관계자들의 자발적 참여와 협력을 얻을 수 있다. G가 제대로 갖춰져 있지 않으면 E와 S 두 요소는 진정성과 지속성을 갖고 추진되기 어렵다(김재필, 2021).

낮은 지배구조의 평가는 아무리 E(환경)나 S(사회)의 우수해도 결국은 기업 지속경영의 발목을 잡는 족쇄가 될 수 있다. ESG 경영을 제대로 하려면 'G'(지배구조)부터 다져야 한다. 투명하고 민주적인 거버넌스를 만들기 위해 CE0 및 경영진은 끊임없이 학습하고 안팎의 이해관계자들과 소통하고, 미래를 향한 결단을 내려야 한다(김재필, 2021).

(2) ESG 경영을 통한 지배구조 혁신

ESG 경영은 주주 중심에서 이해관계자 모두를 고려하는 경영전략과 방침으로의 전환이다. 하지만 이해관계자 모두를 만족시키는 경영은 존재하기 어렵다. 기업의 특성과 상황에 고려하여 적절한 선택과 집중이 필요하며 기업의 경영 의사결정에 있어 본질적으로 이해당사자 간의 이해 상충이 존재한다. 이를 인지하고 이에 대한 조정과정이 ESG 경영의 중요한 부분이다(이태호, 2023).

최근 글로벌 차원에서 ESG 경영의 확산으로 기업의 투명하고 건강한 지배구조는 더욱 중요한 요소가 되었다. 치열한 글로벌 경쟁에서 한 기업의 지배구조는 장기적 기업 가치를 높이기 위해 절대적으로 중요한 요소다. 지금까지 한국기업이 수동적으로 지배구조를 운영해 왔다면, 앞으로 공격적인 지배구조 체제로 바꾸어야 한다. 지배구조 체제를 강화하여 경영자의 마인드를 전향적으로 바꾸고, 지속적 성장과 중장기적 기업가치를 높이는 공격적 지배구조 체제로 전환해야 한다. 해외 기관투자자는 국내 대기업의 지배구조 개혁에 주목하고 있다는 점을 인식해야 한다. 세계적인 자산운용회사들은 ESG 요소 중에서 기업의 지배구조에 관심이 많다(이형종 · 송양민, 2021).

러셀(Russe)의 조사에 따르면, 글로벌 투자기관 가운데 82%는 투자 판단에서 지배구조(G)를 가장 중시하는 ESG 항목으로 꼽았다. 환경(43%)과 사회(65%) 항목보다 지배구조에 압도적으로 높은 관심이 있다(이형종 · 송양민, 2021).

〈표 7-1〉 글로벌 투자기관이 중시하는 ESG 항목

구분	환경(E)	사회(S)	지배구조(G)
2018년	5%	4%	91%
2019년	9%	5%	86%
2020년	13%	5%	82%

(출처: 이형종 · 송양민, 2021 재인용)

지배구조의 다양한 유형 중 우리나라 ESG 기업 풍토에 적합한 유형을 찾기란 당장은 어려울 것으로 보인다. 예컨대, 혈연에 의한 가족이 지배하는 기업의 특성이 존재하고, 상대적으로 적은 지분으로도 기업을 지배할 수 있고, 소액주주의 침해가 잦은 것이 우리나라 지배구조의 현주소이다. 주주 중심 유형은 기관투자자들이 대다수 지분을 갖는 회사가 아니라면 기업 현실상 한계가 있어 보인다. 이사회 중심 유형은 자유로운 ESG 경영에 부작용이 발생할 우려가 있고, 회사의 목적 변경을 위해 주주의 동의가 필요한 수탁자 중심 유형도 한계가 있어 보인다. 이해관계자의 유형은 기업의 현 실정에서 도입할 수 없을 것이다(박한성, 2023). 결국, ESG 환경에서 적합한 지배구조의 유형은 ESG에 대한 문제를 인식하고 해결할 방안을 찾아야 하고, 다양한 ESG 정보를 시장에 공시하는 것이 바람직한 유형이라고 본다. 기존의 주주 중심 유형을 유지하면서 외부 변수인 환경(E)과 사회적 요소(S)를 회사의 지배구조 (G) 속의 리스크 관리 시스템을 통해 관리하는 'ESG 통합유형'이 적합한 유형이라고 본다. 즉, 주주 이외의 다양한 이해관계인의 이익도 장기적인 차원에서 고려되고, 리스크관리도 할 수 있는 특징이 있다. 결국, 이사가 추구할 '회사의 이익'은 '장기적 주주의 가치'를 의미하게 될 것이다(박한성, 2023).

NPO가 시민의 신뢰를 회복하고 자본시장 활성화를 통하여 자본공급을 원활히 하며 지속 가능 성장을 영위하기 위해서는 새로운 전환점이 필요하다. 이제 ESG 경영은 선택이 아닌 기업의 필수 경영방침으로 자리매김하고 있다. 환경경영을 구축하고 적극적인 사회적 책임을 추구하며 건전한 기업지배구조를 구축하는 지속 가능 경영인 ESG 경영에 적극적으로 나서야만 할 것이다.

〈표 7-2〉 NPO 지배구조와 ESG 지배구조의 차이점

구분	NPO 지배구조	ESG 지배구조
주요 목적	사회적 가치와 공익 실현	지속 가능한 경영과 이해관계자의 이익 보호
이사회 역할	비전 제시, 정책 결정, 자원 동원	전략 설정, 경영진 감시, 성과 모니터링
투명성	기부자와 이해당사자에 대한 책임	주주 및 이해관계자에 대한 책임과 투명한 의사결정
규제 및 감독	정부의 감독과 자체 감사 기능	법률, 규제 기관, 내부통제 시스템
주요 이해관계자	기부자, 자원봉사자, 수혜자	주주, 고객, 직원, 협력업체, 지역사회

(출처: COPILOT, 2024 재인용)

2. ESG 경영의 기대효과

1) ESG 경영을 통한 NPO 경영혁신

(1) NPO 투명성 강화

한국은 1997년 IMF 외환위기를 계기로 기업의 회계와 지배구조 투명성이 국가적 과제로 강조되어왔다. 2000년대 초반, 세계 경제에 영향을 미친 엔론과 리먼브러더스의 분식회계 사건과 같은 기업 스캔들 이후, 기업 투명성은 전 세계적으로 중요한 개념이 되었고 연구자들로부터 관심받기 시작했다(전현경, 2020). 따라서 투명성 개념에서는 '부패 방지'와 '회계 정보공개'의 측면이 강조되었다. 최근 투명성은 '숨기고 비리를 저지르지 않는 것'에서 '적극적으로 정보를 공개하는 것', 그리고 '정보 수신자가 필요로 하는 정보를 제공하는 것'과 '조직적 책무성에 기반하여 정보를 제공하는 것'뿐 아니라 '일방향이 아니라 쌍방 간의 소통을 포함하는 것'(Stirton & Lodge, 2001)에 이르기까지 매우 폭넓게 논의되고 있다(전현경, 2020).

투명하고 효율적인 지배구조는 기업 경쟁력의 원천이 되어 장기적인 경제성장으로 이끌어 주지만, 그렇지 못한다면 지속 가능한 발전은커녕, 오너 리스크로 인해 단기적으로 기업 경영에 큰 타격을 입을 수 있다. 이처럼 투명한 지배구조는 주주나 투자자들에게 기업의 투명성과 공정성과 관련하여 좋은 이미지를 형성하여 브랜드자산이 될 수 있다(김영기 · 진미경, 2024).

ESG 초기에는 기업 경영에서 ESG를 자율적으로 고려하도록 권고하였으나 최근에는 기업에 대하여 ESG 관련 정보를 의무화하는 국가들이 급속히 증가하고 있다. 특히 EU와 그 회원국에서는 ESG 관련 정보공시를 법제화하여 추진하고 있다. 한편 우리나라에서는 2020년 후반부터 ESG에 관한 관심이 급증하였으며, 정부는 2021년을 'ESG 경영 확산의 원년'으로 선언하였다. 그리고 2021년 1월 14일 금융위원회, 금융감독원과 한국거래소가 '기업공시제도 종합 개선 방안'의 목적으로 코스피(KOSPI) 상장회사의 ESG 정보공시를 단계적으로 의무화하는 계획을 발표하였다. 이에 따라 2025년부터 자산총액 2조 원 이상의 코스피 상장회사가 지속가능경영보고서에 ESG 정보를 의무적으로 공시하고, 2030년부터 모든 코스피 상장회사가 이를 의무적으로 공시하게 되었다(김승욱, 2023).

ESG는 이사회 구성, 감사위원회 구조, 부패 정도, 임원 성과와 보상 및 정치 기부금, 내부고발자 제도 등을 거버넌스(Governance) 지표 주제로 제시하고 있다. 기업 활동을 둘러싼 주체들이 투명하고 민주적인 구조를 만들어야 수많은 이해관계의 충돌을 해결하고, 올바른 의사결정을 내릴 수 있게 된다. 예를 들면, 최고경영진과 이사진 ESG 왜곡 또는 독선 혹은 갑질 경영을 막을 수 있는 기능도 가능하며, 이는 기업의 이미지와 브랜드 자산을 구축할 수 있으며, 환경과 사회적, 그리고 기업의 평등한 수평적 기회 등은 고객들의 집중을 받을 수 있으며, 기업의 입장으로부터 역시, 미래지향적, 장기적 기업, 즉 고객과 투자자들의 긍정적인 방향으로 두 마리의 토끼를 잡을 수 있게 된다(김승욱, 2023).

ESG 경영을 하면 거래기업과 소비자 등 다양한 이해관계자들과 좋은 관계를 유지할 수 있다. ESG 경영에 대해 투자자와 소비자의 관심이 높아지면서 기업들은 예전과 다른 높은 윤리성을 유지해야 할 의무도 생기고 있다. 결국, ESG 경영은 사회적 투명성 제고에도 이바지하고, 회사에 대한 직원의 자부심 증대에도 영향을 주는 중요한 대책이다(이형종 · 송양민, 2021).

전현경의 '비영리기관의 투명성 인식에 대한 질적 연구'에 따르면 비영리기관의 지각된 투명성은 비영리기관에 대한 신뢰에 긍정적인 영향을 미치게 된다. 이러한 신뢰는 기부 의도에도 영향을 미친다. 따라서 신뢰는 진정성과 기부 의도 간의 관계에서 완전 매개 효과를 지니는 것으로 인식할 수 있다. 이 결과를 고려하면, 비영리기관은 반드시 투명성을 강화해야만 한다는 결론에 이른다. NPO는 기부자들의 신뢰를 높이고 지속적인 기부 의도를 유도해야 한다. 투명성과 책임성을 갖춘 기관만이 기부자들에게 더 큰 신뢰를 제공하며, 이것이 궁극적으로 기부활동에 긍정적인 영향을 미치게 된다. 따라서 NPO에 ESG 경영을 통한 투명성 강화는 필수이다.

(2) 리스크 관리

ESG 경영을 해야 하는 이유는 관리 위험을 크게 줄일 수 있다는 것이다. 환경사회－지배구조의 위험을 소홀히 하는 기업은 문제가 외부에 알려지면서 실적에 영향을 미칠 수 있다. 환경을 고려하지 않은 제품 생산으로 인해 환경 파괴가 반복되면 소비자와 투자자로부터 비난받고, 이는 매출 감소와 자금 조달의 어려움으로 이어질 수 있다. 열악한 근무 환경이 개선되지 않으면 이직률이 높아져 채용 비용이 증가할 수 있고 생산성 저하로 인해 생산성도 크게 떨어진다. ESG 경영을 통해 상시 리스크 관리 체제를 구축하면 장기적으로 비즈니스 성과를 안정적으로 유지하고 향상할 수 있다(김재필, 2021).

영국의 석유회사인 British Petroleum Company는 2010년 대규모 원유 유출 사고로 인한 대규모 손실을 보았다. 그리고 엑손 모빌의 경우 탈 CO^2 정책에 대한 대응 부족으로 주가가 하락했으며 2019년 S&P 500에서 탈락하였다. 또한, 테슬라의 경우 적자에서 흑자로 전환하게 된 계기는 탄소배출권 거래이다(이태호, 2023).

이러한 사고는 그동안 기업과 이해관계자들이 오로지 기업의 이윤에만 매몰되었기 때문에 발생한 결과였다. 이에 기업은 기업 경영과 관련하여 환경과 사회에 영향을 주거나 줄 수 있는 정보의 공개를 더욱 강력히 요청받게 되었고, 초기에 몇몇 기업이 해당 요청에 대한 응답으로 기업의 사회적 책임 보고서를 극히 제한적인 자료로 공개하기 시작했다. 이러한 변화는 2000년대에 들어서 기업의 건전한 지배구조가 결국 기업가치 향상의 공감대로 확대되었다. 기업에 투자하는 투자자들은 기업가치 측정에 기업의 지배구조 요소를 산입하기 시작했다. 더 나아가 기업의 환경, 사회적 책임, 지배구조까지 변혁의 요구도 계속해서 증가했다(김영기 · 진미경, 2024).

전 세계적으로 ESG를 고려한 투자 원칙이 확산함에 따라 이제 기업은 ESG 요소들을 관리하여 발생할 수 있는 위험을 최소화하고. 중장기적인 관점의 기업가치 향상에 목표를 두고 있다. 과거의 기업 위험관리는 재무적 위험이 주된 내용이었다. 그러나 코로나 19 팬데믹과 이상기후로 인한 쓰나미 등 기존의 상식과 경험을 초월하는 전무후무한 재해 및 사건들을 경험하면서 재무적 위험뿐만 아니라 다른 영역의 기업 위험도 인식하기 시작했다. 기업이 인식하는 위험에는 물리적 위험(기후변화로 인해 실물 부분에서 발생), 공급망 위험(제품이나 서비스가 소비자에게 전달되는 과정 전체에서 발생), 평판 위험(기업의 평판이 악화함에 따라 발생), 규제 위험(규제 변화에 적절히 대응하지 못해 발생), 소송 위험(소송의 발생으로 부담), 이행 위험(기후 변화에 대응하기 위해 저탄소 전제로 이행하는 과정에서 발생), 인적 자본 위험(인적 자본과 관련하여 발생) 등이 있다(진미경, 2024).

ESG 관리 수준이 높은 기업은 위험관리와 준법 수준이 높은 양상을 보인다. 그러한 기업들은 횡령, 부패 등 기업의 고유위험과 관련된 부정적 사건이 일어날 가능성이 작다. 더 나아가 ESG 수준이 높은 기업은 시장 위험에도 덜 취약하다. 2021년 세계경제포럼은 경제, 환경, 지정학, 사회, 기술 등 5개 영역에서 글로벌 리스크를 예속하였다. 그 결과 극심한 기후 변화, 감염병 확산, 생계 위기 등의 사회와 환경 위험이 상위에 자리매김했다. 이 같은 글로벌 리스크와 함께 투자자의 관심 증가, 정보공개 및 규제가 빠르게 증가하고 있어 기업의 리스크 관리가 더욱 중요해지는 추세이다(진미경, 2024).

(3) 수익성 향상

복지 다원주의[1)]에 따르면 복지영역에는 정부를 제외한 제3의 영역의 참여가 필요하다. 하지만 국내 NPO들은 정부의 지원을 받기 때문에 독립적인 활동하기 어렵다. 따라서 NPO의 자율적인 활동을 위해서는 재정력이 안정되어야 한다. 복지 분야의 NPO의 경우 다양한 재정자원 중에서도 NPO의 기부금 수입이 중요하다. 하지만 실제로 NPO의 기부금 수입의 정도는 천차만별이다. 기부금으로 운영이 가능한 NPO도 있지만, 정부의 지원을 받지 않으면 존폐까지 위험한 NPO도 있다. 이 경우 정부 의존도가 높으므로 자율적인 활동에 제한이 생긴다(김춘순 외, 2021).

비영리 조직이 지속 가능한 조직으로 운영되기 위해서는 무엇보다 자금의 지속적인 조달이 요구된다. 특히 사업이 성장궤도에 올라서면 사업 활동의 확대에 따른 거점 장비와 설비 도입 등 많은 경비가 필요하다. 비영리 조직의 구축은 자금의 자체 조달이 기본이 된다. 일본 경제산업국 발간 「커뮤니티 비즈니스 창업 매뉴얼」은 자금에 관하여 무리 없이 조달할 수 있는 자금 규모를 검토하도록 제안하고 있다. 외부자금 조달은 추진사업이 일정 궤도에 올라 자체 자금 조달 범위를 넘어선 경우에 발생한다. 외부에서 자금을 조달하고자 할 때는 출자자 또는 대출자가 되어 줄 사람이나 조직에 활동 경위를 설명하고 활동의 중요성을 호소함으로써 자금을 조달하는 것이 중요하다(이익규, 2014).

수익성 향상은 ESG 경영 도입의 가장 큰 효과 중 하나이다. 좋은 기업 이미지 구축은 팬텀 고객층을 만들게 되고 이는 안정적인 매출 증가로 이어진다. 또한, ESG 관점에서 새로운 비즈니스 아이디어가 떠오르면 이를 구체화함으로써 신규 수익원을 확보할 수 있다. 때에 따라서는 M&A 및 IPO(주식시장 상장) 등을 통해 사업이 빠르게 성장하고 큰 수익을 올릴 수도 있다. 물론 ESG 경영은 투자자들의 요

---

1) 복지의 원천을 다양한 주체들이 공급할 수 있는 시스템을 갖추자는 의미를 담고 있다. 국가만 담당하는 것이 아닌 자원조직, 비공식 조직, 시장 등 다양한 주체가 복지와 관련된 서비스를 제공하도록 만드는 개념이다.

구사항을 충족하는 것 이상이어야 한다는 점이다. 연례 보고서에 몇 문장을 추가하고 때깔 좋은 광고만 만들어서는 장기적인 수익 창출을 기대할 수 없다. 멀리 보고 꾸준히 투자해야 고수익을 창출할 수 있다(김재필, 2021).

기업들이 ESG에 공들이는 이유는 ESG 평가가 낮으면 투자유치는 꿈도 꾸지 못하고 위기 시 주가 방어에 유리하며 환경 문제에 달라진 인식으로 인하여 그리고 평판의 중요성 때문이다. 그리고 가치 소비 MZ 세대의 등장으로 기업의 소비가 ESG의 실천 여부에 달려 있기 때문이다. 예를 들어, 해외투자를 유치하기 위해 삼성물산은 석탄산업으로부터 철수하였고 한화는 분산탄 사업 부문을 분리하였다. LG화학, SK하이닉스 등은 화학물질 유출 사고 후 주가가 하락하였다. 그리고 오뚜기와 쿠팡에 대한 이중적인 태도를 보았을 때 평판의 중요성을 알 수 있다(이태호, 2023).

ESG 경영은 실제로 금융기관의 대출 심사에서도 긍정적인 영향을 줄 수 있다. 신한은행은 이미 ESG 경영이 우수한 기업을 대상을 대출금리 우대혜택을 주고 있다. 앞으로 금융기관은 ESG 금융을 대폭 확대할 것이다. 금융기관이 거래처의 ESG 경영을 촉진하면 거래처의 지속 가능성이 커지고, 결과적으로 금융기관에도 이익이 되기 때문이다(이형종 · 송양민, 2021).

더욱이 중요한 사실은 비영리기관이 원활하게 유지되기 위해서는 수익 다각화를 통해서 재정적 자립을 이루어야만 한다. 현재 대부분의 NPO 운영에 가장 문제가 되는 것은 자금난이다. 각 NPO가 아무리 원대한 목적과 사명감으로 무장했을지라도 지속 가능한 경영이 이루어지지 않는다면 그것은 공염불에 지나지 않는다. 투명성을 담보로 소비자의 신뢰를 얻고 있는 ESG 경영을 통한 수익 창출이 그 어느 때보다 절실한 때이다.

2) ESG 경영과 NPO 브랜드 가치와 이미지

(1) 지속 가능 경영

지속 가능 경영[2)]이란 지금까지 기업들이 중요하게 추구했던 매출 이익과 같은 재무적 성과뿐 아니라 경영활동에 영향은 미치는 환경 문제, 사회 문제, 윤리 문제 등의 비재무적 성과도 함께 고려하는 것이다. 기업의 가치상승과 지속 가능성을 동시에 추구하는 경영활동이다(진미경, 2024).

지속 가능 경영은 모든 기업이 추구해야 할 필수적인 경영지침으로 자리 잡고 있다. 이는 환경 보호 및 사회공헌활동과 윤리경영 등의 비재무적 성과와 재무성과를 함께 고려하여 기업가치를 지속해서 향상하고자 하는 경영활동이다. 최근 경영환경의 악화로 기업들의 지속경영 가능성에 대한 우려가 커지는 상황이기에, 투자자들은 투자 의사 결정에 있어 어느 때보다 높은 관심이 있다(최미화, 2021).

지속 가능 경영은 기존의 기업성과 기준인 재무성과에 비해 장기적 성과를 목표로 하며, 잠재 고객인 미래 고객을 포함한다. 특히 커뮤니케이션을 기업 내부에서 외부로 확장하고, 정보공개도 전략적으로 실시한다는 점에서 발전성이 존재한다. 이러한 지속 가능 경영은 오늘날 국내외 대다수 기업이 주요 경영전략으로 채택하여 경영관리에 적극적으로 반영하고 있다. 또한, 지속 가능 경영은 ESG의 근원적인 개념이며 지금의 ESG는 사회적 책임과 지속 가능 경영이 진화하여 규범화 및 제도화된 것으로 이해할 수 있다(진미경, 2024).

지속 가능 경영의 새로운 맞춤복은 'ESG 경영'이라 할 수 있다. ESG는 현재만의

---

2) 지속 가능 경영은 ESG보다 근원적인 개념으로, 오늘날 ESG는 지속 가능 경영과 사회적 책임(CSR)이 진화하고 규범화 및 제도화된 것으로 볼 수 있다. 기업과 사회의 관계 및 회사의 책임에 대한 기대가 시간이 지남에 따라 변화해 왔기에 지속 가능 경영 개념에 대한 이해를 통해 ESG를 더욱 쉽게 받아들일 수 있다. 지속 가능성 용어는 1713년 처음으로 사용되었으며, 현재 가장 널리 통용되고 있는 지속 가능성 개념은 1987년 우리 공동의 미래라는 보고서를 근간으로 한다. 이후 기업의 사회적 책임(CSR)과 공유가치창출(CSV)이라는 개념이 제시되며, ESG 용어가 새로운 패러다임으로 자리를 잡게 되었다.

환경, 사회적 이슈에 국한되지 않고 계속 그 영역을 확장해 나가고 있으며, 지속적인 발전을 통해 ESG 경영도 가속화될 전망이다. 지금의 기업들은 ESG를 새로운 경영 패러다임의 핵심 개념으로 인식하고 있다. ESG는 대기업, 중견기업, 중소기업이라는 분류를 넘어 기업이 필수적으로 고려해야 할 요소가 되었다(진미경, 2024).

코로나 19 등의 예기치 않은 경영환경변화에 적절한 대응이 가능한 기업들은 경쟁 우위를 계속해서 유지하거나 경쟁 우위를 창출할 수 있다. 그렇지 못한 기업들은 폐지의 위기에 직면하게 될 것이다. 기업의 환경 측면(Environment), 사회적 책임 측면(Social), 지배구조 측면(Governance) 등 ESG 부문에서 가치 창출이 화두로 떠오르면서 재계에서는 ESG 경영에 박차를 가하고 있다. 기업들의 ESG 경영 강화는 앞으로도 확대될 것으로 재계는 전망하고 있다(최미화, 2021).

앞으로 기업은 급변하는 글로벌 경영환경에서 기업이념에 따라 장기적 경영관점을 갖고 지속 가능 경영을 실행하는 장치를 갖추어야 한다. 경영자와 이사회는 광범위한 이해관계자를 항상 의식하는 지속 가능성 경영을 지향해야 한다. 지속 가능성 경영을 감독 · 감시하는 이사회 역할은 더욱 커지고 있다. 기업은 영국의 금융보고 협의회가 지적한 "이사회가 기업문화를 조성하고, 경영자가 적극적으로 실천하는지를 항상 모니터링해야 한다."라는 의미를 생각해야 한다(이형종 · 송양민, 2021).

실제로 세계적인 글로벌 기업들은 ESG 경영을 추진하는 지속 가능성 위원회를 설치하고 있다. 지속 가능성 위원회는 이사회의 감독 기능을 보완하는 조직이기 때문에 위원장은 독립 사외이사가 맡고, 사외이사가 중심으로 구성되어 있다. 코로나 사태 이전부터 이사회는 지속 가능 경영을 감독하고, 지속 가능성을 의제로 추진하고 있다(이형종 · 송양민, 2021). 따라서 NPO 기관은 시대의 발전과 변화라는 당면한 흐름 앞에서 지속 가능 경영을 적극적으로 추진할 필요성이 있다. 이러한 생존을 향한 ESG적 실천은 당장은 고통스러울 수도 있겠으나 장기적인 관점에서는 안정을 넘어선 번영을 가져다줄 것이다.

(2) 기업 이미지 향상

기업 명성 및 브랜드 가치 제고를 위해 ESG 경영이 필요하다. 요즘 ESG 경영에서 문제가 생기면 기업의 평판에 문제가 생겨 회복하기 힘들다. 그리고 ESG는 새로운 사업기회를 제공해 준다. ESG가 도입되며 전에 없었던 사업기회들이 생긴다. 예를 들어, ESG 친화 기업이라는 이유로 신사업에 진출할 기회가 발생한다. 또한, ESG 경영의 도입은 위기관리 및 대응 능력을 향상한다. 기본적으로 ESG 경영을 하는 회사의 경우 금융위기 같은 상황에서도 주가 하락률이 낮았다는 연구 결과가 있다. 또한, ESG 경영은 우수인력을 확보하는 데 도움이 된다. 젊은 세대들은 ESG적으로 평판이 좋은 회사에 취업하기를 원한다. 그리고 ESG 경영을 하게 되면 지역사회와의 협력이 강화되고 또한 정부 지원 및 정치적 자원 확보하기도 쉽다(이태호, 2023).

ESG 경영을 통해 사회 및 환경 문제 해결에 이바지하는 회사로 인식되고, 기업지배구조 확립을 통해 투명하고 올바른 기업 이미지를 대외적으로도 알릴 수 있다. 기업의 이미지 개선으로 투자자로부터는 더 많은 돈을 투자받고, 고객 제품 구매빈도 및 선호도는 더욱 높일 수 있을 것이다(김재필, 2021).

ESG 경영의 마케팅은 소비자들로부터 좋은 브랜드 자산을 형성시킬 수 있다. 소비자들은 대체로 좋은 이미지를 가진 기업에 대한 호감도가 굉장히 높으므로, 기업들은 장기적인 투자와 소비자의 마음을 동시에 사로잡기 위해서는 현 ESG 경영 마케팅이 가장 좋은 인식을 얻어 내고 소비자층을 늘려갈 수 있다. 기업 역시 ESG 활동으로 기업의 가치관, 됨됨이를 소비자와 동시에 소통하는 관계로 나아가야 한다. 경영은 단순한 트렌드가 아니라 경영 방식의 전면적인 방향 전환을 요구하는 시대적인 요구이자 생존의 조건으로 임해야 한다. 환경적인 마케팅, 사회적인 요건 확립, 정당하고 수평적인 지배구조를 가진 기업만이 이제는 장기적으로 살아나갈 수 있다. 이로써 기업은 이제 목적의 중점을 두는 것이 아닌, 책임을 중점으로 선도해야 한다(김승욱, 2023).

풀무원은 소비자 신뢰가 구매자의 행동 의도로 연결된다는 점을 잘 연결한 마케팅 사례이다. 가치적 소비와 심리적 요인에 큰 영향을 받는 MZ 세대에게 경영 투명성을 보여 준다는 점은 긍정적 결과를 불러일으키기 때문이다. 구체적으로, 풀무원은 2018년 1월 전문경영인 체제를 도입해 소유와 경영을 분리함으로써 2019년에는 자회사의 지분을 100% 보유하는 글로벌 기준 지주 회사 체제를 확립했다. 이로써 One Company 구조를 구축한 풀무원은 투명한 회계와 내부거래 이슈 방지 등 건전한 지배구조의 기반을 마련한 것이다. 또한, 풀무원은 선임 사외이사제도를 도입해 이사회의 독립성을 강화하고 운영 효율성을 높였다. 여성 사외이사의 비율도 37.5%(사외이사 8명 중 3명)로 늘려 성별 다양성도 확보했다. 설치 의무 대상 기업이 아님에도 불구하고 감사위원회와 보상위원회도 설치해 객관성과 투명성을 높였다. 풀무원은 이사회와 경영진 간에 절제와 균형을 이루는 '선진형 지배구조' 구축을 위해 지속해서 노력하는 기업으로 평가받고 있다(풀무원뉴스, 2022.02.22.).

피터 드러커(Peter Drucker)의 NPO를 향한 고언은 여전히 유효한 것으로 오늘날 비영리기관에 거룩한 이정표가 되고 있다. 그는 "비영리 단체는 한 사회와 개개인의 삶에 변화를 주기 위해 존재한다고 할 수 있다"라고 기술하였다. 또한, 동시에 "사명감 없는 비영리기관의 존재 가치는 결코 있을 수 없다는 사실을 잊어서는 안 된다."라고 지적하였다. 영리 기관과 비영리기관을 가르던 명확한 선은 점차 사라지고 있으며 오히려 사기업보다 부족한 사명감으로 영리를 추구하는 비영리기관이 많은 오늘날 그의 고언은 시사하는 바가 매우 크다. 그러나 드러커의 기술대로 비영리 조직의 근본적인 존재는 항구적이다. 인간은 결코 혼자서 살아갈 수 없는 존재들이기 때문이다. 우리는 그가 표현한 대로 어떤 형태로든 서로를 위해서 존속해야만 하고 그를 위한 시설이나 단체가 필요하기 때문이다. 피터 드러커는 아울러 비영리기관을 향해서 전략의 중요성을 강조하였다. 그에 따르면 전략은 NPO의 사명과 목적을 성과로 변화시킨다. 그런데도 여전히 많은 비영리기관은 이와 같은 전략의 중요성에도 전략의 단계를 경시한다. 그런 의미에서 시대의 열화와 같은 흐름으로 다가온 ESG 경영은 비영리기관을 위한 소중한 전략이라는 생각이 든다. ESG 경영은 현시점에서는 NPO가 당면한 지배구조의 문제점을 해소하고 투명성을 부여하고 지속 가능 경영을 실현하게 할 수 있는 전략이다. 드러커는 비영리기관의 도리에 대해서 "고객이 무엇을 요구하는가를 분명히 알고 있어야 하며, 무엇이 그들의 가슴에 와닿을지, 그들이 추구하는 가치를 부여하는 것은 어떠한 것들인지, 그들이 충족하고자 하는 욕구가 무엇인지를 귀 기울여 터득하고 파악하는 예우를 갖추는 것"이라고 했다. 그렇다면 NPO는 이 도리를 위해서 적절한 전략을 통해 당면한 경제적 이유를 극복하고 그 항구적인 존재 가치를 위해서 나아가야 할 것이다.

Chapter

08

ESG 경영의 이해관계자와 주요 이슈

Chapter

08 ESG 경영의 이해관계자와 주요 이슈

1. 이해관계자 거버넌스의 개념과 의의

ESG(Environmental, Social, Governance) 경영의 핵심 쟁점 중 하나는 이해관계자 거버넌스의 강화이다. 현대 사회에서 기업의 사회적 책임이 강조되면서, 이해관계자들은 기업의 경영에 더 많은 영향력을 행사하고 있다(Aguinis & Glavas, 2019). 이해관계자 거버넌스는 이러한 변화에 발맞추어 기업이 이해관계자들의 다양한 요구와 기대를 고려하여 의사결정을 내리고 행동하는 능력을 강조한다. 이러한 능력은 기업의 지속 가능성과 사회적 책임을 보장하는 데 중요한 역할을 한다(Flammer, 2015).

비영리기관(NPO, Non-Profit Organization) 분야에서도 이해관계자들의 영향력이 높아지고 있다. 사회적 책임의 중요성이 강조되는 시대에 이해관계자들은 NPO의 운영과 활동에 더 큰 관심을 기울이고 있다(Aguinis & Glavas, 2019). NPO는 이러한 이해관계자들의 다양한 요구와 기대를 고려하여 의사결정을 내릴 수 있는 능력, 즉 이해관계자 거버넌스의 중요성을 인식하고 있다. 이러한 능력은 NPO가 사회적 책임을 다하고 지속 가능한 발전을 이루기 위해 필수적이다.

이해관계자들의 참여와 의견 수렴, 투명하고 공정한 의사결정은 NPO의 사회적 가치를 높이고 사회에 대한 신뢰를 증진한다. 이를 통해 NPO는 자원 활용의 효율성을 높이고 지속 가능한 사회적 영향력을 확대할 수 있다. 이는 단순히 조직의 운영에 그치는 것이 아니라 사회 전반에 긍정적인 변화를 끌어내는 역할을 할 것이다(Flammer, 2015).

2. 이해관계자 경영의 역사와 발전

이해관계자 경영의 개념은 오랜 역사를 통해 발전해 왔다. 중세시대(5~15세기)에는 상업과 무역의 발달로 기업 제도의 기틀이 형성되었다. 1760년, 존 웨슬리는 사회적 책임투자를 도입하여 투자 시 사회적 영향을 고려해야 함을 강조했다. 1920년대에는 윤리경영 개념이 도입되어 기업의 도덕적, 윤리적 운영이 중요시되었다. 1956년에는 기업의 사회적 책임(CSR)이 강조되기 시작했다. 1963년도에 Stanford Research Institute(SRI)는 이해관계자 개념을 도입해 이해관계자를 "조직 생존에 필수적인 지원을 하는 집단"으로 정의하였고 1971년도에는 이해관계자 자본주의가 등장하여 기업의 가치를 모든 이해관계자를 포함해 창출해야 한다고 주장했다.

1975년 하그리브스와 다우만(Hargreaves & Dauman)은 '기업의 사회적 감사' 개념을 도입했고, 1976년 아커만과 바우어(Ackerman & Bauer)는 기업의 전통적 목표와 사회적 목표를 통합하는 방법을 제안했다. 1978년, 페퍼와 샐런칙(Pfeffer &

Salancik)은 자원의존 이론으로 조직이 외부 이해관계자의 지원을 받아야 한다고 강조했다. 1984년도에는 에드워드 프리먼(Edward Freeman)은 『Strategic Management: A Stakeholder Approach』를 통해 이해관계자 경영 이론을 체계화했다. 2007년에는 B-Corp 인증 제도가 도입되어 기업의 사회적, 환경적 성과를 인증했다. 2008년에는 UN PRI가 출범하여 ESG 요소를 투자과정에 통합했다. 2011년에는 임팩트 투자와 CSV 개념이 확산하였고, 2015년에는 파리기후협약이 체결되었다. 2019년 8월, Business Roundtable(BRT)은 이해관계자 자본주의를 선언하여 기업 목적을 모든 이해관계자의 이익으로 확대했다. 2021년부터는 ESG 경영이 주요 전략으로 자리 잡아 지속 가능한 발전을 추구하는 경영이 강조되었다.

이해관계자 경영은 기업이 주주뿐만 아니라 다양한 이해관계자의 이익을 균형 있게 고려하는 경영원칙으로 발전해 왔다. 다음 〈표 8-1〉은 이러한 발전과정을 요약 정리한 것이다.

〈표 8-1〉 이해관계자 경영의 역사와 주요 발전

시대/연도	주요 사건/인물	주요 내용
중세시대	상업과 무역 발달	기업 제도의 기틀 형성
1760년	존 웨슬리	사회적 책임투자 도입
1920년대	윤리경영 개념 도입	기업의 도덕적, 윤리적 운영 강조
1956년	CSR 강조 시작	기업의 사회적 책임 부각
1963년	SRI	이해관계자 개념 도입
1971년	이해관계자 자본주의	모든 이해관계자를 위한 가치 창출 주장
1975년	하그리브스와 다우만	'기업의 사회적 감사' 개념 도입
1976년	아커만과 바우어	기업의 전통적 목표와 사회적 목표 통합
1978년	페퍼와 샐런칙	자원의존 이론 제시
1984년	에드워드 프리먼	이해관계자 경영 이론 체계화
2007년	B-Corp 인증 도입	기업의 사회적, 환경적 성과 인증

시대/연도	주요 사건/인물	주요 내용
2008년	UN PRI 출범	ESG 요소를 투자과정에 통합
2011년	임팩트 투자, CSV 개념 확산	기업의 사회적, 환경적 책임 강화
2015년	파리기후협약	글로벌 환경 목표 설정
2019년	BRT 이해관계자 자본주의 선언	기업 목적을 모든 이해관계자의 이익으로 확대
2021년	ESG 경영 전략화	지속 가능한 발전 추구

(출처: 이효섭 · 박영석, 2021 재인용)

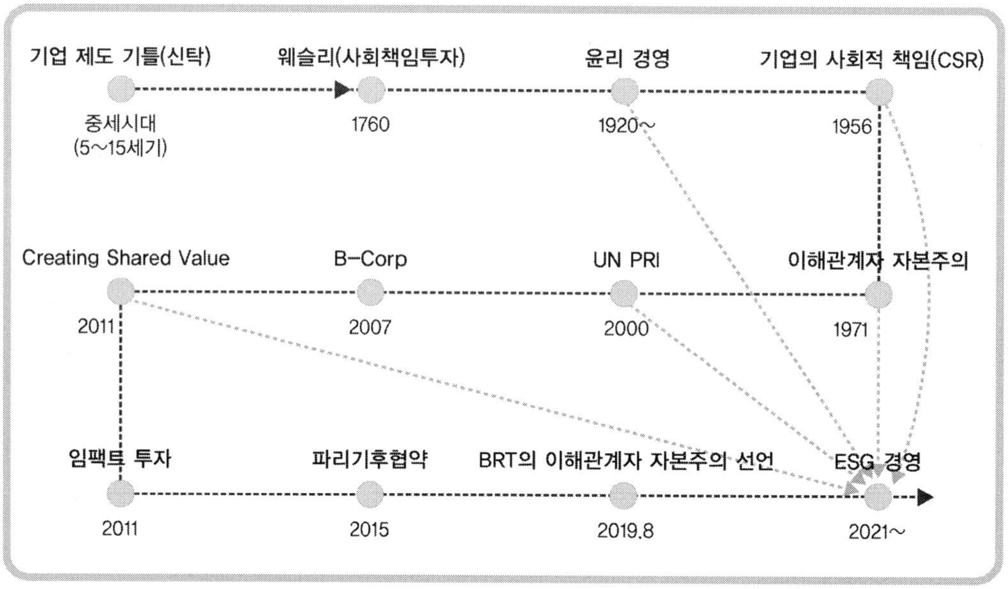

(출처: 이효섭 · 박영석, 2021)

[그림 8-1] ESG 경영의 역사와 이해관계자 거버넌스의 변천 과정

3. 이해관계자의 역할과 중요성

이해관계자는 조직의 의사결정과정에서 중요한 임무를 수행하며, 이들의 다양한 의견과 이익을 조직 내에서 효과적으로 반영하는 관리체계를 의미한다. 글로벌 경제의 상호 연결성이 증가하고 사회적 책임에 대한 요구가 높아짐에 따라, 지속 가능한 발전 목표(SDGs)[1]를 포함한 다양한 글로벌 이니셔티브의 달성이 중요해지고 있다(이효섭 · 박영석, 2021; Agunis & Glavas, 2019; Flammer, 2015). 이와 더불어, ESG(환경, 사회, 지배구조) 경영의 틀에서 이해관계자는 기업의 장기적 성공과 직결되며, 비영리기관(NPO)의 지속 가능한 성과 향상에도 크게 기여할 수 있다.

1) 이해관계자의 역할

(1) **정보의 제공:** 조직에 필요한 정보를 제공하고, 조직 활동의 투명성을 보장하여 외부 이해관계자와의 신뢰를 구축한다.

(2) **의사결정 참여:** 조직의 주요 결정 과정에 참여하고, 전략적 방향과 정책의 수립에 영향을 미친다.

(3) **성과 평가와 피드백:** 조직의 성과를 평가하고 지속적인 개선을 위한 피드백을 제공하여 조직의 발전을 도모한다.

(4) **사회적 책임 감시:** 조직이 사회적 책임을 충실히 이행하도록 감시하고 지원

1) 지속 가능한 발전 목표(Sustainable Development Goals, SDGs)는 유엔이 2016~2030년까지 추진하는 17개 목표와 169개 세부목표로, 빈곤, 질병, 교육, 성 평등, 기후 변화 등 다양한 문제를 해결하기 위해 설정된 글로벌 이니셔티브이다. 2000년부터 2015년까지 시행된 밀레니엄개발목표(MDGs)를 계승하여 개발되었으며, 유엔에서는 공식적으로 "Global Goals"로도 불린다.

함으로써 사회적 가치 창출을 촉진한다.

(5) **협력과 파트너십 구축:** 다양한 이해관계자와의 협력을 통해 조직의 역량을 강화하고 공동 목표를 달성한다.

(6) **위기관리와 해결:** 위기 상황에서 문제 해결 자문과 지원, 대응 전략을 수립한다.

(7) **혁신과 창의성 촉진:** 외부 시각과 아이디어 제공으로 혁신과 창의성 촉진, 새로운 기회를 탐색한다.

2) 이해관계자 거버넌스의 역할

(1) **통합적 관리체계 제공:** 이해관계자의 의견과 이익을 조직의 의사결정과정에 효과적으로 통합하고, 조직의 전략적 방향성과 정책 결정에 반영한다.

(2) **지속 가능한 발전 지원:** ESG 경영을 포함하여 지속 가능한 발전목표를 달성하는 데 필수적인 구조와 프로세스를 마련한다.

(3) **대외적 협력 증진:** 외부 이해관계자와의 관계를 관리하고, 조직의 사회적, 경제적 목표 달성을 위한 파트너십을 촉진한다.

(4) **위기 대응 체계 구축:** 조직 내외의 위기 상황에 효과적으로 대응할 수 있는 체계를 개발하고 실행한다.

4. ESG 경영과 이해관계자 관리의 연계 효과

이해관계자 관리는 기업이 다양한 이해관계자의 기대와 요구를 인식하고 이를 충족시키는 것을 목표로 한다. 기업은 단순한 이윤추구를 넘어서 다양한 이해관계자들의 요구에 부응해야 하며, 이는 경제적 성공과 사회적 목적을 동시에 달성하는 것을 의미한다. 사회적 책임을 다하는 기업은 이해관계자와의 관계를 강화하고 긍정적인 이미지를 유지하여 더 높은 수익을 창출할 수 있다.

1) ESG 경영과 이해관계자 관리의 연계 효과

(1) **투자유치 증대:** 사회적 책임을 다하는 기업은 투자자들의 관심을 끌어 투자 유치가 용이하다.

(2) **비용 절감과 효율성 향상:** 자원 절약과 운영 효율성을 높일 수 있다.

(3) **법적 및 규제 준수 강화:** 법적 리스크를 줄일 수 있다.

(4) **이해관계자 관리 강화:** 긍정적인 관계를 유지하고 협력을 증진한다.

2) 이해관계자 관계 강화 방법

(1) **정기적인 소통:** 투명하게 상황과 계획을 알리고 의견을 듣는다.

(2) **공동의 목표 설정:** 상호 이익을 추구하는 목표를 설정한다.

(3) **신뢰 구축:** 윤리적인 경영을 실천한다.

(4) **피드백 수용:** 피드백을 바탕으로 정책과 절차를 개선한다.

(5) 사회적 책임 실천: 사회적 책임을 다하는 모습을 보인다.

3) 이해관계자 관리의 효과

스터디반트(Sturdivant, 1979)와 소넨필드(Sonnenfeld, 1981)의 연구는 이해관계자 관리가 기업 경영에 중요한 영향을 미친다는 것을 보여 준다.

4) 이해관계자 경영 이론과 가치창조

이해관계자 경영 이론은 기업의 목표가 주주의 이익 극대화에 국한되지 않고, 모든 이해관계자의 가치를 창출하는 데 있음을 강조한다(Freeman, 2010; Freeman et al., 2010).

기업의 지속 가능한 발전과 장기적인 성공을 위해서는 이해관계자 관리와 ESG 경영이 필수적이다. 기업은 이해관계자들의 요구와 기대를 충족시키기 위해 지속해서 소통하고, 이를 경영전략에 반영해야 한다.

5. 이해관계자 거버넌스가 기업에 미친 실제 사례

이해관계자 거버넌스는 기업의 경영전략과 실행에 큰 영향을 미친다. 이는 다양한 이해관계자들의 이익을 고려하여 의사결정을 내리고, 지속 가능한 성장을 추구하는 경영 방식이다. 다음은 국내외 기업에서 이해관계자 거버넌스가 실제로 영향을 미친 사례를 살펴보겠다.

1) 사례 1. SK그룹의 '사회적 가치' 창출

(1) 기업 소개

SK그룹은 한국의 대기업으로, 다양한 산업 분야에서 활동하고 있다. 최근 몇 년간 SK그룹은 ESG 경영과 이해관계자 거버넌스를 강화하며 사회적 가치를 창출하는 데 집중하고 있다.

(2) 이해관계자 거버넌스 적용

SK그룹은 이해관계자 거버넌스를 통해 다양한 이해관계자(직원, 고객, 지역사회, 공급업체 등)의 이익을 고려한 경영을 실천하고 있다. 2018년에는 '사회적 가치'를 측정하고 이를 경영성과로 삼는 시스템을 도입했다. 이를 통해 사회적 가치를 창출하는 활동을 적극적으로 추진하고, 기업의 지속 가능성을 높이고 있다.

(3) 영향

- 사회적 가치 측정: SK그룹은 매년 사회적 가치 창출 성과를 측정하고 이를 공개한다. 최근 자료에 따르면, SK그룹은 사회적 가치 측정 결과 16조 8천억 원의 사회적 가치를 창출했다(SK그룹, 2024).

- 지속 가능 경영 강화: 이해관계자들의 다양한 요구를 반영한 경영전략을 통해 기업의 지속 가능성을 강화하고, 2030년까지 환경 및 사회에 2배 이상 이바지할 수 있도록 장기적인 성장 기반을 마련했다.
- 평판 향상: 사회적 가치 창출을 위한 노력은 SK그룹의 평판을 크게 향상했으며, 이는 고객 신뢰와 투자자의 긍정적인 평가로 이어졌다.

2) 사례 2. 유니레버(Unilever)의 지속 가능 생활 계획

(1) 기업 소개

유니레버는 다국적 소비재 기업으로, 식품, 청소 용품, 개인용품 등을 생산한다. 유니레버는 오랫동안 지속 가능 경영을 실천해 온 대표적인 기업 중 하나이다.

(2) 이해관계자 거버넌스 적용

유니레버는 '유니레버 지속 가능 생활 계획(Unilever Sustainable Living Plan)'을 통해 이해관계자 거버넌스를 실천하고 있다. 이 계획은 환경적, 사회적, 경제적 지속 가능성을 목표로 하며, 이를 통해 이해관계자들의 다양한 요구를 충족시키고 있다.

(3) 영향

- 환경 보호: 유니레버는 2030년까지 탄소배출 제로를 목표로 설정하고, 제품 생산 과정에서 발생하는 환경 영향을 최소화하고 있다. 이는 고객과 환경 단체들로부터 긍정적인 평가를 받았다(Unilever, 2024).

- 사회적 책임 강화: 유니레버는 전 세계 공급망에서 공정 노동 조건을 보장하고, 지역사회 발전을 지원하는 프로그램을 운영하고 있다. 이를 통해 지역사회의 신뢰를 얻고, 글로벌 브랜드로서의 책임을 다하고 있다.
- 경제적 성과 향상: 지속 가능 경영을 통한 혁신과 효율성 증가는 유니레버의 장기적인 경제적 성과 향상으로 이어졌다. 이는 투자자들로부터 긍정적인 반응을 얻었으며, 주가 상승으로도 나타났다.

3) 사례 3: 삼성전자와 협력사의 동반성장 프로그램

SAMSUNG

(1) 기업 소개

삼성전자는 글로벌 IT 및 가전 기업으로, 다양한 전자제품과 서비스를 제공한다. 삼성전자는 협력사와의 상생을 중요한 경영전략으로 삼고 있다.

(2) 이해관계자 거버넌스 적용

삼성전자는 2005년부터 협력사와의 동반성장을 위한 다양한 프로그램을 운영하고 있다. 이해관계자 거버넌스를 촉진하기 위해 상생 펀드 조성, 기술 지원, 교육 프로그램 등을 실시하고 있다.

(3) 영향

- 협력사 경쟁력 강화: 삼성전자는 협력사에 기술 지원과 교육을 제공하여 협력사의 경쟁력을 강화했다. 이는 협력사의 생산성과 품질 향상으로 이어졌다(삼성전자, 2023).

- 공정 거래 문화 조성: 삼성전자는 공정한 거래 문화를 조성하기 위해 협력사와의 계약 조건을 투명하게 공개하고, 불공정 거래를 방지하는 시스템을 구축했다. 이는 협력사와의 신뢰 관계를 강화하고, 장기적인 파트너십을 형성하는 데 이바지했다.
- 경제적 성과 증대: 협력사와의 동반성장을 통해 삼성전자는 안정적인 공급망을 확보하고, 제품 품질을 개선하여 시장 경쟁력을 강화했다. 이는 매출 증가와 글로벌시장 점유율 확대에 긍정적인 영향을 미쳤다.

이처럼, 이해관계자 거버넌스는 기업의 지속 가능성과 장기적인 성공에 중요한 역할을 한다. 각 기업은 이해관계자의 다양한 요구를 반영한 경영전략을 통해 긍정적인 성과를 달성하고 있다.

6. ESG 경영의 최근 이슈

글로벌 및 국내의 ESG 경영 동향은 ESG가 단순한 유행을 넘어 기업의 장기적 성공과 지속 가능한 발전을 위한 필수 요소로 자리 잡고 있다. 이는 기업이 환경 보호, 사회적 책임, 윤리적 지배구조를 강화하는 데 중요한 역할을 하고 있다. ESG 경영의 현황은 다음과 같다.

1) ESG 경영의 현황

〈표 8-2〉 MSCI가 선정한 2024년도 ESG 8대 트렌드 요약

MSCI가 선정한 2024년도 ESG 8대 트렌드 요약
1. **기상이변:** 기후 변화가 주거지와 일터 선택에 영향, 근로자 안전 중요
2. **이사회와 통제:** 외부 감시 및 내부 감사 강화, 다양한 이사회 구성 필요
3. **AI와 개인정보:** AI 윤리규정 및 개인정보 보호 강화, 인적 자본 투자 필요
4. **공급망 관리:** 공급망 추적성 해결 및 노동 착취 규제 증가
5. **기후공시:** 기후공시 세부사항 검토, 탄소 배출량 계산 복잡성 대비
6. **신흥시장 투자:** 탄소 중립을 위한 신흥시장 투자 확대 필요
7. **비상장 자산:** 비상장 자산 투자 증가, 투명성 개선 기대
8. **자연 자본 투자:** 생물 다양성 보전과 자연 복원 투자 증가

(출처: ESG 경제, 2024)

(1) ESG 경영의 글로벌 현황

- ESG 규제 및 제도

2023년에는 ESG 투자와 경영이 일부 후퇴하는 것처럼 보였으나, ESG 규제 및 제도의 구체화에 따라 지속 가능성에 대한 요구는 지속할 것으로 예상한다. 주요 글로벌 ESG 규제 동향으로는 ESG 공시제도의 본격화, 공급망 실사를 요구하는 법안, ESG 펀드 공시 및 그린워싱 규제 등이 있다.

- ESG 투자

전 세계 ESG 투자 규모는 2012년 13조 3000억 달러에서 2020년 35조 3000억 달러로 급상승했으며, 유럽과 미국이 ESG 투자의 80% 이상을 차지하고 있다.

- 주요국의 ESG 활동

유럽 연합(EU)은 ESG 인프라 구축, 지속 가능 금융 공시, 기업지속가능 공시, 공급망의 인권 및 환경 실사 의무, 탄소 국경세 등 많은 제도를 입법화하였다.

미국은 바이든 정부 들어 ESG와 밀접한 연관성을 갖는 국정 목표들을 입안하였다.

- 평가 및 인증
  ESG 평가 기관들은 기업의 ESG 성과를 평가하고 인증하는 역할을 한다. 대표적인 평가 기관으로는 MSCI, S&P 글로벌 등이 있다.

(2) ESG 경영의 국내 현황

① 정부 정책

한국 정부는 '2050 탄소 중립' 목표를 설정하며, ESG 경영을 촉진하고 있으며, 이를 위해 여러 산업에서 ESG 관련 규제를 강화하고 있다.

② 기업 활동

삼성, LG, 현대자동차 등 대기업들이 ESG 경영을 적극적으로 도입하고 있다. 이들 기업은 지속 가능성 보고서를 발간하며, ESG 성과를 투명하게 공개하고 있다.

③ 금융권 움직임

국내 금융기관들도 ESG 투자 확대에 나서고 있다. 한국투자공사(KIC)와 같은 기관들은 ESG 투자 비중을 늘리고 있다.

④ ESG 평가

한국ESG기준원은 2022년 기준으로 국내 기업 772곳을 대상으로 ESG 등급을 측정한 결과, 최고 등급인 S등급을 받은 기업은 없으며, A+등급은 감소하는 경향을 보였다.

〈표 8-3〉 ESG 국내 이슈

국내 이슈
① **공급망 실사 및 ESG 법제화:** 2024년부터 본격화될 예정으로, 기업들은 인권, 환경, 노동, 안전 등의 리스크 관리체계를 구축해야 한다. ② **순환경제와 그린워싱 규제:** 기업들은 친환경 경영활동을 명확하게 표시하고 그린워싱 규제를 준수해야 한다. ③ **탄소상쇄 기반 넷제로 달성:** 기업들은 탄소 배출량을 줄이기 위한 전략을 마련해야 한다. ④ **자연 자본 관련 재무정보 공개:** 자연 자본을 고려한 재무정보를 투명하게 공개해야 한다. ⑤ **ESG 공시제도 의무화:** 2026년부터 자산 2조 원 이상 코스피 상장사 대상으로 ESG 공시가 의무화된다. 기업들은 이를 대비해야 한다.

출처: World Economic Forum(2023, January). The importance of ESG for a sustainable future, Retrieved from World Economic Forum. https://www.weforum.org/agenda/2023/01/the-importance-of-esg-sustainable-future-davos-2023

2) 최근 ESG 보고서의 중요성

지속가능경영보고서(ESG 보고서)는 기업의 경영활동이 환경, 사회, 지배구조(ESG)에 미치는 영향을 측정하고 공개하는 문서이다. 이 보고서는 기업의 경제적 성과뿐만 아니라 비재무적인 ESG 영역에 대한 평가를 종합적으로 제공하며, 미래 목표와 계획을 투명하게 전달한다. 지속가능경영보고서의 중요성은 다음과 같다.

(1) 장기적인 가치 창출

ESG 보고서를 통해 기업은 환경, 사회, 지배구조에 대한 책임을 어떻게 이행하고 있는지를 평가함으로써, 기업의 장기적인 가치와 성장 가능성을 보여 준다. 이는 투자자들이 투자 결정을 내릴 때 중요한 참고 자료가 된다.

(2) 기업 이미지 향상

ESG 보고서를 통해 기업이 환경 보호, 사회적 책임, 지배구조 개선에 어떻게 노력하고 있는지를 보여 줄 수 있다. 이는 기업의 이미지를 향상하고, 고객, 투자자, 지역사회 등의 신뢰를 얻는 데 도움이 된다.

지속가능경영보고서는 국제적으로 인정받는 표준에 따라 작성되며, 제3자 검증을 통해 신뢰성과 품질을 높일 수 있다. 이러한 보고서는 기업의 경쟁력을 강화하고 지속 가능한 가치 창출에 크게 기여한다.

예를 들어, 카카오는 2021년부터 매년 ESG 활동을 담은 보고서를 발간해 기업 웹사이트와 금융감독원 전자공시시스템에서 공개하고 있다. '2023 카카오의 약속과 책임' 보고서에는 카카오의 환경, 사회, 지배구조 관련 주요 성과와 데이터가 담겨 있다. 이 보고서는 카카오의 ESG 프레임워크, 중점분야 이행 현황, 환경 · 사회 · 거버넌스 영역별 지속 가능 경영성과 등을 다루고 있다.

(출처: 카카오 ESG 보고서, 2023)

[그림 8-2] 카카오, ESG 보고서

또한, 다른 기업들도 ESG 보고서를 작성하고 있다. LG, 포스코 등은 그룹 통합 ESG 보고서를 작성하고 있으며, SK이노베이션은 넷제로 특별 보고서를 발간하여 탄소 감축 목표와 전략을 주요 이해관계자에게 전달하고 있다.

지속가능경영보고서 작성을 위해 기업들은 주로 글로벌 가이드라인인 GRI Standards, SASB Standards, TCFD 권고안, IR Framework, WEF의 '이해관계자 자본주의 공통지표' 등을 참고하고 있다. 이러한 보고서는 기업의 이미지 향상과 투자자들의 결정에 영향을 미치는 중요한 자료로 활용된다.

3) COVID-19 대유행과 ESG 경영의 관련성

COVID-19 대유행은 글로벌 경제와 사회 전반에 걸쳐 깊은 영향을 미쳤으며, ESG(환경, 사회, 지배구조) 경영의 중요성을 재조명하는 계기가 되었다. 팬데믹은 기업의 지속 가능성, 사회적 책임, 그리고 지배구조에 관한 관심을 많이 증가시켰다. 이 장에서는 COVID-19 대유행이 ESG 경영에 미친 영향을 분석하고, 주요 관련성을 살펴보고자 한다.

(1) 환경(Environmental) 측면의 영향

COVID-19 대유행으로 인해 전 세계적으로 산업 활동이 급감하고, 교통이 감소하면서 일시적으로 환경오염이 줄어드는 현상이 관찰되었다. 이는 기업들이 탄소배출을 줄이고, 친환경적인 운영 방식을 도입할 가능성을 제시하였다. 팬데믹 동안 다음과 같은 환경 관련 변화가 두드러졌다.

- 탄소배출 감소: 전 세계적인 이동 제한과 공장 가동 중단으로 인해 탄소배출

이 일시적으로 감소했다(BBC, 2020).

- 자원 효율성 강화: 기업들은 공급망의 취약성을 경험하며 자원 효율성을 높이고, 폐기물 감소를 목표로 하는 전략을 채택하기 시작했다(UNEP, 2021).

(2) 사회(Social) 측면의 영향

팬데믹은 사회적 불평등을 더욱 두드러지게 하였고, 기업들이 사회적 책임을 다하는 방식에 대한 재고를 불러일으켰다. 이는 다음과 같은 변화를 촉진했다.

- 노동자 보호: 많은 기업이 근로자의 건강과 안전을 최우선으로 고려하게 되었다. 재택근무의 확산, 유연 근무제 도입 등이 대표적이다(Gartner, 2020).
- 지역사회 지원: 기업들은 지역사회의 회복을 돕기 위해 다양한 지원 프로그램을 시행하였다. 예를 들어, 의료용품 기부, 취약계층 지원 등이 있다(World Economic Forum, 2020).

(3) 지배구조(Governance) 측면의 영향

COVID-19는 기업의 지배구조와 투명성에 대한 요구를 강화했다. 이와 관련하여 주목할 만한 변화는 다음과 같다.

- 리스크 관리: 기업들은 비상사태에 대비한 리스크 관리 체계를 강화하고, 위기 상황에서의 의사결정과정을 투명하게 공개하기 시작했다(Deloitte, 2021).
- 주주와의 소통 강화: 주주들은 기업의 장기적인 지속 가능성에 관한 관심이 높아지면서 더 많은 정보공개와 투명성을 요구하게 되었다(PwC, 2020).

COVID-19 대유행은 ESG 경영의 중요성을 부각하는 중요한 계기가 되었다. 기업들은 환경적 책임을 다하고, 사회적 가치를 창출하며, 투명하고 책임 있는 지배구조를 유지하는 것이 장기적인 성공을 위해 필수적임을 깨닫게 되었다. 이로 인해 ESG 경영은 일시적인 트렌드가 아닌, 지속 가능한 경영의 필수 요소로 자리 잡게 되었다.

Chapter

09

ESG 경영과 ISO 표준의 이해

Chapter

09 ESG 경영과 ISO 표준의 이해

1. 사회책임 국제표준(ISO 26000)이 ESG 경영에 미치는 영향

21세기 대한민국은 유래를 찾아보기 어려울 정도의 속도로 진전을 이루고 있는 세계화를 경험하고 있다. 글로벌 경제위기라는 냉혹한 국제적 환경의 소용돌이 속에서도 명실공히 대한민국은 선진국[1]그룹으로 편입[2]하게 되었으며, 이 과정에서 사회적 책임(CSR)[3]에 대한 대내외적 관심과 요구가 집중되고 있다. 이에 따른 CSR의 수행 방식으로 네트워크 거버넌스가 대두되고 있다. 특히 공공기관의 사회적 책임 확산은 이해관계자에 대한 인식 확대와 수평적 권력 또는 자원 의존관계를 전제로 실천을 요구받고 있다.

보편적 규범화된 사회적 책임의 확산과 경영평가 제도는 공공기관의 이해관계자 인식 확대와 적극적 사회 문제 해결 참여 모습으로 나타났으며, 공공기관 간의 사

1) 2021년 7월 개최된 제68차 UNCTAD 무역개발이사회를 통해 '개도국'에서 '선진국'의 그룹으로 만장일치 가결됐다.

2) 무역개발이사회의 1964년 창설 이래 최초의 사례.

3) Corporate Social Responsibility.

회적 책임 협력 활동과 지역 문제 해결을 위한 거버넌스 참여로 이어졌다. 이때 거버넌스 참여자인 사회복지시설과 소셜 벤처기업 역시 사회적 책임 실천을 설립목적으로 이해관계자에 대한 폭넓은 인식이 대두되고 있다.

이에 NPO[4]기관의 역할이 더욱 막중해지고 있다. NPO의 구조적 문제와 지역사회의 문제 해결을 위한 중요한 경영원칙으로 CSR이 제시되고 있다. 그 대표적 노력이 바로 ESG 경영의 도입과 실천인 것이다. 이는 NPO 기관의 사회적 정당성 확보 수단으로 연결할 수 있다. 특히, 2010년 11월 1일에 ISO 26000[5]이 발간된 이후 전 세계적으로 기업의 사회적 책임에 한발 더 나아가 모든 단체의 사회적 책임(SR[6])에 대한 요구를 반영하고 있다.

우리나라의 경우 NPO의 역량 강화 프로그램(CDP)[7]을 위한 정부의 지원은 거의 전혀 없는 수준으로 알려졌다. 이에 따른 한국의 지방 정부를 향한 시민 사회 역량 강화를 위한 특별재정회계를 설정할 필요가 제기되었으며, 시민 사회와 협의를 통한 장기적이고 전략적인 관점에서 주민자치 역량 강화를 추진할 필요가 있다는 의견이 발표되었다(장수찬, 2013).

다만, 정부의 지원이 NPO의 역량 강화와 프로그램의 성과 향상에 기여하는 것은 사실이지만, NPO 자체의 노력과 역량도 매우 중요하다. NPO는 자체적으로 역량을 강화하고, 프로그램을 효과적으로 운영하기 위해 노력해야 한다는 건 자명한 사실이다.

---

4) NPO는 공익성, 자발성, 자율성 및 독립성의 가치를 추구하는 비정부, 비영리 단체로 정의할 수 있다.

5) 사회적 책임의 국제표준.

6) ISO26000은 CSR에서 C가 가지는 영리 기업의 이미지를 SR(Social Responsibility)로 새롭게 정의하여 비정부, 비영리, 정부 등 모든 단체의 기준이자 표준임을 명확하게 하였다.

7) Capacity Development Program: 조직구성원들의 역량을 향상하기 위한 교육 및 훈련 프로그램으로 체계적, 지속적, 성과 지향적이라는 목적을 달성하기 위해 다양한 직무교육, 리더십 교육, 어학 교육 등 다양한 프로그램을 제공하며 외부 기관과의 협력을 통해 질적 향상과 함께 구성원들의 다양한 요구를 충족시키는 데 목적을 둔다.

1) ISO 26000과 ESG 환경(Environment)

'지속 가능성'이라는 용어는 1972년 로마클럽에서 발표한 『성장의 한계(The Limits to Growth)』 보고서에서 처음 언급되었다. 인간의 경제활동에 미치는 경제, 사회, 환경적 가치를 주요 내용으로 삼고 있으며, 기업 경영에 CSR 경영을 도입하는 계기가 됐다. 또, 현재 세대의 니즈를 충족시키기 위하여 미래세대가 사용할 경제 · 사회 · 환경 등의 자원을 낭비하거나 여건을 저하하지 않고 서로 조화와 균형을 이루는 것을 말한다(탁진규, 2022).

2) 지속가능경영보고서의 공개가 필요한 국내외 환경의 주요 이슈

기업의 가치를 평가하고 투자 의사 결정, 리스크(Risk)와 기회(Opportunity) 관리에 반영하며 이를 표준화 및 지표화해 제시하기 위함이다. 특히 국제 사회는 지구온난화로 인한 생태계의 파괴가 매우 심각한 문제로 인지하게 되었고 2015년 파리협정에서 모든 국가는 2050년까지 온실가스 감축 목표를 협의하는 등의 노력을 하게 되었고 구체적 목표로 지구 평균온도 상승을 2도 이하로 유지하고, 1.5도로 억제하기로 하였다. 이를 위한 그린 뉴딜 정책 발표와 더불어 재무정보공개 태스크포스(TCFD[8])) 설립으로 투자자, 은행, 대출 기관과 보험회사 등이 위험평가에 필요한 정보공개 권고를 하게 이르렀다.

유엔 책임투자 원칙(UN PRI: Principles for Responsible Investment)의 확산과 더

8) 기후 변화 관련 재무정보 공개 협의체(Task Force on Climate-related Financial Disclosures): 2015년에 G20 산하에 국제 금융 규제 · 감독 역할을 하는 금융 안정 위원회(Financial Stability Board)에서 설립하였으며, 기업에 영향을 끼칠 수 있는 기후 변화의 리스크와 기회 요인을 정량적으로 수치화하여 재무적으로 통합해 공개하는 것을 주된 목적으로 한다.

불어 비재무적 성과를 중시한 투자를 통해 위험요소를 관리하는 것이 매우 중요한 요소가 되었다.

3) 글로벌 규제 강화

2017년 기후 변화와 관련된 4가지 핵심 요소인 지배구조, 전략, 위험관리, 감축 지표와 목표에 따라 기후 변화 관련 위험 정보를 공개하라는 권고안을 발표하였고 최근 폭발적으로 영향력이 커지고 있는 대표적인 ESG 공시 표준이며 블랙록 등 세계 주요 자산운용사들도 투자기업에 TCFD 권고안 준수를 요구한다.

2023년부터 EU는 탄소배출이 많은 국가 및 기업에 탄소 국경세를 부과하기로 하였다. 또한, 2030년까지 모든 코스피 상장기업에 대해 지속가능경영보고서 공개를 의무화를 하도록 권고하고 있다.

(1) 유럽 연합(EU)

공급망 실사 제도를 도입하여, 기업이 자사뿐만 아니라 협력사들의 인권 및 환경 문제도 관리하도록 의무화하였다. 금융기관의 지속 가능 금융 공시제도를 시행하여, 금융기관이 대출, 투자 등의 금융 활동을 할 때 ESG 요소를 고려하도록 의무화하였다. 특히 유럽 연합은 기업이 자사뿐만 아니라 협력사의 인권 문제, 환경 문제 등을 관리 및 개선하도록 의무화함과 더불어 기업 지속 가능성 보고 지침(CSRD) 발표를 공개하도록 권고하고 있다. 특히 친환경 경영을 위장하는 '그린워싱'을 방지하기 위해 규제를 본격적으로 추진하고 있고 그 외 「노동법」 강화, 성별 다양성 증진, 인권 보호 등을 위한 다양한 정책 및 제도 도입하고 있다.

(2) 미국

증권 거래 위원회(SEC)는 상장기업에 기후 변화 관련 정보공개를 의무화하는 기후공시 제도를 도입하였으며 노동부(DOL)는 직장 내 괴롭힘 및 차별 금지 규정을 강화하는 노력을 하고 있다. 2022년 3월 기후공시 의무화 초안을 발표하였으며, 친환경 경영을 위장하는 '그린워싱'을 방지하기 위해 실질적인 친환경 경영을 위한 데이터 공개 노력을 하고 있다.

(3) OECD 회원국

OECD 회원국들은 인권 보호 등을 위한 정책 및 제도를 도입을 시작으로 기업의 기후 변화 관련 정보공개를 의무화하는 기후공시 제도 도입을 권고하고 있으며, 공급망 실사 제도를 통해 기업이 자사뿐만 아니라 협력사의 인권 문제, 환경 문제 등을 관리 및 개선하도록 의무화함과 동시에 친환경 경영을 위장하는 '그린워싱'을 방지하기 위해 규제를 본격적으로 추진하고 있다.

2. ESG 관련 ISO 표준 항목

1) ISO 26000: 사회적 책임에 대한 지침을 제공하는 국제표준

ISO 26000의 시행을 현실화하면서, 기업을 비롯한 모든 조직에 사회적 책임의 표준이 적용되고 있다. 이에 따라 조직 전체에 걸쳐 이를 도입하고 구체화할 방안이 필요하다. 첫째, 조직 스스로에 대한 냉정한 평가와 방향성을 구축하고, 사회적 책임에 대한 인식 향상과 능력을 구축해야 하며, 이를 위해 조직이 여러 핵심 주제 및 과제 중에 무엇과 가장 큰 관련성을 가졌는지, 자신의 영향력은 어느 정도인지, 핵심 과제를 해결하기 위한 우선순위는 어떻게 설정할 것인지 등을 고려해야 한다.

둘째, 조직 전체에 사회적 책임을 완전하게 통합시키기 위해 상대방과의 소통을 통해 직접적 이해관계자와의 소통과 대화, 그리고 사회 전체와의 교감을 통한 신뢰 구축이 중요하다.

마지막으로, 조직의 사회적 책임 활동에 대한 검증과 평가, 그리고 끊임없는 개선 방법을 모색하는 것이 중요하며 이를 통해 조직은 지속적인 발전을 이룰 수 있다.

ESG 경영을 위한 NPO 리더는 조직의 특성과 사회적 책임과의 관계를 파악하고, 조직의 상황에 맞는 사회적 책임 전략을 수립하여야 하며, 이해관계자와의 소통과 협력을 통해 사회적 책임을 실천하고, 지속적인 개선과 발전을 추구해야만 한다(이동원, 2022).

2) ISO 14001: 환경경영시스템의 국제표준

〈표 9-1〉 환경 경영시스템의 국제표준

구분	내용	규격번호
환경경영시스템	환경경영시스템 요구사항을 규정	ISO 14001/4
환경심사(EA)	환경경영시스템 심사원칙, 심사절차와 방법, 심사원 자격을 규정	ISO 14010/11/12
전 과정 평가(EPE)	조직 활동의 환경 성과에 대한 평가 기준 설정	ISO 14031 ISO/TR 14032
전 과정 평가(LCA)	어떤 제품, 공정, 활동의 전 과정의 환경 영향을 평가하고 개선하는 방안을 모색하는 영향 평가 방법	ISO 14040/41/42/43 ISO/TR 14049

구분	내용	규격번호
환경 라벨링(EL)	제3자 인증을 위한 환경마크 부착 지침 및 절차, 자사 제품의 환경성, 자기주장의 일반지침 및 원칙 등을 규정	ISO 14020/21/24 ISO/TR 14025
용어 정의	환경용어 정의	ISO 14050

(참고: 나라표준인증, 2024)

ISO 14001은 여타의 국제 환경규제와는 달리 기업 활동의 전반에 걸친 환경경영 체제를 평가하여 객관적인 인증을 부여하는 것으로서 기업이 단순히 해당 환경법규 또는 규제기준을 준수하고 있는가의 차원을 넘어 기업이 얼마나 환경방침, 추진계획, 실행 및 운영, 점검 및 시정조치, 경영자 검토, 지속적 개선 등의 포괄적인 환경경영을 하고 있는가를 평가하는 제도이다. 조직이 환경에 미치는 영향을 최소화하기 위한 경영 체제 구축 및 운영을 목적으로 한다. 국제적 통일 규격의 적용과 무역 거래에서의 활용은 기업 경영 전반에 걸쳐 국가별 환경인증제도보다 더욱 광범위한 영향을 미칠 것이며, 무역과 연계된 국제환경협약과 ISO 환경인증제도가 상호 결부될 때 환경 문제가 기업 활동에 미치는 파장은 매우 크다.

〈표 9-2〉 ISO14001 필요성 및 기대효과

ISO14001 필요성	기대효과
• 고객의 요구 • 수출 시 강제 규격화 • 법규 및 기타 요건 강화에 따른 대비 • 환경실적을 요구하는 소비자의 압력 증가 • 물자 및 에너지 절약 • 환경 사고에 대한 계획적 대비 및 예방 • 환경 리스크 해소	• 폐기물 및 에너지 소비 최소화를 통한 환경관리 비용 절감 • 환경실적의 향상과 원가절감으로 기업 경쟁력 향상 • EMS 표준 확립(환경법규 및 규제치의 지속적 달성) • 국제적 신뢰 획득을 통한 수출시장에 효율적으로 접근 • 비상사태 발생 시 신속대응 능력 배양 • 이해관계자와의 신뢰감 향상(환경친화적 기업 이미지 제고)

(출처: 공원주, 2022)

전 세계 수많은 기업은 일관되고 체계적인 경영시스템을 운영하기 위해 국제 표준(예: ISO 9001 품질경영시스템, ISO 14001 환경경영시스템, ISO 45001 안전보건경영시스템 등)의 요구사항에 기반한 ISO 경영시스템 심사를 통해 ISO Management System 인증을 취득하여 기업 운영의 적합성을 입증받고 있다(공원주, 2022).

〈표 9-3〉 ISO14001 시스템 구축

ISO14001 도입 시	ISO14001 시스템 구축 및 실행
① 정보수집 및 분석 – 분야별 국내외 동향 분석 – 우수 및 실패사례 분석을 통한 모티브 제공 ② 조직의 현황파악 – 환경관리 업무 현황파악 – 환경적인 문제점에 대한 리스크 기반 사고 – 환경 측면 심사 실행 여부 – 환경에 대한 의식과 이해도 ③ TFT 구성 ④ 추진배경 수립 – 추진배경 및 목적 의식화 – 추진 Master Plan 구축 – 추진예산 및 기간 설정	① 시스템 기초구성 – 환경에 대한 기본방향 제정 – 초기 환경성 검토 – 환경 목표 설정 및 활동 범위 결정 – 추진 조직 집중교육 ② 시스템 구축 및 실행기록 구축 – 환경방침 제정 – 환경 측면 파악 및 환경영향평가 실시 – 환경 목표 및 세부목표 수립 – 경영추진계획서 작성 – 절차서 작성 및 제정 – 내부심사체제 구축 및 실행 – 경영 검토 실시

(출처: 공원주, 2022)

국내 수출제조기업은 산업화에 따른 대량 생산 경제 구조 속에서 유통・물류 과정상 다량의 온실가스를 배출하여 환경에 악영향을 미치는 주된 당사자로 지목받고 있다. 더불어 국내 수출제조기업은 비정부기구(NGO), 환경 단체, 소비자 등 다양한 이해관계자가 요구하는 환경경영의 중요성을 인식함에 따라 탄소 국경세, 에너지 배출 관리제 등 각종 정부 규제에 시의적절하게 대응할 필요가 있다. 또한, 지역사회와 상생하기 위한 제조 활동 친환경화와 그에 대한 인증이 핵심 전략으로 자리매김하게 되었다.

그러나 국내 중소규모 수출제조기업은 환경 데이터 측정 및 데이터 관리를 위한 정보화 설비에 투자하고 관련 전문 인력을 양성하는 등의 도입 과정에서 내부적으로 물적, 인적 자원이 풍족하지 않기에 얻을 수 있는 위험이 혜택보다 크다. 이에 대한 해결책으로 2022년 7월 환경부는 중소기업을 보호하기 위한 "국내 중소기업 자율환경관리 ESG 촉진 업무협약"을 체결해 왔으나 중소수출제조기업 입장에서는 가시적 이윤 창출로 생존을 도모하는 목표가 우선시되기에 능동적으로 친환경 경영을 도입하는 데 한계가 있다. 반면 대규모 수출제조기업은 풍부한 내부 역량을 보유하여 친환경화 흐름에 따라 공급체인 하위업체 범주에 있는 협력사에 친환경 경영 도입을 요구하고 있다. 그 이유는 환경규제에 효과적으로 대응하기 위함이고 규모의 경제 창출을 위한 공급체인 파트너사 간 친환경 협력이 필수적이기 때문이다(김창봉 · 오유진, 2022).

국내외적으로 환경 보호에 관한 관심이 높아지면서, 정부, 환경 단체, 지역사회 등 다양한 이해관계자들이 친환경 제조 및 유통, 물류의 중요성을 강조하고 있고, 이에 따라 국내 중소 수출 제조 기업들도 친환경 성과 관리에 대한 압박을 받고 있다. 이러한 압박에 대응하여 Green SCM(Supply Chain Management) 목표를 달성하면, 새로운 무역장벽을 극복하고, 파트너사의 친환경 요구 기준을 충족시킬 수 있으며, 지역사회의 오염 문제도 방지할 수 있을 것이다. 이를 통해 기업의 정당성을 확보하고, 지속 가능한 생존 방안을 모색할 수 있을 것으로 보이며 이를 위한 NPO의 역할이 매우 중요하다 할 수 있다.

3) ISO 37001 : 국제표준화기구(ISO)가 제정한 부패 방지 경영시스템 표준

전 세계적으로 부패에 대한 부정적인 인식을 공유하고 있으며, 이를 방지하기 위하여 영국에서는 2010년 Bribery Act가 발행되는 등 부패 방지를 위한 노력이 계속되고 있다. 이에 세계적으로 37개의 국가가 정회원으로 참여하고, 매년 국가별 부패 관련 지수를 발표하는 국제투명성기구(Transparency International)와 경제협력개발기구(OECD)가 참여하여 ISO 37001을 제정하였다.

구체적인 내용으로는 조직의 부패 방지를 위한 방침 및 목표 설정, 부패 방지를 위한 조직의 역할 및 책임 명시, 부패 관련 리스크 식별 및 평가, 부패 방지를 위한 절차 및 제도 수립, 부패 방지를 위한 모니터링 및 평가 등 조직의 부패 방지를 위한 체계적인 절차를 제공함으로써, 조직의 투명성과 신뢰성을 향상하는 데 그 목적을 가진다. ISO 37001 부패 방지 경영시스템 표준을 도입함으로써 기대할 수 있는 효과로는, 첫째, 부패 방지를 위한 체계적인 절차를 구축함으로써, 기업의 투명성과 신뢰도를 향상할 수 있다. 둘째, 부패로 인한 손실을 예방하고, 조직의 지속 가능성이 향상되며, 셋째, 부패 방지를 통해 기업의 이미지를 개선하고, 경쟁력을 강화하는 효과를 가진다. 넷째, 부패 관련 법적 리스크를 예방하고, 법정 제재를 받을 가능성을 원천적으로 막을 수 있으며, 부패 방지를 위한 노력을 통해 조직 문화를 개선하고, 직원들의 윤리 의식을 높일 수 있는 등의 효과가 있다. 이는 조직의 부패 방지를 통해 사회적 책임을 이행하고, 사회적 가치를 창출하는 데 매우 중요한 기준이다.

〈표 9-4〉 ISO 37001의 필요성 및 기대효과

필요성 및 기대효과
1. 개인 및 조직 차원에서 뇌물수수로 인한 법규 위반 등에 따른 리스크 감소
2. 조직 및 사업 활동에 대해 고객으로부터의 신뢰 증대
3. 파트너십 관계에 있는 조직 및 기관으로부터의 신뢰를 바탕으로 협력 관계 향상
4. 직원과 협력회사에 부패 방지 인식 공유
5. 공공기관을 포함한 다양한 입찰에서 강화되는 부패 방지 시스템 충족

(출처: (주)한국경영정보, 2024)

4) ISO 50001 : 국제표준화기구(ISO)에서 제정한 에너지 경영시스템 표준

조직이 구축 · 운영하는 에너지경영시스템에 대하여 공인기관이 그 EnMS 표준 요구사항 이행에 대한 제3자 적합성 평가 · 인증이다. 조직이 원가절감을 위해 에너지효율 향상 활동을 통합적이고 체계적인 경영전략으로 구축하여 전사적으로 지속해서 추진할 수 있는 기술 측면과 경영 측면이 조화된 에너지관리 시스템 표준이다.

에너지효율 향상과 온실가스 감축을 목표로 하며, 조직의 에너지관리 체계를 개선하고 지속 가능한 에너지 사용을 촉진하는 것을 목적으로 하며, 이를 통해 조직은 에너지 비용을 절감하고, 환경 보호에 이바지하며, 기업의 이미지와 신뢰도를 높일 수 있다. 구체적인 효과로는 에너지효율 향상, 온실가스 감축, 기업 이미지 개선, 에너지 비용 절감 등이 있다.

〈표 9-5〉 인증취득의 효과

구분	내용
생산부문 에너지관리 지표개발	공급처 중심의 에너지관리에서 수요처인 생산을 포괄하는 전사적 에너지관리 실현
녹색기술 개발 및 상품화	에너지 저감 및 효율 개선 기술 확보 및 상품화
녹색경영 핵심인력 육성	핵심인력 Coaching을 통한 시스템 구축으로 실무담당자의 역량확보
목표 관리제 및 규제에 대응	목표 관리제를 비롯한 관련 국내외 법규제에 대한 실질적인 대응방안 제시
녹색성과 전략적 활용	CDM, KVER, VCS, 외부감축 등 온실가스 저감사업과 GMS, ISO 50001 등 인증과의 연계
녹색성과 커뮤니케이션	지속 가능 보고서 발간을 통한 이해관계자와의 커뮤니케이션

(출처: 최영훈 외, 2012)

에너지경영시스템은 조직이 에너지효율, 이용 및 사용량을 포함한 에너지성과를 개선하는 데 필요한 시스템과 프로세스를 수립할 수 있도록 하는 것을 목적으로, 체계적인 에너지관리를 통하여 온실가스 배출량, 에너지 비용 및 그 밖의 관련된 환경 영향을 저감시킬 수 있도록 의도되었다. 현재 자율적인 에너지경영에 관한 중요성 인식으로 선진국에서는 에너지 다소비 기업을 중심으로 에너지경영 시스템을 도입 및 시행하고 있다. 유럽의 경우 유럽표준(EN16001)을 2009년 제정하여 2016년까지 9% 에너지 절감 목표달성수단으로 EnMS 인증제도를 운용하고 있으며, 미국에서는 SEP(Superior Energy Performance) 제도를 통해 EnMS 및 에너지원 단위 개선에 대한 검증 등을 추진하고 있다(최영훈 · 양진국 · 이상범, 2012).

〈표 9-6〉 에너지 절감/효율 개선을 통한 Cost Leadership 창출

전사적 에너지관리 에너지 공급부문 중심관리에서 수요처인 생산부문을 포괄하는 전사적 접근 방식	Leading Green EnMS	국내외 법규제 대응 온실가스/에너지 목표 관리제
중장기 지속적 개선 활동 에너지성과개선에 대한 경영 시스템적(PDCA) 접근		전 과정 에너지관리 구매/설계 및 에너지 사용을 포함한 전 과정적 접근

(참고: 현승용 · 최윤석, 2007)

WTO 시스템 출범으로 세계 각국 간의 무역장벽이 허물어지고 디지털 시대가 본격화되면서 세계 경제는 하나의 글로벌 시장으로 통합되고 주도권 장악을 위한 무한경쟁 시대로 진입하게 되었다. 글로벌 시대에서는 각국 간 다른 표준이 전 세계적으로 통용할 수 있는 글로벌 표준으로 통합되는 추세를 보인다. 그러나 품질(ISO 9001)과 환경(ISO 14001) 그리고 보건안전(OHSAS 18001) 등 분야별 독자적인 인증제도를 현재에도 계속하여 제정하고 있는 실정이다. 또한, 이들 개별 경영시스템의 인증이 단기간에 집중되면서 인증기관의 난립에 따른 부실 심사와 인증서의 남발, 그리고 기업에서의 업종, 규모, 특성을 고려하지 않고 획일적으로 제정된 문서와 체계 간의 비합리성, 중복성 및 비체계성으로 인해 혼란과 비효율성이 큰 문제로 대두되고 있고, 이는 작은 조직에서 더욱 심각한 문제로 대두된 지 오래다. 이러한 문제를 해결하기 위해 기업에서는 품질, 환경, 에너지, 보건안전 경영에 대해 하나의 포괄적인 경영시스템을 통합하여 경영전략 차원에서 사내 표준화 체계를 구축 운영하는 것이 이들 문제를 해결할 수 있다는 데 많은 사람이 생각을 같이한다(현승용 · 최윤석, 2007).

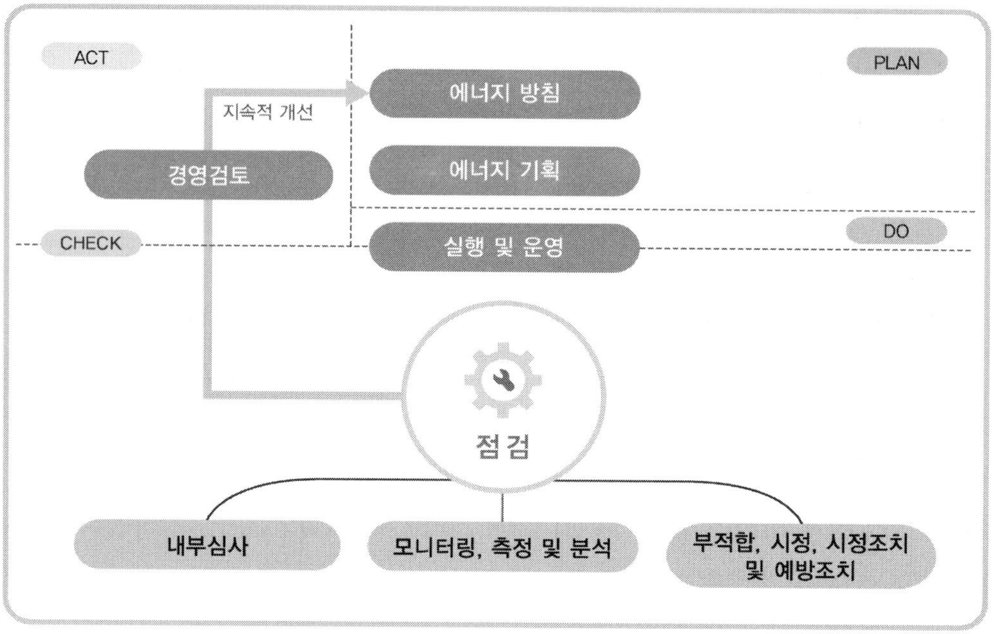

(출처: 김재권, 2022)

[그림 9-1] EnMS 모델

5) ISO 19011: 경영시스템 인증 심사

전 세계 많은 기업은 수립 및 운영 중인 경영시스템 및 프로세스를 제삼자로부터 평가받아 경영시스템의 적합성을 입증받고 있다. 그중 가장 대중화된 평가는 ISO management system standard에 기반한 평가이다. ISO 경영시스템 평가를 위해서 기업의 실무자는 국제표준의 요구사항을 정확하게 이해할 수 있는 배경 지식을 갖추어야 하고 이를 충족하는 프로세스를 수립 및 운영해야 한다. 그리고 기업이 수립한 경영시스템을 평가하기 위해서는 평가자 또한 해당 산업군의 기본적인 배경 지식과 특화된 지식을 반드시 보유해야 한다. 따라서 평가 기관은 기업에 일관된 평가서비스를 제공하기 위해 평가자들의 역량을 판단하기 위한 항목과 기준을 체계적으로 수립하고 있다.

ISO 19011은 경영시스템 심사 수행을 위한 가이드라인을 제공하는 국제표준으로 평가자가 최소한으로 보유해야 하는 필수 역량을 명시하고 있다. 이처럼 대중화된 ISO 경영시스템 실무자와 평가자를 위한 역량의 기준은 국제표준을 통해 최소한의 가이드로 존재하나 최근 활성화되고 있는 ESG 경영은 기반이 되는 국제표준이 존재하지 않아 평가 방법, 평가자의 최소 역량 등에 대하여 많은 평가 기관들이 자체적인 기준을 수립하고 있어 ESG 경영평가를 통한 결과가 각기 다른 상황이다. 따라서 현재 ESG 경영평가를 위해서 많은 ISO standard와 국제표준들을 참고하고 있듯이 ESG 경영 및 평가 활동에 포함되는 인원들의 역량 또한 국제 개인인증협회 또는 국제 개인인증기관으로부터 수립된 프로세스를 토대로 평가하는 것이 기업을 평가하기에 앞서 일관된 평가 결과를 도출하기 위한 초석이다(김재권, 2022).

6) ISO 37301 : 인권 경영시스템

상장회사에 ESG 관련 리스크 관리 업무가 중요하게 인식되면서 이를 효과적으로 수행하려는 방법으로 컴플라이언스 시스템의 적용 대상을 ESG 전반으로 확대 적용할 수 있을 것인지 논의되고 있다. 준법지원인에게 충분한 인적 · 물적 지원이 이루어지고 있고 주식 소유가 분산되어 있으며 수출을 많이 하는 상장회사일수록 해당 상장회사의 ESG 리스크 중 발생 가능성 및 중대성이 높은 리스크 항목을 컴플라이언스 시스템을 통해 관리할 필요가 있다. 컴플라이언스 시스템을 구축함에서는 상장회사협의회의 표준준법 통제기준을 참고로 하되 이를 형식적으로 문서로 만드는 수준에서 벗어나 COSO 프레임워크의 5가지 구성 요소 및 3차 방어선 모델이 실제로 작동할 수 있도록 하고 ISO 37001 및 ISO 37301의 요구사항을 충족하고 있는지 등을 이사회 및 최고경영진이 관리 · 감독할 필요가 있다.

부패 방지, 공정 거래 등의 ESG 지표를 관리하기 위한 컴플라이언스 시스템이 PDCA 사이클에 따라 효과적으로 작동하고 있다면, 컴플라이언스 시스템에 환경경영, 온실가스 관리, 인권 경영, 안전보건경영, 중대 재해 예방, 제품 안전, 정보보호, 정보보안, 횡령 예방 등의 지표를 추가하는 되는 것이다. 이러한 ESG 지표 중 시급하고 중요한 것이 무엇인지 판단하기 위해 이해관계자 설문, 리스크 인식 및 평가, 히트맵 작성 등을 수행하면 도움이 된다. 준법지원인을 중심으로 ESG 리스크를 관리할 때에는 1차 방어선인 현업부서에서 일차적인 리스크 방지 대책을 수립하여 실행하고, 준법지원인은 일차적인 리스크 방지 대책이 실제로 이행되고 있는지 확인하면서 잔여 리스크에 대해 재무책임자, 환경 · 보건 · 안전책임자, 정보보안책임자 등과 함께 이차적인 리스크 방지 대책을 수립하여 실행한다. 준법지원인은 이와 같은 ESG 리스크 관련 컴플라이언스 시스템이 효과적으로 작동하고 있는지를 모니터링하고 그 결과 및 개선 방안을 이사회 및 최고 경영진에게 정기적으로 보고한다(문성, 2023).

7) ISO 22301 : 업무 연속성 경영시스템

ISO 22301은 중단적 사고가 발생하였을 때 이에 대한 예방 및 발생 가능성의 감소, 대비, 대응과 복구하기 위한 경영시스템을 계획, 수립, 실행, 운영, 모니터, 검토, 유지 및 지속적인 개선에 관한 요구사항을 규정하고 있다.

이에 따라 정부와 조직은 산업재해 예방을 위한 여러 수단을 도입하게 되었으며 그 대표적인 사례는 「산업안전보건법」, 「중대 재해 처벌 등에 관한 법률」을 제정하였다. 「중대 재해 처벌 등에 관한 법률」에서 중대 재해는 중대 산업재해와 중대 시민재해로 구분되며 중대 산업재해는 「산업안전보건법」 제2조 제1호에 따른 산업재해로 인하여 사망자가 1명 이상 발생, 같은 사고로 6개월 이상 치료가 필요한 부상자가 3명 이상 발생 같은 유해요인으로 급성중독 등 대통령령으로 정하는 직업성 질병자가 1년 이내에 3명 이상 발생한 재해를 의미한다(최종엽 · 정종수 · 최석찬, 2022).

재난은 한 국가에 머무르지 않고 글로벌 영향을 미치기 때문에 기업은 예방과 리질리언스를 위한 시스템적 재난관리를 통한 기업문화 정착이 시급하다. 하지만 그동안 BCMS와 ISMS의 인증시스템 요구사항에 관한 연구는 각각 진행됐으며, 두 가지 요구사항 충족으로 인증을 받은 기업을 대상으로 기업성과에 미치는 영향이 기업문화를 중심으로는 한 연구는 없었다. 기업성과를 향상하기 위하여 ISO 22301과 ISMS 인증제도 개선 방안은 다음과 같다.

첫째, ISO 22301과 ISMS 인증은 재난관리 차원에서 통합인증 또는 공동협력이 필요하다. 둘째, 국내 의무 인증인 ISMS는 공공기관 제안 시 가점제도가 있는 것처럼 ISO 22301 인증도 가점제도 도입이 필요하다. 셋째, 접근통제는 품질 향상, 고객 만족에 공통으로 유의한 영향을 주고 있으므로 접근통제의 지속적 유지와 고객의 만족도 유지를 위해서 인증 획득 시뿐만 아니라 평상시 접근통제 시행이 필요하다. 넷째, 현재 인증 심사기준이나 심사항목에는 사후관리에 관한 내용은 있으나 사후관리조직에 대한 구체적인 언급은 없으며 고객이 인증심사에 불만이 있을 시 신속한 접수를 통해 문제점을 파악하고 해결 등이 가능하도록 사후관리조직 체계를 규정할 필요가 있다. 다섯째, ISO 22301과 ISMS 인증의 경쟁력 확보를 위하여 요구사항 항목별 심사의 국제표준과 국내 상호인정에 대한 검토가 필요하다. 따라서 국제표준과 국내 상호인정을 하게 되면 기업은 인증을 더 많이 취득할 것이며, 인증을 받은 기업은 받지 않은 기업보다 품질 향상과 고객 만족이 높을 것이다(이선원 · 정종수, 2020).

8) ISO 37000: 컴플라이언스 경영 시스템

컴플라이언스 경영 시스템(Compliance Management System)은 조직의 경영 활동이 법령, 윤리, 사회적 책임 등을 준수하도록 하기 위한 일련의 시스템이다. 국제표준화기구(ISO)는 2021년 4월, 컴플라이언스 경영시스템 국제표준인 ISO 37301을 제정했다. 이 표준은 조직의 컴플라이언스 리스크를 식별하고 평가하여 이를 예방, 대응하는 체계적인 절차를 수립하고 유지하는 것을 요구한다. 조직의 경영활동이 법령, 윤리, 사회적 책임 등을 준수하도록 지원하고, 조직의 컴플라이언스 리스크를 식별하고 평가하여 이를 예방, 대응하는 체계적인 절차를 수립하고 유지하도록 한다. 또한, 조직의 준법 문화를 강화하고, 지속 가능한 성장을 추구한다. 적용 예시는 다음과 같다.

- 제조업: 제품 생산 과정에서 관련 법규를 준수하고, 환경 보호를 위한 노력
- 금융업: 고객의 자산을 보호하고, 금융 관련 법규를 준수
- 공공기관: 국민의 권익을 보호하고, 공공기관의 운영에 관한 법률을 준수

3. ESG 공시 의무화에 따른 사회적 책임의 시대의 ISO 26000의 이해와 활용

1) ESG 공시의무제의 의의

ESG 공시 의무화는 기업의 환경(Environmental), 사회(Social), 지배구조(Governance)와 관련된 정보를 공개하는 것을 의무화하는 것을 골자로 기업의 지속 가능성과 사회적 책임에 대한 중요성이 강조되면서, ESG 공시 의무화는 전 세계적으로 퍼지고 있다. 한국에서는 애초 2025년부터 시행되기로 했던 계획이 기업들의 준비상황에 대한 요청으로 2026년부터 자산 2조 원 이상의 상장기업을 대상으로 ESG 공시 의무화가 시행될 예정이며 2030년부터는 모든 코스피 상장사로 확대될 계획이다. ESG 공시 의무화는 기업의 투명성을 높이고, 투자자들의 신뢰 강화를 목표로 한다.

ESG 공시 의무화를 통해 기업의 지속 가능성과 사회적 책임에 대한 정보를 제공하여 투자자들이 기업의 가치를 평가하고 투자를 결정하게 함으로 투자자 보호의 효과를 가진다. 환경, 사회, 지배구조와 관련된 정보를 공개함으로써 기업의 투명성을 높이고, 이해관계자들의 신뢰도 상승시키며, 기업이 환경 보호, 사회적 책임, 투명한 지배구조를 추구하도록 유도하여 지속 가능한 발전을 촉진하는 데 이바지하고, 세계 각국에서 ESG 경영 강화를 위해 ESG 공시를 의무화하는 제도가 법제화되고 있는 환경에서 환경, 사회, 지배구조와 관련된 문제를 적극적으로 해결하고, 지속 가능한 경영을 추구함으로써 경쟁력을 강화하도록 한다. 기업의 비재무적 요소인 환경(Environment), 사회(Social), 지배구조(Governance)를 뜻하는 말로 기업의 지속 가능성을 평가하는 기준으로 활용될 수 있으며, 기업은 환경을 보호하고,

사회적 책임을 다하며, 투명한 지배구조를 유지해야 지속 가능한 발전을 이룰 수 있다.

ISO와 ESG의 차이점으로, ISO 인증은 기업의 경영시스템이 국제표준에 부합하는지를 확인하는 것이 주목적이지만, ESG 경영은 기업의 환경, 사회, 지배구조 성과를 평가하고 개선하는 데 초점을 맞추고 있다. ISO 14001(환경경영시스템), ISO 45001(안전보건경영시스템), ISO 37001(반부패경영시스템) 등의 ISO 인증은 ESG 경영의 핵심 요소인 환경, 사회, 지배구조 부문이 있다. ISO 인증은 기업의 ESG 관리 시스템 구축과 운영에 도움을 줄 수 있으며, ESG 성과 향상에 이바지하게 한다.

2) 기업과 기관들의 준비사항

ESG 공시 의무화는 기업의 지속 가능성을 평가하는 데 중요한 역할을 하며, 투자자, 소비자, 기업 등 다양한 이해관계자들에게 기업의 환경, 사회, 지배구조 관련 정보를 제공함으로써 기업의 투명성을 높이고 지속 가능한 발전을 촉진하는 데 그 의의가 있다.

(1) **지속 가능 경영 보고서 발간:** 기업의 환경, 사회, 지배구조와 관련된 정보를 담은 보고서를 발간하여 투자자들에게 제공

(2) **ESG 위원회 설치:** 기업의 지속 가능한 경영을 위한 의사결정을 담당하는 기구로, ESG 관련 이슈를 검토하고 대응방안을 모색

(3) **친환경 사업 확대:** 환경 보호에 이바지하는 제품을 개발하고, 친환경적인 생산 방식을 도입

(4) **사회적 책임 강화:** 사회적 가치를 창출하는 활동을 전개하고, 지역사회와의

협력을 강화

(5) **투명한 지배구조 구축:** 이사회 독립성 강화, 주주 권리 보호, 감사 기능 강화 등을 통해 지배구조의 투명성 제고

(6) **전문 인력 양성:** ESG 관련 전문 인력을 양성하여 기업의 ESG 역량을 강화

(7) **교육 및 컨설팅:** ESG에 대한 이해를 높이고, 체계적인 대응방안을 마련

(8) **협력사와의 동반성장:** 협력사들도 ESG 경영을 실천할 수 있도록 지원하고, 함께 지속 가능한 성장을 추구

(9) **글로벌 표준 준수:** 국제표준화 기구(ISO)에서 제정한 ISO 26000(사회적 책임에 대한 국제표준) 등의 글로벌 표준을 준수

(10) **평가지표 개선:** 기업의 ESG 성과를 정확하게 측정할 수 있는 지표를 개발하고, 이를 지속해서 개선

ESG 정보공시는 기업이 경영활동에 대한 재무적 성과를 재무제표를 통해 공시하는 것과 같이 기업의 ESG 성과와 같은 비재무적 정보를 '지속가능경영보고서'에 효과적으로 반영하고 자본시장에 공시하는 개념을 말한다. 구체적으로는 'ESG 정보공시' 또는 '지속 가능성 보고'는 '조직의 경제적, 환경적, 사회적 영향과 지속 가능한 개발목표에 대한 긍정적 또는 부정적 기여에 대해 공개적으로 보고하는 조직의 관행으로서, 지속 가능한 발전을 위한 조직의 성과를 측정 및 공개하고 내·외부 이해관계자에게 책임을 약속하는 활동'으로 정의된다. 따라서 기업이 당면하고 있는 ESG 리스크가 기업가치에 미치는 영향도를 분석하고, 해당 분석 결과와 대응방안을 지속가능경영보고서에 반영하여 공시해야 한다. 투자자들은 지속가능경영보고서를 통해 기업의 재무적 정보뿐만 아니라 비재무적 정보와 그 영향까지 통합적으로 고려해 투자 여부를 결정할 수 있다.

최근 ESG 정보공시의 변화가 기업에 더욱 중요하게 된 배경으로 ESG 개념의 모

호성과 정보공시 채널의 한계성이 크게 지적된다. 먼저, ESG 개념이 가진 모호성의 경우, 서로 다른 목적과 관점을 가진 다양한 이니셔티브 및 기준 제정기관들이 자신들이 지향하는 목표에 따라 ESG 개념을 해석하고 여러 ESG 공시 요구사항을 제정하면서 복잡한 ESG 공시기준의 생태계가 조성되었다. 다양한 ESG 공시기준들이 혼재하는 상황에서 기업들은 이해관계자들에게 일관되고 신뢰 가능한 ESG 정보를 공개하는 것에 한계를 느끼고 있다. 아울러 기업들의 ESG 정보공시 채널이 지속가능경영보고서로 제한된 점도 한계점으로 지적된다.

이에 따라 기업들은 ESG 정보공시를 공시기준이 요구하는 고유의 목적 이외에도 외부 ESG 평가대응, UN 글로벌 이니셔티브의 활동 보고, 기업 ESG 활동 홍보 등 다양한 목적으로 활용하고자 더 많은 정보를 담게 되었다. 이로 인해 기업으로서는 ESG 정보공시에 대한 실무적인 혼란과 업무 가중의 문제가 발생하였고, 정보이용자에게는 ESG 정보에 대한 신뢰성과 비교 가능성 저하 등의 문제가 나타났다. 정보제공자와 이용자 모두에게 혼란을 초래하던 ESG 공시기준의 생태계는 최근 중대한 전환점을 맞이하고 있다. 일부 권위 있는 정부 기관과 국제재단에 의해 ESG 정보공시는 고도화되고 있기 때문이다, 이러한 뉴노멀 시대 ESG 정보공시의 중요한 키워드는 '의무화, 표준화, 연계성'이다. ISSB 공시기준의 특징은 자본시장의 투자자를 단일 정보이용자로 특정하고 재무적으로 영향을 미칠 수 있는 중대한 지속 가능성 주제에 대한 공시기준을 제정하고 있다는 점이다.

이는 IFRS S1의 경우 기준서 명칭이 '지속 가능성 보고기준'이 아닌 '지속 가능성 관련 재무정보 공시를 위한 일반사항'으로 함으로써 '보고'가 아닌 '재무정보공시'로 재무정보와의 관련성과 성격을 알 수 있으며, 보고 채널도 재무 정보의 일부로 공시하도록 하고 있다. ISSB 공시기준의 특징은 자본시장의 투자자를 단일 정보이용자로 특정하고 재무적으로 영향을 미칠 수 있는 중대한 지속 가능성 주제에 대한 공시기준을 제정하고 있다는 점이다. 이는 IFRS S1의 경우 기준서 명칭이 '지속 가능성 보고기준'이 아닌 '지속 가능성 관련 재무정보 공시를 위한 일반사항'으로 함으로써 '보고'가 아닌 '재무정보공시'로 재무정보와의 관련성과 성격을 알 수 있으며, 보고 채널도 재무정보 일부로 공시하도록 하고 있다. ISSB(국제지속가능성 기준위원회) 공시기준 목적은 일반목적 재무 보고의 주요 이용자에게 기업가치를 평가하고 투자 의사 결정에 유용하고 유의미한 지속 가능성 관련 위험 및 기회에 대한 정보를 제공하는 것에 있으며, IFRS 지속 가능성 공시기준에 따라 작성 및 공시하는 지속 가능성 관련 재무정보에 적용하고 지배구조 · 전략 · 위험관리 · 지표 및 목표를 한다(이효정 · 김규림 · 박도휘 · 김나래 · 김수경, 2023).

3) NPO에서의 ESG 경영 및 ISO의 활용 및 미래 전망

NPO(Non-profit Organization, 비영리단체)는 사회적 가치를 추구하는 조직으로서, 최근 다음과 같이 ESG 경영의 필요성으로 ESG 경영을 적극적으로 도입하고 있다.

(1) **사회적 책임 강화:** 환경 보호, 사회적 책임, 투명한 지배구조를 추구하도록 유도하여 지속 가능한 발전을 촉진

(2) **지속 가능한 발전 촉진:** 기업이 환경 보호, 사회적 책임, 투명한 지배구조를 추구하도록 유도하여 지속 가능한 발전

(3) **투자유치:** 투자자들은 ESG 경영을 실천하는 기업에 투자를 선호하기 때문에 투자유치에 유리

(4) **이미지 개선:** 환경 보호와 사회적 책임을 다하는 모습을 보여 줌으로써, 기업의 이미지를 개선

(5) **리스크 관리:** 환경, 사회, 지배구조와 관련된 리스크를 미리 파악하고, 이를 적극적으로 관리함으로써, 조직의 안정성을 유지

(6) **정부의 지원:** 정부는 ESG 경영을 실천하는 NPO에 대한 지원을 확대

NPO가 ESG 경영을 실천하기 위한 구체적인 노력으로 에너지 절약, 친환경 제품 사용, 재활용 등을 통해 환경 보호, 사회적 약자 지원, 지역사회 발전, 인권 보호 등을 통해 사회적 책임 등이 있으며, 이사회 독립성 강화, 감사 기능 강화 등을 통해 투명한 지배구조를 구축함과 동시에 다양한 이해관계자들의 의견을 수렴하고, 이를 경영에 반영함으로써 중장기적인 관점에서 지속 가능한 경영전략을 수립할 수 있다. 또한, ESG 경영성과를 평가하고, 이를 바탕으로 개선 방안을 모색할 수 있다.

Chapter

10

ESG 비즈니스모델 적용과 활용

Chapter 10 ESG 비즈니스모델 적용과 활용

현대 경영환경에서 기업의 역할과 책임은 단순히 경제적 이익 창출을 넘어서 사회와 환경에 미치는 영향을 고려하는 방향으로 변화하고 있다. ESG(환경, 사회, 지배구조)는 기업이 지속 가능성을 평가하는 기준으로서, 환경(Environmental), 사회(Social), 그리고 지배구조(Governance)를 포괄하는 광범위한 개념을 의미한다. 이 새로운 경영 패러다임은 기업이 장기적으로 성장하고 번영하기 위해 단순한 이윤 추구를 넘어 환경 보호, 사회적 책임 이행, 투명하고 공정한 지배구조 확립이라는 세 가지 핵심 요소를 통합해야 한다는 것을 강조한다. 팬데믹의 시기가 길어지자 국가마다 장기화된 위기에 맞서 해결책을 찾고 있다. 기업들 역시 유례 없는 실적 변화를 겪으며, 어떤 방식으로 돌파구를 찾아야 할지 몰라 여전히 우왕좌왕하고 있다(신지영, 2022).

최근 들어 ESG는 비영리 단체(NPO) 및 기타 기관에서도 중요한 이슈로 부상하고 있다. NPO 역시 지속 가능성을 고려한 경영이 필요하며, 이를 통해 자원 활용의 효율성을 높이고 장기적인 재정적 안정성을 확보하고자 한다. 10장에서는 ESG 비즈니스모델이 이러한 NPO 단체와 기관에 어떻게 적용되고 활용될 수 있는지를 탐구하고자 한다. 구체적으로는 ESG 요소들이 NPO의 운영에 어떤 긍정적 영향을 미칠 수 있는지, 그리고 이를 통해 NPO가 어떻게 사회적 책임을 다하고 기부자 및 이해관계자들의 신뢰를 얻을 수 있는지를 살펴보겠다.

1. ESG 비즈니스모델의 이론적 배경

1) ESG(환경, 사회, 지배구조)의 개념

ESG는 기업 경영의 중심을 이윤이 아닌 환경, 사회, 지배구조의 관점에서 강조하는 개념이다. 원래 ESG는 투자 측면에서 발전된 개념으로, 어떤 회사에 투자할 만할 가치가 있는지 판단하기 위한 지표로 사용됐다(신지영, 2022).

(1) **환경 요소:** 기업이 운영 과정에서 환경에 미치는 영향을 최소화하기 위해 어떤 노력을 기울이는지를 평가한다. 이는 탄소배출 감소, 자원 절약, 폐기물 관리, 재생에너지 사용 등 다양한 활동을 포함한다.

(2) **사회 요소:** 기업이 사회에 미치는 영향을 평가한다. 이는 노동권 보호, 안전한 작업 환경 제공, 지역사회 발전 기여, 인권존중 등의 활동을 포함한다.

(3) **지배구조 요소:** 기업의 내부 운영 방식과 관련된 것으로, 이사회 구성의 투명성, 경영진의 윤리성, 주주와의 소통 등 기업 지배구조의 공정성과 투명성을 평가한다.

2) 비영리 단체(NPO) 및 기관의 역할

NPO는 공익을 목적으로 운영되는 단체로, 사회적 가치 창출이 주요 목표이다. NPO는 사회적 문제 해결과 커뮤니티 발전에 중요한 역할을 한다. 전통적으로 NPO는 기부금과 정부 보조금에 의존하여 운영되었으나, 최근에는 더 지속 가능한 운영 모델을 모색하고 있다. ESG 비즈니스모델은 이러한 NPO의 지속 가능한 운영에 중요한 역할을 할 수 있다. ESG 요소를 통합함으로써 NPO는 자원 활용의 효율성을 높이고, 장기적인 재정적 안정성을 확보할 수 있으며, 사회적 책임을 다하는 기관으로서의 이미지를 강화할 수 있다.

2. ESG 비즈니스모델의 개념 및 적용

1) ESG 비즈니스모델의 정의 및 구성 요소

2021년 1월 20일 취임한 조 바이든(Joe Biden) 미국 대통령은 17개 행정명령에 서명하는 것으로 그의 첫 업무를 시작했다. 그가 서명한 행정명령 중 5개가 환경 분야에 관련된 것들로, 앞으로 환경 산업이 바이든 정부가 가장 중점적으로 관리하고 투자할 분야가 될 것을 만천하에 공표한 것이다. 바이든 대통령은 첫 번째로 서명한 행정명령인 '파리기후변화협약 재가입'을 필두로 이날 서명한 환경 관련 5개 행정명령을 통해 앞으로 미국이 지구 온난화 방지 및 탄소 중립을 위한 정책들을 본격적으로 실행에 옮길 것을 알렸다(황유식 · 유권일 · 김성우, 2021).

ESG 비즈니스모델은 기업의 경영전략에 ESG 요소를 통합하여 지속 가능한 성장을 도모하는 모델이다. 주요 구성 요소로는 환경 보호, 사회적 책임, 투명한 지배구조가 있다. 이 모델은 기후 변화, 사회적 불평등, 기업 투명성 등의 문제를 해결하기 위해 도입되었다.

2) ESG 비즈니스모델의 도입 배경 및 필요성

세금 자산화란 기업이 재생에너지 사업에 투자할 경우 그 재생에너지 사업을 자산으로 인정해 주는 미국의 정책이다. 수익이 발생한 기업이 이 수익금을 재생에너지에 투자하면 세제 혜택을 주는 제도로 세금 자산화 투자자는 절세를, 현금 투자자는 초기 안전한 투자금 모집의 용이성을 높임으로써 재생에너지 사업을 활성화하려는 의도에서 시작됐다. 현재 글로벌 은행과 보험회사, 구글, 셰브론, 스타벅스 등과 같은 기업들도 참여했다(황유식 · 유권일 · 김성우, 2021).

ESG 모델은 기후 변화, 사회적 불평등, 기업 투명성 등의 문제를 해결하기 위해 도입되었다. 이는 기업이 환경 보호, 사회적 책임 이행, 투명한 지배구조 확립을 통해 지속 가능한 성장을 이루고자 하는 노력을 반영한다.

영국의 과학잡지 '네이처(Nature)'는 2012년 6월호에서 지구환경 문제를 특집으로 다뤘다. 불타는 열대우림지역에서 나무를 심고 있는 젊은 사람의 모습을 표지 디자인에 담았다. 인간이 지구환경을 파괴하는 진실을 상징적으로 보여 주고 있다. 잡지에 게재된 "생물 다양성의 상실과 인류에 미치는 영향"이라는 기사는 지구 생태계의 붕괴를 우려하고 있다(이형종 · 송양민, 2021).

3) ESG 비즈니스모델의 주요 성공사례 분석

사회적 수익이란 기업 활동을 통해 사회공헌의 결과로 얻는 수익이다. 자연환경과 노동환경의 개선, 사회적 수익으로 생각할 수 있다. 이 사회적 수익은 직접적인 투자자의 금전적 수익으로 연결되지 않는 예도 있다. 금전적 수익이 거의 없음에도 불구하고 그 사회적 수익만으로 만족하는 투자자도 많다(이형종 · 송양민, 2021).

다양한 기업들이 ESG 모델을 도입하여 긍정적인 성과를 거두고 있으며, 이는 NPO에도 적용 가능하다. 예를 들어, 아름다운재단은 환경 보호 프로그램을 통해 ESG 모델을 성공적으로 도입하였으며, 굿네이버스는 아동 복지 및 교육 지원을 목표로 다양한 사회적 책임 활동을 전개하고 있다.

3. NPO 단체와 기관에서의 ESG 활용

1) NPO 단체의 ESG 도입 현황 및 사례 연구

NPO 단체들은 ESG 모델을 통해 지속 가능성을 확보하고 있다. 다양한 비영리단체들이 ESG 모델을 도입하여 자원 활용의 효율성을 높이고 장기적인 재정적 안정성을 확보하고 있다.

2) ESG를 통한 NPO의 사회적 가치 창출

ESG는 NPO가 사회적 책임을 다하고, 기부자와 이해관계자들의 신뢰를 얻는 데 이바지한다. ESG 모델을 도입한 NPO는 투명한 지배구조를 통해 기부금 사용의 투명성을 높이고, 환경 보호와 사회적 책임을 다함으로써 기부자와 이해관계자들의 신뢰를 얻고 있다.

3) ESG 비즈니스모델을 통한 NPO의 지속 가능성 확보 방안

NPO는 ESG 모델을 통해 자원 활용의 효율성을 높이고, 장기적인 재정적 안정성을 확보할 수 있다. ESG 모델을 도입한 NPO는 환경 보호와 사회적 책임을 다하는 활동을 통해 기부자와 이해관계자들의 신뢰를 얻고, 지속 가능한 발전을 이루고 있다.

4. 한국의 NPO 단체와 기관을 중심으로 한 사례 연구

1) 한국의 주요 NPO 단체와 기관 소개

한국의 대표적인 NPO 단체로는 아름다운재단, 굿네이버스 등이 있다. 이들 단체는 각각의 특성을 살려 다양한 ESG 활동을 전개하고 있다.

2) 단체별 ESG 도입 및 활용 사례

(1) 아름다운재단

환경 보호 프로그램을 통해 ESG 모델을 성공적으로 도입했다. '그린 나눔 프로젝트'를 통해 나무 심기 운동과 에너지 절약 캠페인을 진행하여 지역사회에 긍정적인 영향을 미치고 있다.

(2) 굿네이버스

아동 복지 및 교육 지원을 목표로 다양한 사회적 책임 활동을 전개하고 있다. '희망학교 프로젝트'를 통해 저소득층 아동들에게 교육 기회를 제공하고, '지역사회 개발 프로그램'을 통해 지역사회의 경제적 자립을 지원하고 있다.

(3) 환경재단

기후 변화 대응을 위해 다양한 환경 캠페인을 전개하고 있다. '기후 행동 캠페인'을 통해 대중에게 기후 변화의 심각성을 알리고, 탄소배출 저감을 위한 실천 활동을 독려하고 있다.

(4) 사회적 기업 지원센터

지배구조의 투명성을 강화하기 위한 다양한 활동을 전개하고 있다. '투명성 보고서 발간'을 통해 재정 상황과 활동 명세를 공개하고, '이해관계자 회의'를 통해 투명한 의사결정을 보장하고 있다.

(5) 한국환경교육협회

지속 가능한 발전을 목표로 다양한 교육 프로그램을 운영하고 있다. '환경 교육 프로그램'을 통해 학생들과 일반 시민들에게 환경 보호의 중요성을 교육하고, '지속 가능한 생활 실천 캠페인'을 전개하여 지속 가능한 생활 습관을 독려하고 있다.

(6) CJ대한통운

친환경 물류 솔루션을 선보이며 ESG 경영을 실천하고 있다. 폐플라스틱 업사이클링을 통해 제작한 'ECO+유니폼' 등을 선보임으로써 지속 가능한 물류 모델을 구축하였다(CJ 뉴스룸, 2021).

(7) SK종합화학

폐플라스틱 재활용 등 친환경 분야로 사업을 다각화하고 있다. 'SK지오센트릭'이라는 새로운 사명을 통해 친환경 비전을 담고 있다(인터넷뉴스 한경닷컴, 2021).

(8) 한국관광공사

ESG 관광 프로그램을 운영하며 지속 가능한 관광을 촉진하고 있다. 'ESG 관광' 해외 성공사례 분석 도서를 출간하여 국내외 성공사례를 공유하고 있다(뉴시스, 2021).

(9) 미래에셋

ESG 우수기업에 투자하여 높은 이익을 거두고 있으며, 다양한 재생에너지 프로젝트에 자금을 조달하고 있다.

(10) 아모레퍼시픽

지속 가능한 발전 보고서를 발간하여 ESG 경영을 지속하고 있으며, 협력업체와 함께 탄소 배출량 감축 방안을 마련하는 '그린 파트너십'을 지속하고 있다.

5. 외국 NPO 단체의 ESG 비즈니스모델 적용과 활용 사례

(1) WWF(World Wide Fund for Nature)

전 세계적으로 다양한 환경 보호 프로그램을 운영하고 있다. 기후 변화, 생물 다양성 보호, 산림 보호 등 다양한 분야에서 활동하며, ESG 원칙을 통해 자원을 효율적으로 사용하고 있다(Doe, 2021).

(2) Oxfam

빈곤 퇴치와 사회적 불평등 해소를 위해 노력하고 있으며, ESG 원칙을 통해 활동의 투명성을 높이고 있습니다. 기부금 사용 명세를 공개하고, 이해관계자와의 적극적인 소통을 통해 신뢰를 쌓고 있다(Smith, 2020).

(3) Greenpeace

환경 보호를 목표로 전 세계에서 다양한 캠페인을 전개하고 있다. ESG 원칙을 통해 지속 가능한 발전을 도모하고, 탄소배출 저감 및 재생에너지 사용을 촉진하고 있다(Johnson, 2019).

(4) Red Cross

재난 구호와 인도적 지원을 목표로 활동하고 있으며, ESG 원칙을 통해 자원 활용의 효율성을 높이고 있다. 기부금 사용의 투명성을 강화하고, 재난 피해 지역의 환경 보호에도 이바지하고 있다(Brown, 2021).

(5) The Nature Conservancy

자연 보호와 생태계 복원을 위해 활동하고 있으며, ESG 원칙을 통해 지속 가능한 프로젝트를 추진하고 있다. 기후 변화 대응과 생물 다양성 보호를 위한 다양한 프로그램을 운영하고 있다(Davis, 2022).

(6) CARE

빈곤 퇴치와 지속 가능한 개발을 목표로 활동하며, ESG 원칙을 통해 사회적 책임을 다하고 있다. 지역사회 개발 프로그램을 통해 지속 가능한 발전을 도모하고 있다(White, 2021).

(7) Mdicins Sans Frontires(MSF)

전 세계에서 의료 지원을 제공하며, ESG 원칙을 통해 투명성과 책임성을 강화하고 있다. 기부금 사용 명세를 공개하고, 재정 관리를 체계적으로 수행하고 있다(Green, 2020).

(8) Save the Children

아동 보호와 교육 지원을 목표로 활동하며, ESG 원칙을 통해 자원 활용의 효율성을 높이고 있다. 투명한 기부금 사용과 이해관계자와의 소통을 통해 신뢰를 쌓고 있다(Black, 2021).

(9) Habitat for Humanity

주거 취약계층을 위한 주택 건설 및 수리 활동을 전개하며, ESG 원칙을 통해 지속 가능한 발전을 도모하고 있다. 자원 활용의 효율성과 투명성을 강화하고 있다(Adams, 2019).

(10) Amnesty International

인권 보호를 목표로 활동하며, ESG 원칙을 통해 자원 활용의 효율성과 투명성을 높이고 있다. 기부금 사용 명세를 공개하고, 인권 보호 활동의 효과성을 강화하고 있다(Brown, 2022).

6. 한국 및 외국 기업의 ESG 비즈니스모델 성공사례

(1) 삼성전자

친환경 제품 개발과 탄소배출 감축을 목표로 ESG 경영을 강화하고 있다. 재생 가능 에너지 사용을 확대하고, 지속 가능한 공급망 구축을 위해 노력하고 있다(삼성전자 지속 가능 보고서, 2023).

(2) 현대자동차

지역사회 발전과 직원 복지를 강조하며 ESG 경영을 실천하고 있다. 다양한 사회공헌활동과 더불어 안전하고 친환경적인 차량 개발을 통해 사회적 책임을 다하고 있다(현대자동차 지속 가능 보고서, 2023).

(3) LG화학

투명한 지배구조 구축을 위해 이사회 독립성과 전문성을 강화하고 있다. 지속 가능한 성장을 위한 경영전략을 수립하고, 이해관계자들과의 소통을 강화하고 있다(LG화학 지속 가능 보고서, 2023).

(4) SK하이닉스

친환경 반도체 제조 공정을 도입하고, 사회적 책임을 다하기 위해 다양한 프로그램을 운영하고 있다. ESG 경영을 통해 지속 가능한 성장을 도모하고 있다(SK하이닉스 지속 가능 보고서, 2023).

(5) 포스코

친환경 철강 생산 공정을 도입하고, 재생 가능 에너지 사용을 확대하고 있다. ESG 경영을 통해 환경 보호와 경제적 성장을 동시에 추구하고 있다(포스코 지속 가능 보고서, 2023).

(6) IBM

탄소 중립 목표를 설정하고, 에너지 효율성을 높이기 위한 다양한 프로그램을 운영하고 있다. 재생 가능 에너지 사용을 확대하고, 친환경 제품 개발에 집중하고 있다(IBM 지속 가능 보고서, 2023).

(7) Google

포용성과 다양성을 강조하며, 직원 복지와 지역사회 발전을 위한 다양한 프로그램을 운영하고 있다. 지속 가능한 성장을 위한 ESG 경영을 실천하고 있다(Google 지속 가능 보고서, 2023).

(8) Apple

투명한 지배구조 구축을 위해 이사회 독립성과 전문성을 강화하고 있다. 지속 가능한 성장을 위한 경영전략을 수립하고, 이해관계자들과의 소통을 강화하고 있다(Apple 지속 가능 보고서, 2023).

(9) Microsoft

친환경 데이터 센터 구축과 탄소배출 감축을 목표로 ESG 경영을 강화하고 있다. 사회적 책임을 다하기 위해 다양한 프로그램을 운영하고 있다(Microsoft 지속 가능 보고서, 2023).

(10) Unilever

지속 가능한 제품 개발과 공급망 관리에 집중하고 있다. ESG 경영을 통해 환경 보호와 경제적 성장을 동시에 추구하고 있다(Unilever 지속 가능 보고서, 2023).

7. NPO 단체와 기관에서의 ESG 성공사례

(1) 서울장애인종합복지관

푸르메재단과 협력하여 발달장애인의 직업 재활 프로그램을 운영하고 있다. '푸르메소셜팜'을 통해 발달장애인들이 직업 훈련을 받고 자립할 수 있도록 지원하고 있다.

(2) 세화종합사회복지관

지역사회와의 협력을 통해 ESG 경영을 실천하고 있다. 지역 주민들과 함께 환경보호 캠페인을 전개하며, 주민들이 주도적으로 참여하는 친환경 운동을 지원하고 있다.

(3) 인천시 사회서비스원

인천시의 사회복지관을 대상으로 ESG 경영 도입을 위한 연구를 진행하였다. 맞춤형 ESG 경영 진단과 로드맵 구축, 성과관리체계 마련을 통해 체계적인 ESG 경영을 실현하고 있다(인천신문, 2022).

(4) 한국사회복지협의회

보건복지부와 협력하여 '지역사회공헌 인정제'를 운영하고 있다. 이를 통해 기업과 복지기관 간의 파트너십을 강화하고, 공통 어젠다와 성과 측정을 공유하여 지속적인 협력과 상호 촉진 활동을 전개하고 있다(라이프인, 2022).

(5) 경기복지재단

지방 정부와 협력하여 ESG 행정을 추진하고 있다. ESG 실천의 근거 마련을 위한 조례 개정과 ESG 컨설팅 대상 확대를 통해 사회복지시설에 ESG 경영을 도입하고 있다(라이프인, 2022).

(6) 푸르메재단

SK와 협력하여 발달장애인의 직업 훈련을 지원하는 푸르메소셜팜을 운영하고 있다. 이를 통해 발달장애인들이 직업 훈련을 받고 자립할 수 있도록 지원하고 있다.

(7) 지역포괄촉진부

지역 주민들과 함께 친환경 생활 실천을 장려하고 있다. 주민들이 주도적으로 참여하는 친환경 모임을 운영하여, 환경 보호와 지역사회 발전을 동시에 추구하고 있다. 성과공유회, 토크콘서트, 성과토론회 등을 통해 ESG 경영성과를 공유하고 평가하는 체계를 마련하였다(인천신문, 2022).

(8) 한국사회복지사협회

사회복지사들을 대상으로 ESG 경영 교육과 역량 강화 프로그램을 운영하고 있다.

이를 통해 사회복지사들이 ESG 경영을 이해하고 실천할 수 있도록 지원하고 있다.

(9) 어린이재단

ESG 경영을 내재화하기 위해 다양한 노력을 기울이고 있다. 대외 공표-실천-공시의 3단계를 거쳐 ESG 경영을 체계적으로 도입하고, 환경 관련 지표를 추가하여 투명성을 높이고 있다.

8. ESG 비즈니스모델 NPO 단체 적용과 활용의 절차 도식

ESG 비즈니스모델을 NPO 단체에 적용하고 활용하는 절차는 다음과 같은 주요 단계로 나눌 수 있다. 이 절차는 각 단계에서 구체적인 활동을 포함하여 NPO가 ESG 원칙을 체계적으로 도입하고 실천할 수 있도록 안내한다.

1) 준비 단계(Preparation)

- 목표 설정: ESG 도입의 목적과 목표를 명확히 설정한다.
- 교육 및 인식 제고: ESG의 중요성에 대한 내부 교육을 시행하고, 관련 이해관계자들의 인식을 제고한다.
- 기초 조사: 현재 조직의 ESG 현황을 파악하기 위한 내부 진단과 외부 벤치마킹을 실시한다.

2) 계획 수립 단계(Planning)

- 전략 수립: ESG 목표를 달성하기 위한 구체적인 전략을 수립한다.
- 로드맵 작성: ESG 활동을 단계별로 구현하기 위한 로드맵을 작성한다.
- 조직 구성: ESG 전담팀을 구성하고, 역할과 책임을 분명히 한다.

3) 실행 단계(Implementation)

- 프로젝트 시작: ESG 전략에 따른 구체적인 프로젝트를 시작한다.
- 파트너십 구축: 외부파트너와 협력하여 ESG 목표를 달성하기 위한 공동 프로젝트를 진행한다.
- 성과 관리: 각 프로젝트의 진행 상황과 성과를 지속해서 모니터링하고 관리한다.

4) 평가 및 보고 단계(Evaluation & Reporting)

- 성과 평가: ESG 활동의 성과를 평가하고, 이를 바탕으로 개선점을 도출한다.
- 보고 및 공시: ESG 활동 결과를 이해관계자들에게 투명하게 보고하고, 관련 정보를 공시한다.
- 피드백 반영: 평가 결과와 이해관계자들의 피드백을 반영하여 ESG 전략을 보완한다.

5) 개선 및 지속 단계(Improvement & Sustainability)

- 지속적인 개선: ESG 활동의 지속적인 개선을 위해 정기적으로 평가하고 수정한다.
- 확산 및 공유: 성공사례와 경험을 다른 조직과 공유하고, ESG 문화 확산을 위해 노력한다.
- 지속 가능성 확보: ESG 활동이 조직의 지속 가능한 발전에 기여할 수 있도록 체계적으로 관리한다.

Chapter

11

ESG 경영과 거버넌스의 중요성

Chapter

11 ESG 경영과 거버넌스의 중요성

기업의 목적은 무엇인가? 주주들을 위한 봉사인가? 이해관계자들에게 봉사하는 것인가? 전통적인 사고방식은 기업의 주된 목적이 주주들의 부를 극대화하는 것임을 시사한다. 그러나 기업의 주요 목적을 결정할 때 생각의 전환이 있었다. 이러한 변화는 빠르게 증가하는 투자자와 대중들이 이제는 환경, 지역사회, 기업의 소유구조와 의사결정 구조를 투자 결정에 반영하기 시작하고 있다는 사실을 반영한다. 이 점은 거버넌스의 핵심인 소유구조와 의사결정 구조가 미래의 기업가치에 중대한 영향을 끼친다는 걸 의미한다. 이러한 투자자들의 이익은 다른 그룹들과 더불어 환경, 사회, 거버넌스(ESG) 투자를 구성하는 것이다. 과거 기업의 평가방식은 경영성과와 이익만을 판단하던 방식과는 달리 현재는 장기적으로 기업가치와 지속 가능성에 영향을 주는 요소를 충분히 반영해 평가한다. 따라서 ESG 경영은 기업이 환경, 사회, 지배구조 면에서 지속 가능성을 추구하는 핵심 경영전략으로 이해할 수 있다(류중호, 2023).

ESG에 대한 논의는 지속 가능성(Sustainability)을 강조하면서, 국제 사회는 2006년 UN이 발표한 사회책임투자원칙에서 환경적이고(E), 사회적인 책임(S)을 다하며, 지배구조(G)를 개선하여 투명한 경영활동을 하는 기업이 지속 가능성이 큰 기업이라고 정의하면서 ESG 평가가 중요한 기준으로 투자자들에게 높은 관심의 대상이 되었다(Perez & Sanchez, 2009).

2020년 1월 세계 최대 자산운용사 블랙 록(Black Rock)의 CEO인 래리 핑크(Larry Fink)는 연례 서신에서 향후 10년간 ESG에 관련된 투자를 10배 이상 늘릴 계획이며 투자 결정 시 ESG 경영에 적극적으로 동참하지 않는 기업은 투자리스트에서 제외한다고 선언하면서 탄소 중립과 ESG 경영 실천을 요구하였다(나석권 · 신동원, 2021).

국제연합책임투자원칙(UN Principles for Responsible Investment) 보고서에서는 ESG를 재무적 가치에 영향을 미칠 수 있는 비재무적 요소로서, 투자자들이 투자를 결정할 때 반드시 고려해야 할 주요 요소로 보고 있다(한승호, 2022). 이렇듯 ESG는 환경, 사회, 지배구조의 각 차원에 대한 사회기여도를 측정하여 기업의 비재무적 성과를 판단하는 기준으로 활용되고 있다(김문섭, 2022). 즉, ESG 평가지수가 높은 기업은 환경 보호를 위해 노력하고 사회적 책임을 다하며 투명한 지배구조를 보유하고 있음을 의미하기 때문에 ESG 평가지수가 낮은 기업과 비교했을 때 장기적으로 지속 가능한 성장을 할 가능성이 더 크다고 할 수 있다(박윤나 외, 2021).

거대 기관투자자들을 통해 ESG 정보에 관한 관심이 더욱 증대하고 전 세계적으로 확산함에 따라 기업이 공시하는 ESG 정보에 관한 관심이 더욱 증대하고 있지만, 현실적으로는 아직 국제적으로 통일된 단일의 ESG 정보 공시기준이 없다. 이에 따라 ESG 정보의 비교 가능성 및 일관성에 대한 국제지속가능성 보고기준이 필요하여 2021년에 영국에서 열린 제26차 유엔기후변화협약 당사국총회(COP26)에서 국제회계기준재단(IFRS 재단)은 국제지속가능성 기준위원회(ISSB)를 설립하였고 ISSB는 기후 관련 재무정보공개 전담반(TCFD)과 지속가능성회계기준위원회(SASB) 등 현존하는 기존 프레임워크를 활용해 2022년 3월 31일에 지속 가능성 공시를 위한 최초의 기준서인 국제회계기준 일반요구 사항(IFRS S1)과 기후 관련 공시(IFRS S2)

기준서를 발표하였다(한국회계기준원, 2024).

국제 사회의 움직임에 기업들은 지속 가능성을 높이기 위한 목적으로 거버넌스 정책 등의 다양한 전략 수립과 실행을 통해 해결책을 모색하고 있으며 ESG의 거버넌스 정책을 실현하고 있는 기업들이 그렇지 않은 기업들보다 재무적 성과가 높게 나타난다는 연구 결과들이 발표되면서 기관투자자, 자산운용사, 금융기관과 기타 주주들은 기업의 ESG 성과를 측정하는 리포트와 평가들에 점차 의존하고 있으며, 그 중요성도 날로 확대되고 있다.

1. ESG에서 '거버넌스'의 역할

기업 정책 내에서 기업 지배구조를 개발하고 확장하는 것은 ESG의 환경, 사회적 다음의 세 번째 기둥이다. 환경 기둥에서 가장 핵심적인 사안은 기후 변화와 탄소 배출 관련에 중점을 두고, 사회적 기둥은 회사의 근로자와 지역사회에 중점을 두는 반면, 거버넌스는 회사의 주주와 회사의 지속 가능성 정책을 어떻게 구현하는지와 같은 측면에 중점을 둔다. 지배구조 기둥은 기업이 어떻게 운영되는지를 말한다. 거버넌스는 이사회, 기업 구조, 기업 정책, 감사 및 법적 준수에 중점을 두며, 윤리와 투명성은 기업 지배구조에 대한 회사 평가에 가장 큰 역할을 한다. 이해관계자들은 기업들이 회계 관행과 보고 준비금에서 국제사회법을 지킬 것으로 기대하고 있다(Cornell & Shapiro, 2021).

회사는 회계 관행을 상세히 설명하고 투자자에게 회사 및 프로젝트에 대한 재무

정보를 제공하는 연간 및 분기별 보고서를 작성한다. 이사회 및 CEO와 같은 다른 리더십 역할은 회사의 상위 경영진을 구성하며 이해관계자가 거버넌스에서 찾는 핵심 구성 요소이다. 회사의 이사회 임원 및 기타 최고경영자를 선출하는 것은 투자자의 초점이다. 이사회는 다양성과 포괄성에서 우선순위를 높일 것으로 예상한다(Böhling et al., 2017).

미국의 신용평가회사(S&P)는 "연구 결과 이사회와 적정한 직책에 여성이 많은 기업이 덜 다양한 기업보다 재무성과가 더 높았다"라고 주장했다(Ryan Isto, 2022). 다양한 이사회가 의사결정에 대한 더 넓은 통찰력을 제공하고 지역사회를 더 잘 대표할 것이라는 생각이다.

거버넌스에 관한 이사회의 또 다른 중요한 측면은 최고경영자가 구현하는 기업 정책이다. 행동규범이나 위험관리 계획과 같은 문서는 회사가 비즈니스를 수행하는 방법을 자세히 설명하고 회사가 자체를 관리하고 올바른 관행을 따르고 있는지 확인하는 방법에 대한 정보를 이해관계자에게 제공할 수 있다.

거버넌스는 또한 비즈니스를 수행하는 동안 법적 관행을 자세히 준수할 수 있는 회사의 능력을 다룬다. 대중은 그들이 운영하는 지역의 모든 국제사회법을 준수하고 법적 분쟁을 피할 회사를 찾고 있다. 이것은 서구 국가와 같은 법적 기준을 가지고 있지 않은 개발도상국에서 운영되는 세계화된 회사에 특히 중요하다.

기업들은 기관 주주 서비스, 글로벌 거버넌스, 골드 포럼 등과 같은 조직에 가입함으로써 거버넌스 개선에 대한 의지를 보여 주고자 한다. 이러한 조직은 표준 관행에 대한 지침을 만들고 지속해서 개선한다. 예를 들어, 글로벌 거버넌스는 법적 준수가 최소한으로 보장되어야 하지만 글로벌 거버넌스 회원이 이러한 기본 요구사항을 기대 이상으로 성과를 나타낼 것으로 기대한다. 이 지침서는 개발도상국에서 활동하는 회사가 현지 법률이 부적절한 경우 더 높은 기준을 유지할 것으로 기대하는 방법을 다룬다. 이것은 프로젝트 또는 허가 기회를 위해 지방 정부에 뇌물을 제공하거나, 해외 계좌를 통해 불법 회계 활동을 수행하거나, 다른 불법 행위에 관여하지 않는 것을 포함한다(Ryan Isto, 2022).

1) UN 지속가능발전목표

기업 수준에서 ESG를 통합하는 것은 ESG 관련 목표 및 정책에 대한 UN의 지속적인 관점에 큰 영향을 받는다. 이 관점을 통해 UN은 UN 지속가능발전목표를 수립했다. 이러한 목표는 2000년에 개발된 최초의 새천년개발목표(UN, 2015)에서 수정된 것이다. 개정안의 주요 차이점은 2000년에 창설된 이전의 빈곤 중심 목표에 더해 환경 및 반부패 개발목표를 포함한다는 것이다. [그림 11-1]은 UN이 사용하는 17개 개발목표를 각각 나타낸다.

(출처: UN, 2015)

[그림 11-1] UN Development Goals

ESG의 세 가지 기둥은 모두 UN 지속가능발전목표(UN SDG)를 통해 인정될 수 있으며 기업이 지속 가능성 정책을 정의할 때 적용된다. 기업이 이러한 목표를 사용하는 것은 이해관계자 중심 사고방식의 변화를 반영하며, 업계의 관련 목표에는 건강과 웰빙, 성 평등, 기후 변화, 깨끗한 물과 위생이 포함된다.

2) 지속 가능성 보고

지속 가능성 보고는 기업이 경제적, 환경적, 사회적 이익을 관리하는 방법을 이해해야 한다는 이해관계자의 압력이 커지면서 기업 세계와 관련이 있게 되었다. 현대적인 형태의 지속 가능성 보고는 기업이 재무 보고서에 지속 가능성 데이터를 게시하거나 대중이 볼 수 있는 자체 보고서로 게시하도록 요구하는 1990년대 운동에서 유래했다. 이 데이터의 출판은 1992년 리우데자네이루에서 열린 지구 정상회담에서 승인된 리우 선언과 의제 21의 영향을 많이 받았다(Galbreath, 2013).

리우 선언은 유엔 환경개발 회의(UN 1992)에서 작성된 보고서이다. 이 문서는 인간이 환경 보존에 필수적인 지속 가능성 정보에 대한 권리가 있음을 선언한다. 이 문서는 환경관리에서 인간과 국가의 역할을 모두 정의하는 27개 원칙으로 구성되어 있다. 이 원칙은 국가의 시민이 공무원이 보유한 환경 관련 정보에 적절한 접근권을 가져야 함을 비준한다. 이는 첫 번째 환경 보고서 출판의 초석을 마련해 지속 가능성 보고에 있어 큰 진전이 되었다. 민간 부문은 1998년 유엔 유럽경제위원회가 주최한 오르후스 협약(Aarhus Convention)에서 의제 21이 시작되면서 곧 이어지게 되었다. 이 보고서의 30장에서는 기업이 매년 환경 기록을 보고하고 에너지 사용 및 천연자원 사용 방법과 같은 지표를 게시하도록 요구한다(박혁, 2023). 지속 가능성 보고서는 기업이 회사와 관련된 지속 가능성 문제를 어떻게 해결하고 있는지 보여 주기 위해 발행하는 연례 보고서이다.

〈표 11-1〉 Governance of GRI 2_General Disclosures 2021

2-9	최고의사결정기구 및 구성
2-10	최고의사결정기구 구성원의 지명과 선출
2-11	최고의사결정기구 의장
2-12	경영 영향평가 관리 감독의 최고의사결정기구의 역할
2-13	경영 영향평가 관리에 대한 책임위임
2-14	지속 가능성 보고에 대한 최고의사결정기구의 역할
2-15	이해 상충
2-16	중요 사안에 대한 커뮤니케이션
2-17	최고의사결정기구의 집단 지식
2-18	최고의사결정기구의 성과 평가
2-19	보수 정책
2-20	보수 결정 과정
2-21	연간 총 보상 비율

(출처: Governance of GRI 2_General Disclosures, 2021)

〈표 11-1〉의 보고서는 기업이 GRI(Global Reporting Initiative) 프레임워크를 기반으로 지속 가능성 목표를 달성하는 과정을 공개적으로 표시하는 방법이다. 재정적 측면에서, 기업은 지속 가능성 보고서를 이해관계자에게 회사 내부 관행이 최고 수준으로 유지되어 '더러운 사업'으로 분류되는 것을 방지하는 데 도움이 되는 방법으로 간주한다. 대중은 기업이 지속 가능한 주제에 대해 합법적인 행동을 하고 있으며 대규모 재해를 완화하려고 조처하고 있다는 사실을 알고 싶어서 하므로 이는 기업 내에서 중요하다.

지속 가능성 보고서는 ESG를 다루는 서문과 함께 보고서 작성 방법에 대한 지침으로 ESG를 사용한다. 보고서 전반에 걸쳐 ESG의 각 요소가 회사 비즈니스에 얼마나 중요한지 명확하게 명시되어 있다. 기업은 각 요소를 해결하기 위해 취하고 있는 단계, 회사가 직면한 지속 가능성 위험, 진행 상황을 벤치마킹하는 지속 가능성 목표 설정 등의 주제를 포함하여 지속 가능성 보고서에 ESG를 다룬다.

이는 기업에 가장 중요한 문서 중 하나이므로, 보고서에 ESG 정책이 어느 정도 사용되었는지, 어떤 유형의 정보가 포함되어 있는지를 이해하기 위해 검토할 것이다. 기업이 생산하는 또 다른 관련 보고서는 지속 가능성 보고서의 출판이다. 지속 가능성 보고서는 회사가 사용하는 지속 가능성 관련 성과 목표, 목표, 정책 및 현재 지속 가능성 관행에 대해 이해관계자에게 알리기 위해 기업이 발행하는 연례 보고서이다. 이 보고서는 회사에 중요한 지속 가능성 관련 위험을 다루고 식별한다. 이러한 보고서는 ESG를 사용하여 보고서를 구성한다.

지속 가능성 보고서는 기업이 지속 가능성을 다루기 위해 취하는 접근 방식을 이해하는 데 중요하다. 또한, 지속 가능성 관련 정책을 명확하게 지원 또는 확장하는 기타 문서를 생산한다. 관련 문서에는 기후 변화 보고서, 인권 보고서, 투명성 보고서, 행동강령 및 지역사회 관계 보고서가 포함되었다. 이 보고서는 지속 가능성 정책의 틈새 영역에 중점을 두고 있으며, 이러한 보고서 중 다수가 UN SDG(지속 가능한 개발목표) 지침서와 같은 ESG 프레임워크를 따르고 있다. 회사는 또한 회사 상태에 대해 주주에게 업데이트하는 방법으로 회계연도 내내 투자자 프레젠테이션을 제작한다(Fonseca et al., 2014).

3) 기업 ESG 보고서 거버넌스 구조

거버넌스는 사회의 다양한 이해관계자들이 현재의 제약 아래에서 공동의 문제 해결을 위하여 책임감을 느끼고 서로 협력하고 경쟁 · 대립하면서 투명하게 의사결정을 하는 전 과정을 이른다(남심숙, 2023).

기업 경영의 의사결정에 영향을 미치는 거버넌스 구조는 소유구조와 의사결정 구조로 설명할 수 있다(임성택, 2023). 거버넌스가 '의사를 결정하는 체계와 구조'라는 점에서 기업의 소유구조와 의사결정 구조가 기업 거버넌스에 가장 큰 영향을 미치기 때문이다.

(1) GRI Standard 2021 'Governance'

박혁(2023)의 "ESG 시대 기업의 지속 가능 경영을 위한 기업지배구조의 변화에 관한 연구"에 의하면 GRI는 GRI Standard 활용 기업에 대하여 2023년 1월부터 개정된 GRI Standard 2021을 활용하여 보고서를 작성하도록 하고 있다.

GRI 거버넌스 보고 체계에 대하여 분석하기 전에 번역상 GRI의 거버넌스 평가체계에서 자주 등장하는 'Highest Governance'는 '지배구조'가 아닌 '최고의사결정기구'라고 번역하였다. 그 이유로는 첫째, GRI의 거버넌스 편의 세부 항목에는 분명 우리가 말하는 지배구조 의미에 가까운 'Governance structure'가 나오고, 이사회 구성원이라는 표현인 'board membership'의 등장은 'Highest Governance'와 구분되어 표현하고 있다.

둘째, 국내 대기업 지속 가능 보고서와 GRI 관련 국내 언론에서도 최고의사결정기구라는 표현이 자주 나오는데 문맥상 'Highest Governance'를 번역한 것으로 추정된다. 개정된 2021 GRI 범용보고서는 GRI 2.에서 거버넌스 보고 예시를 세 번째 순서로 나열하고, 〈표 11-1〉과 같이 총 13가지 항목으로 분류 · 보고하도록 하고 있다. 우선, GRI가 말하는 '거버넌스 보고 체계'를 자세히 살펴보고자 한다.

(2) 최고의사결정기구 및 구성(GRI 2-9)

GRI 2-9의 '최고의사결정기구 및 구성'은 경제, 환경 및 인간에 대한 조직의 영향을 관리하고 감독하기 위해 결정 및 감독을 책임지는 최고의사결정기구의 조직과 구성원 목록을 다음과 같은 세부 항목으로 구성, 제시해야 한다.

① 경영진과 비경영진(executive and non-excuive members)
② 사외이사(independence)
③ 이사회 구성원의 재임 기간(tenure of members on the governance body)
④ 각 구성원이 보유한 다른 중요한 지위와 업무, 그리고 업무의 성격(number of other significant positions and commitments held by each member, and the nature of the commitments)
⑤ 성별(gender)
⑥ 대표성이 낮은 소수 그룹(under-represented social groups)
⑦ 조직 내 영향과 관련된 역량 또는 능력(competencies relevant to the impacts of the organization)
⑧ 이해관계자 대표(stakeholder representation)

GRI 2-9는 최고의사결정기구의 구성과 그 조직의 의장에 대해서 명시하고, 각 구성원의 임기와 주요 직책 더 나아가 사외이사의 외부 직위까지 공시보고서에 포함해야 한다. 그 외 구성원의 성별 비(比)와 소수 그룹(노동조합과 이에 준하는 소수단체), 각 구성원의 지배력, 이해관계자 대표 등을 명시할 것을 열거하고 있다.

(3) 최고의사결정기구 구성원의 지명과 선출(GRI 2-10)

GRI 2-10의 '최고의사결정기구 구성원의 지명과 선출'은 최고의사결정기구의 구성과 구성원의 선출에 대하여, 4가지로 구성되어 있다.

① 이해관계자(주주)의 의견고려[views of stakeholders(including shareholders)]
② 다양성 고려(diversity)
③ 독립성 고려(independence)
④ 기업에 영향을 주는 역량 고려(competencies relevant to the impacts of the organization)의 세부 항목을 보고하도록 구성되어 있다.

기업이 지배구조를 구성할 때 이해관계자의 의견이 적극적으로 반영되고 있는지, 구성원의 다양성과 독립성이 확보되고 있는지, 그리고 기업 영향력과 관련된 역량을 갖추고 있는 자를 선출하는지에 대한 종합적인 고려가 중요하다.

(4) 최고의사결정기구 의장(GRI 2-11)

GRI 2-11의 '최고의사결정기구 의장'은 최고의사결정기구의 의장이 기업 내 고위 임원이지 여부를 보고해야 한다. 예를 들어, 기업의 CEO가 의장인 경우, 최고의사결정기구에서 의장의 역할과 이러한 체계의 이유, 이해 상충에 대한 예방과 완화하기 위한 절차가 있는지 설명하도록 하고 있다.

(5) 경영영향평가 관리 감독의 최고의사결정기구의 역할(GRI 2-12)

GRI 2-12의 '경영영향평가 관리 감독의 최고의사결정기구의 역할'은 최고의사결정기구 구성원과 고위 임원의 역할을 설명하고, 지속 가능한 발전과 관련된 기업 목적, 가치, 미션에 대한 선언, 전략, 정책 및 목표 개발, 승인 및 업데이트에 참여하는 방법을 설명해야 한다.

또한, 최고의사결정기구가 경제, 환경, 및 인간에 대한 기업의 영향을 식별하고 관리하기 위한 사전 조사 및 기타 프로세스의 감독에 참여하는 방법을 포함한다.

이러한, 방법에는 이해관계자와 어떻게 협력하고 있는지와 이러한 프로세스의 결과를 고려하는 방법은 무엇이 있는지 설명해야 한다.

(6) 경영영향 평가관리에 대한 책임 위임(GRI 2-13)

GRI 2-13의 '경영영향 평가관리에 대한 책임위임'은 최고의사결정기구가 경제, 환경 및 인간에 대한 기업의 경영영향 평가관리 책임을 위임하는 방식을 설명하도록 한다. 세부 지침으로 평가관리 책임을 맡은 고위 임원을 지명하였는지, 평가관리 책임을 다른 직원에게 위임했는지를 제시하고, 이러한 위임을 받은 고위 임원 또는 직원이 경제, 환경 및 인간에 대한 기업의 경영영향 평가관리에 대해 최고의사결정기구에 보고하는 과정과 빈도를 설명하도록 하고 있다.

(7) 지속 가능성 보고에 대한 최고의사결정기구의 역할(GRI 2-14)

GRI 2-14의 '지속 가능성 보고에 대한 최고의사결정기구의 역할'은 최고의사결정기구가 보고된 정보, 기업의 주요 주제 등을 검토하고 승인하는 책임이 있는지 밝히고, 이러한 정보를 검토하고 승인하는 과정을 설명하도록 하고 있다. 최고의사결정기구는 보고된 정보, 조직의 주제 등을 검토하고 승인하는 책임이 없는 경우 이에 대한 이유를 보고해야 한다.

최고의사결정기구는 검토 및 승인 과정을 지원하기 위해 지속 가능성 보고서 위원회를 설립했는지를 보고할 수 있고, 최고의사결정기구가 기업의 지속 가능성 보고서의 진실성과 신뢰성을 강화하기 위해 기업의 내부통제 적절성을 검토하는지를 보고할 수 있다.

(8) 이해 상충(GRI 2-15)

GRI 2-15의 '이해 상충'은 최고의사결정기구가 이해 상충을 예방하고 완화하기 위해 수행하는 절차를 설명하도록 한다. 이해 상충이 이해관계자에게 공개되는 여부를 보고하고, 최소한 다음과 관련된 이해 상충 행위를 공개해야 한다.

① 이사회 내 구성원과의 이해관계
② 거래처 및 이해관계자와(주주)의 이해관계
③ 지배 주주와의 이해관계
④ 거래 중이거나 미지급 잔액 관련 당사자, 나아가, 기업은 자사 연결재무제표 또는 동등한 문서에 지배 주주의 정의를 사용해야 한다.

(9) 중요 사안에 대한 커뮤니케이션(GRI 2-16)

GRI 2-16의 '중요 사안에 대한 커뮤니케이션'은 중요 사안이 최고의사결정기구에 전달되는지와 그 방법을 설명하고, 지속가능성 보고 기간 내 최고의사결정기구에 전달된 중요 사안의 수와 성격을 보고해야 한다.

(10) 최고의사결정기구의 집단 지식(GRI 2-17)

GRI 2-17의 '최고의사결정기구의 집단 지식'은 지속 가능한 발전에 대한 최고의사결정기구의 집단 지식, 기술 및 경험을 증진하기 위해 취한 조치를 보고해야 한다.

(11) 최고의사결정기구의 성과 평가(GRI 2-18)

GRI 2-18의 '최고의사결정기구의 성과 평가'는 기업의 경제, 환경 및 인적 자원에 대한 영향을 관리하는 최고의사결정기구의 성과를 평가하기 위한 절차를 설명하도록 하고, 평가가 독립적인지 아닌지와 평가의 빈도를 보고하도록 한다. 평가에 대한 응답으로 최고의사결정기구의 구성 및 조직적인 실천 방법에 대한 변경사항을 포함한 조치를 설명하도록 한다.

(12) 보수 정책(GRI 2-19)

GRI 2-19의 '보수 정책'은 최고의사결정기구 구성원 및 고위 임직원의 보수 정책을 설명하며, 여기에는 다음과 같은 사항이 포함된다.

① 고정급여와 성과급여
② 입사 보너스 또는 채용 성과보수의 지급
③ 퇴직금
④ 보호 환수
⑤ 퇴직급여

기업이 성과급여를 사용하는 경우 고위 임직원의 보수가 장기적인 성과를 보상하기 위해 설계되었는지 설명하고, 퇴직금은 임명이 해제되는 최고의사결정기구의 구성원이나 고위 임직원에게 지급되는 모든 지급과 혜택을 포함해야 한다. 보호 환수는 최고의사결정기구의 구성원이나 고위 임원이 일정한 고용조건이나 목표를 충족하지 못할 경우, 과거 보상을 기업에 상환해야 하는 것을 의미한다.

최고의사결정기구 구성원, 고위 임직원 및 기타 모든 직원을 위한 퇴직 혜택 제도와 기여율의 차이를 보고해야 한다.

(13) 보수 결정 과정(GRI 2-20)

GRI 2-20의 '보수 결정 과정'은 보수 정책을 설계하고 보수를 결정하기 위하여 3가지 부분을 고려한다.

① 독립적인 최고의사결정기구의 구성원 또는 독립적인 보수 위원회가 보수 결정을 감독하는지 여부
② 보수에 관한 이해관계자(주주 포함)의 의견을 수렴하고 고려하는 방법
③ 보수 컨설턴트가 보수 결정에 참여하는지와 그 조직이 최고의사결정기구 및 고위 임직원으로부터 독립적인지 아닌지를 보고하도록 한다.

또한, 보수에 대하여 정책 및 제안이 이해관계자(주주 포함)의 투표 결과를 보고하도록 하고, 보수에 대한 정책은 최고의사결정기구 구성원, 고위 임직원 기타 직원의 고용, 동기부여 및 유지에 도움이 되는 보수 체계를 보장하기 위해 수립되어야 한다. 더 나아가, 보수 정책은 기업 전략과 지속 가능한 발전에 이바지하며 이해관계자의 이익과 일치해야 한다.

(14) 연간 총 보상 비율(GRI 2-21)

GRI 2-21 '연간 총 보상 비율'은 기업 내 최고 임금수령자의 연간 총보상액 대 전체 직원(최고 임금수령자 제외)의 연간 총보상액 중앙값 비율을 보고하도록 하고 있다.

2. 지속 가능성 보고서의 거버넌스

거버넌스는 중요한 위험관리 방법이다. 위험을 완화하고 이해관계자를 위한 장기적인 가치를 창출하려면 이사회 감독을 통한 강력한 기업 거버넌스가 필수적이다(Ryan Isto, 2022). 기업의 사업전략을 감독하는 주요 관리 기구는 감사위원회, 리더십 개발 및 보상위원회, 기업 지배구조 및 지명 위원회, 안전 및 지속 가능성 위원회이다.

기업의 모든 "핵심" 위원회는 ESG 요소를 사용하여 회사 내에서 목적을 정의한다. 기업은 위원회를 회사 내 최고 수준의 감독으로 정의하고 각 위원회는 ESG를 사용한다. 이는 ESG가 기업 계층의 모든 수준에 통합되어 있으며 비즈니스에 필수적이라는 것을 나타낸다.

ESG 기반 거버넌스 정책은 이사회의 이사 수를 결정하는 데 매우 중요하다. 이사회를 구성하는 더 넓은 경험과 관점이 있으므로 이사의 다양성이 회사 전략을 향상할 것이기 때문에 다양성은 기업에 중요하다.

1) 지속 가능성 보고서의 비즈니스 정직성

정직성은 기업의 평판을 보호하고 재정적 피해를 방지하며 이해관계자의 신뢰를 유지하는 데 도움이 되는 핵심가치 중 하나이다. 모든 운영 전반에 걸쳐 비즈니스 정직성에 대한 강력한 규정 준수를 보장하기 위해 관련 프로그램을 사용해야 한다.

이 프로그램은 기업이 정직성 프로그램을 구현하기 위해 변호사와 감사자로 구성된 법무 부서와 협력하는 최고 정직성 및 규정 준수 책임자가 주도한다. 프로그램의 존재는 기업이 위험관리 및 정책 수립 방법으로 ESG 영향을 미치는 관리 기관을 기업 프레임워크에 구현하고 있음을 보여 준다. 이는 ESG를 활용하여 기업문화를 직접 변화시키는 과정이며, ESG가 직원들의 일상생활에 어떤 영향을 미칠 수 있는지를 보여 준다.

2) 지속 가능성 보고서의 리스크 관리 전략

기업은 윤리 및 규정 준수 프로그램을 사용하여 위험을 평가하고, 정책을 만들고, 적절한 직원 교육을 시행하고, 조사를 수행한다. 윤리 및 규정 준수 프로그램은 거버넌스 위험평가에 대한 주요 자원이다. 이 목표로 하는 위험에는 고위험 기업의 부패를 방지하기 위한 적절한 프레임워크 구축과 지급 투명성이 포함된다. 예를 들어, 기업은 정치 캠페인이나 인물에 기부하는 데 돈을 사용할 수 없다는 정책을 고려하고 있다. 윤리 및 규정 준수 프로그램 때문에 구현되는 또 다른 거버넌스 관련 정책은 기업이 이해관계자의 신뢰를 유지하기 위해 정확한 연간 회계 명세서를 제공해야 한다는 것이다.

이러한 강력한 거버넌스 정책을 적용하면 회사의 신뢰할 수 있는 기업 이미지를 유지하여 지역사회에서 더욱 신뢰할 수 있는 비즈니스 파트너가 되고 평판 손상을 방지할 수 있다.

3. 지배구조

ESG의 거버넌스 기둥은 이해관계자가 기업의 리더십 구조와 구성을 검토하여 기업의 지속 가능성에 대한 의지를 어떻게 평가할 수 있는지에 매우 중요하다. 기업의 거버넌스 정책은 UN의 지속 가능한 발전목표와 GRI 원칙에 따른 것이다. 사회정책의 수립과 실행에서 준수되는 관련 정책은 다음과 같다(GRI, 2022).

첫째, 지속 가능한 발전을 지원하기 위해 윤리적 사업 관행과 건전한 시스템 또는 기업 지배구조와 투명성을 적용한다. 둘째, 기업 전략 및 의사결정과정에서 지속 가능한 발전을 통합한다. 셋째, 개방적이고 투명한 방식으로 지속 가능한 개발과제와 기회에 대해 주요 이해관계자를 적극적으로 참여시키고, 효과적으로 보고하고 진행 상황과 성과를 검증한다.

지배구조가 지속 가능성 목표와 정책을 시행하는 것을 감독하기 때문에 기업의 지배구조를 이해하는 것은 매우 중요하다. 기업의 지배구조 기둥 사용을 분석할 때 중점을 둔 분야는 지속 가능성이 이사회 및 집행팀 내 직책과 어떻게 연결되는지, 리더십의 다양성, 지속 가능성 정책을 만드는 통치기구의 결정, 위험관리 프레임워크 및 납부한 세금과 같은 재무 보고의 투명성이다(Ryan Isto, 2022).

지배구조 데이터는 이사회를 구성하는 사람과 집행 위원회에 있는 사람을 강조하는 회사 웹사이트에서 찾을 수 있다. 기업은 지속 가능성 주제와 관련된 리더십 직책이 있는지, 기업 내 리더가 지속 가능성 관련 위원회의 리더와 같은 지속 가능성 관련 역할을 가졌는지, 위원회 또는 위험관리 기구와 같은 지속 가능성 프레임워크의 수를 기반으로 분석된다. 예를 들어, 지속 가능성과 관련된 이해관계자 관계 또는 위원회와 관련된 임원이 있다.

투명성은 납부한 세금 또는 비즈니스 거래에 대한 투명성에 관한 기업의 목표 또는 정책에 의해 분석된다. 정량적 데이터는 이 기둥에서 리더십 팀의 구성원 수 또는 리더십 팀의 다양성 구성과 같은 영역으로 제한된다. 지배구조 데이터를 포함하는 다른 관련 문서 및 정보 소스는 연례 보고서, 지속 가능성 보고서, 투명성 보고서 또는 윤리 강령 문서가 될 것이다.

1) 자본주의 유형과 기업 거버넌스 관계

기업을 운영하는 자본의 소유/출처와 책임이 누구에게 있고 기업 자체의 존재 의미와 경영 목적이 어느 방향을 향하고 있느냐에 따라 기업 거버넌스는 달라질 수 있다. 따라서 이것을 통합적으로 규정하는 자본주의의 유형은 기업 거버넌스의 구조와 운영 방식에 매우 큰 영향을 미친다(나석권 · 오유림 외, 2023).

따라서 자본주의의 유형은 기업이 속한 국가 또는 지역이 선택한 경제 체제와 절대적 연관이 있다. 기업 거버넌스에 영향을 미치는 자본주의 유형은 크게 영미식 주주자본주의와 유럽식 이해관계자 주의 또는 이해관계자 자본주의로 구분할 수 있다.

(1) 주주자본주의(shareholder capitalism)

주주자본주의는 개인과 사유재산을 중요시하게 여기는 영국과 미국에서 발달하여 온 기업 거버넌스 유형으로 기업 경영의 목적은 주주 가치(이익) 극대화이며 다양한 주체(창업가, 기관, 개인, 기금 등)가 주식을 자유롭게 보유하고 거래할 수 있다.

주주자본주의에서는 기업의 가치나 성과가 주식 가치에 좌우되기 때문에 주식 거래/공시제도와 대규모 기관투자자의 영향력이 크므로 은행이 기업에 대한 영향력이 상대적으로 적고 산업과 은행의 분리가 특징이라고 할 수 있다.

(2) 이해관계자 자본주의(stakeholder capitalism)

이해관계자 자본주의는 국가와 지역사회와 공동체의 지속성을 중요시하는 독일과 유럽, 그리고 일본에서 발달하였다. 기업의 목적은 주주 가치 극대화를 넘어 이해관계자 전체의 이익과 유익을 증진하는 것에 있다. 창업가(또는 가족)가 지배 주주가 되는 경우가 많지만, 시간이 지남에 따라 주거래은행 및 정부(연 기금) 등의 지분 보유가 늘어 가고 있다.

이해관계자 자본주의의 장점은 다양한 이해관계자들의 의사가 고루 반영되고 단기 성과와 성장보다는 장기 성과와 지속성을 중요하게 여기기 때문에 기업의 장기 지속성이 높고 이해관계자들과 갈등이 적을 수 있다. 하지만 지배 주주의 잘못된 판단이 큰 리스크로 작용하고 다양한 이해관계자들을 고려하는 신중한 경영이 약육강식의 글로벌 경쟁에서 뒤처질 수 있다는 점이 단점으로 지적되고 있다.

4. 기업 거버넌스 글로벌 동향

나석권과 오유림(2023)의 『ESG, 거버넌스 핸드북』에 의하면, 주주 중심의 자본주의에서는 주주가 중요하다고 말하고 있다. 기업 거버넌스는 지배 주주에게 권한이 집중돼 있었다. 그런데 이해관계자 자본주의에서는 주주뿐 아니라 근로자, 소비자, 공급망, 지역사회 등 다양한 이해관계자가 중요하다. 기업이 다양한 이해관계자와 어떻게 관계를 맺고 이해관계자의 의사를 어떻게 기업 의사결정에 반영할 것인지가 바로 거버넌스다. 국제기구에서도 거버넌스가 공공의 이익에 부합하고 이해관계자들의 이익을 지속해서 보호하기 위해 지침을 제시하고 있다.

1) EU 지속 가능 경영범위 확대 · 강화

EU는 2022년 2월 'CSDDD: 기업공급 사설망 지속 가능성 실사지침', '4월 ESRS: EU 지속 가능성 보고 표준'을 연달아 발표하며 기업의 지속 가능 경영의 범위와 수준을 확대 · 강화하는 방향으로 이끌고 있다. CSDDD와 ESRS는 기후위기, 환경오염, 경제적 불평등, 사회 갈등 문제가 유럽 연합뿐만 아니라 전 세계의 지속 가능성을 절망적으로 만들고 있다고 강조하고, 이 문제를 해결하기 위해 기업은 지속 가능한 발전 원칙에 기반을 둔 비즈니스를 해야 하며 기업의 이사회나 최고경영자는 환경과 사회에 대한 책임 경영의 수준을 높여야 한다고 요구하고 있다.

2) OECD 개별기업 및 산업별 공동대응 방안 강조

2021년 OECD는 기후위기 관리, 손실과 손해 직면 보고서에서 기후위기는 모든 기업과 비즈니스에 예측 불가능한 손실과 손해를 끼칠 수 있다고 경고하며, 기업이 기후위기 문제를 심각하게 인식하고 이를 해결하기 위한 개별기업 및 산업별 공동대응 방안을 조속히 내놓아야 한다고 강조했다. 특히, OECD 회원국의 다국적 거대기업들이 온실가스 배출의 대부분을 차지하고 있으므로 이들 기업의 이사회와 최고경영자가 기후위기에 대한 심각성과 책임성을 제대로 직시해야 하며 OECD는 향후 회원국 기업들의 기후 문제 해결을 위한 정책과 해결방안, 지침을 신속하고 적극적으로 제시할 것이라고 했다(나석권 · 오유림, 2023).

3) IFRS-ISSB

ESG를 포함한 기업의 비재무 가치가 기업가치평가에 미치는 영향이 점점 더 확대됨에 따라 국제회계기준(IFRS)재단은 2021년 11월 국제지속가능성 표준위원회(ISSB)를 설립하고 2022년 3월 ISSB 초안을 발표하였다. ISSB는 ESG 투자에 필요한 기업의 지속 가능성 정보를 가능한 공정하고 투명하게 공개하는 것을 목적으로 만들어지고 있으며, 거버넌스 영역에서는 위험관리, 윤리성, 투명성, 공정경쟁, 규제 대응, 공급망 관리 등을 중요 지표로 제시할 예정이다.

4) 글로벌 투자자

블랙 록(Black Rock), 뱅가드(Vanguard), UBS, 피델리티(Fidelity) 등 글로벌 주요 투자사들은 ESG 투자를 점진적으로 확대하고 있다. 블랙 록의 래리 핑크 회장은 2022년 10월 언론과의 인터뷰에서 우크라이나 전쟁, 경기 침체, 금리 인상 등으로 인해 ESG 펀드 수익률이 2021년에 비해 저조한 상황이지만 지속 가능한 기업의 안정적 성장을 중심 가치에 둔 ESG 펀드가 사라질 가능성은 없다고 강조했다.

MSCI, DJSI 등 대표적인 ESG 평가지표들은 기업 거버넌스와 관련하여 기업의 최고의사결정기구 및 최고경영자가 기후위기, 식량문제, 에너지 문제 등 예측 불가능한 기업의 외부 위험에 대해 장기적인 대응 전략을 수립해야 하며 지속 가능성 관점의 사업구조 혁신을 해야 한다는 요구를 강화하고 있다. 특히, MSCI는 2021년 9월 기후위기 대응과 관련 별도의 평가지표 MSC IITR(Implied Temperature Rise)를 공개하고 기업 거버넌스가 기후위기 문제를 중요하게 다루고 이에 대한 온실가스 감축 노력을 충분히 하고 있는지에 대해 타 기업과 상대적인 평가를 진행하겠다고 발표했다.

5) 국내 정부 정책

한국거래소(KRX)는 2022년 10월 '2025년 지속가능경영보고서 의무공시'를 앞두고 다양한 글로벌 지침을 공통된 핵심지표를 반영하고 국내 상장사의 대응 상황을 고려한 실현 가능한 수준의 공시 지표를 제시할 예정이라고 발표했다. 기업 거버넌스 측면에서는 이사회와 최고경영자의 지속 가능 경영에 대한 역할과 책임 강화라는 글로벌 기준선의 요구사항을 충실하게 반영할 것으로 예상한다.

또한, 글로벌 공급망 ESG 강조 대응 지원방안으로 EU의 글로벌 공급망 지속 가능성 실사 강화, 미국증권위원회 Scope3 탄소 정보공개 등 글로벌 공급망의 ESG 평가와 정보공개 요구가 강화됨에 따라 우리나라 정부는 국내 기업의 수출 지원과 적극적인 해외투자 유치 측면에서 지원방안을 마련하고 있다. 산업통상자원부는 K-ESG 가이드라인 등을 제작 · 배포하여 국내 기업들의 ESG에 대한 이해를 돕고 있다(나석권 · 오유림, 2023).

ESG 경영의 거버넌스는 비즈니스 일부로 지속 가능성을 구현하는 선도적이고 표준화된 방법으로 부상하면서 기업의 지속 가능 전략은 수익성과 책임 측면에서 최고 부문의 리더가 되려는 열망을 통해 ESG를 핵심 전략으로 직접 사용해야 할 필요성이 제기되고 있다. 이 목표는 환경, 사회, 거버넌스 성과의 리더가 되는 것을 포함한다. 이는 ESG의 모든 핵심 분야에서 리더가 되는 데 초점을 맞춘 더 광범위한 목표이다. 이와 같은 리더를 보유한 기업의 가치는 강력한 거버넌스 정책을 갖는 데 중점을 둔다. 여기에는 안전, 정직성, 지속 가능성, 포용성 및 책임의 가치가 포함되어 기업의 핵심가치 창출에 있어 거버넌스 기둥이 가장 큰 역할을 한다는 결론을 내릴 수 있다. 또 다른 중요한 거버넌스 관련 정책은 기업이 이해관계자의 신뢰를 유지하기 위해 정확한 회계 명세서를 제공해야 한다는 것이다. 이러한 문서는 회계 관행을 대중에게 공개하는 등 강력한 거버넌스 정책을 사용하므로 신뢰할 수 있는 회사임을 이해관계자에게 약속하고 이러한 거버넌스 정책을 적용하면 자체 지속 가능성 정책을 안내하는 데 도움이 될 수 있으며 지속 가능성에 대한 약속을 보여 줌으로써 이해관계자들에게 신뢰받을 수 있는 기업의 이미지를 심어 줄 수 있다.

Chapter

12

ESG 경영의 사례

Chapter

12 ESG 경영의 사례

지난 몇 년간 사회 가치 경영의 실천과 관련하여 가장 뜨거운 열풍 현상을 보이는 것은 ESG이다. 최근 ESG에 대한 의견이 다양하게 나오고 있다. 전 세계가 인플레이션으로 고통받고 있고 특히 에너지 가격 상승으로 인해 환경규제를 완화하자는 의견과 함께 ESG에 대한 부정적인 의견들도 나오고 있다.

ESG란 환경 Environment, 사회 Social, 거버넌스 Govermance의 약자로 환경, 사회, 지배구조를 뜻한다. Environment 환경은 기업이 경영 과정에서 주변 자연환경이 미치는 영향을 의미한다. 기후 변화 및 탄소배출, 환경오염 및 환경규제, 생태계 및 생물 다양성 등 환경적인 책임을 다하여야 한다. Social 사회는 기업이 사회적으로 윤리적이고 공정한 기업문화를 가졌는지를 의미한다. 데이터 보호 및 프라이버시, 인권, 성별 평등 조건을 고려해야 한다. Govermance 지배구조는 기업의 경영 투명성을 의미한다. 기업윤리를 지키고 기업이 민주적으로 운영되고 있는지에 관한 요건이다. 기업윤리를 지키고 이사회와 감사위원회를 구성하는 등 투명하여야 한다(머니매버릭의 경제 큐레이션, 2023).

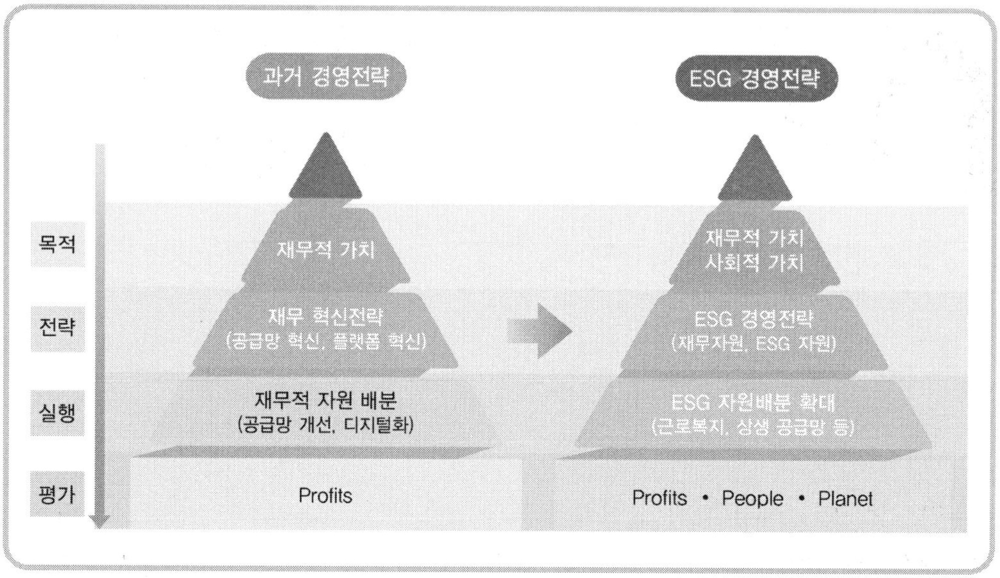

(출처: 영리한 오스카, 2024)

[그림 12-1] ESG 경영전략

기업 활동에서 친환경적, 사회적이어야 하며 적절한 지배구조를 가져야 한다는 의미이다. 이는 기업의 성과를 측정하는 척도이며 지속 가능한 발전을 추구한다. 많은 기업이 이를 목표로 경영관리를 추구하고 있다. ESG 경영관리란 기업들이 지속 가능한 발전을 추구하면서 비재무적인 요소에 대해 평가하여 기업이 성장하게 하는 경영이다. 이는 기업 의사결정에서 재무적 가치 이외에 비재무적 가치인 ESG 이슈를 고려하여 기업 전체의 가치를 재고하고자 하는 경영을 추구하고 그럼으로써 지속 가능 경영을 달성하고자 나타난 것이다. 포용 성장에 대한 요구, 이해관계자 중시, 그리고 그들이 원하는 사회 문제 해결을 통한 사회적 가치 창출이라는 바람이 ESG라는 쓰나미를 발생시키고 있다(김재구 · 배종태, 2022).

(출처: 영리한 오스카, 2024)

[그림 12-2] **재무적 가치와 비재무적 가치**

회사가 친환경, 사회적 책임, 지배구조 개편을 주축으로 이 세 가지를 투명하게 운영할 때 지속 가능한 발전을 이룰 수 있다는 것인데 과거의 성과 중심에서 이제는 사회적, 환경적인 영향을 종합적으로 고려하여 제품을 생산해야 한다는 것이다.

중요한 것은 이 흐름이 트렌드가 되어 ESG 경영을 하지 않는 회사에는 투자하지 않는다는 금융기관의 발표로 주가에도 큰 영향을 주면서 이젠 미룰 수 없는 것이 되었다(재테크하는 제인 블로그, 2023).

국내 기업의 ESG 경영의 현주소를 잠깐 살펴보자면, 100미터 달라기라면 이제 출발선 서서 출발 신호를 듣고 뛰기 시작하는 단계이다. 구미의 선진 기업들은 최소 30미터 이상 앞서 있다. 국내에선 ESG에 관한 관심이 널리 확산된 2020년부터 가시화되어 2021년 가히 열풍 현상이 보여지고 있다.

문제는 글로벌 차원에서 ESG 공시와 공급망 실사 등의 규제가 심화되고 있고 기업에 대한 요구가 커지고 있다는 것이다. 유럽 연합 EU는 지속 가능 개발을 정책의 핵심 원칙으로 설정하고 최우선으로 반영하여 유럽 연합 분류체계 등을 세우고 있다.

유럽 연합은 2021년 3월 지속 가능 금융 공시규제를 발표하고 ESG 공시 의무 대상을 은행, 보험, 자산운용사 등 금융회사로 확대하고 있다. 금융회사의 투자 결정 과정에서 그린워싱을 포함해 지속 가능성을 해치는 요소를 방지하기 위해 도입하는 것이다(김재구 · 배종태, 2022).

ESG 경영은 표준의 적용 범위가 앞서도 살펴본 바와 같이 기업의 울타리를 넘어 에너지 측면의 탄소 저감과 공급망의 물류 등에도 미치게 될 것이다. 더 나아가 공급망 실사를 통해 기업의 원료공급사, 협력업체, 그리고 가공 고객사와 유통과정에도 영향을 주게 된다. 이는 공급망 전체 생태계의 ESG 경쟁력이 중요하며, 한국의 경우 수도권 기업과 지방 파트너 기업 간의 가치 사슬 전체의 균형과 경쟁력이 중요하다는 것을 의미한다. 사회 가치 경영은 사익뿐만 아니라 공익, 공동체의 이익을 함께 추구하는 덕 있는 시민의 모습, 기업 시민의 미래를 반영한 것이다. 기업들이 현장에서 사회 가치 경영을 실천할 방안이 가장 중요할 것이다. 이를 위하여 우선 글로벌 동향을 비롯해 자신의 업종과 관련해 어떤 사회적 가치 이슈, ESG 이슈가 중요한지 알아야 한다.

자사의 미션과 목적에 주력할 사회적 가치와 ESG 주제와 이슈를 준비한 후 핵심 인재들과 조직을 갖춰 업계 동향, 지속 가능 경영, 이해관계자와 커뮤니케이션 등에 대한 학습 및 조사 분석 준비가 필요하다. 자사 관련 이슈들에 대해 내부 임직원과 이해관계자들을 통해 소위 중대성 평가를 실행하여 주요 이슈를 결정하고 향후 실행을 위한 로드맵과 실행조직을 구축해야 한다(김재구 · 배종태, 2022).

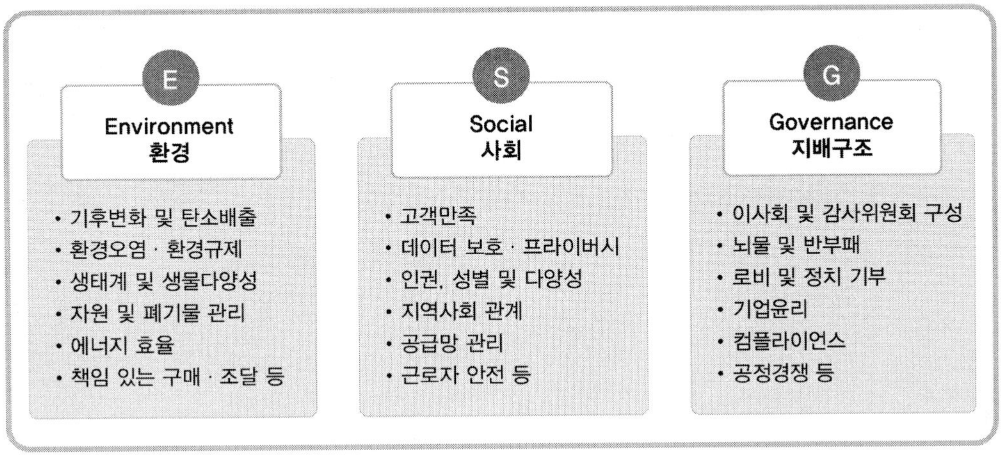

(출처: 영리한 오스카, 2024)

[그림 12-3] ESG 경영

1. ESG 경영 해외 우수 사례

여러 기업에서 사회적 가치 창출을 위한 노력이 성공적으로 진행되고 있다.

1) 해외 기업 ESG 경영 우수 사례

(1) 코카콜라

코카콜라는 2007년에 '긍정적으로 살기'라는 이름의 기업의 사회적 책임과 지속 가능 경영 프레임워크를 도입했다. 예를 들어, '라스트마일 Last Mile 프로젝트'는 코카콜라의 물류시스템을 활용하여 아프리카 오지에 필수 의약품과 의료품을 제공하자는 것이다. “아프리카 오지라서 의약품을 보낼 수 없다고? 그런데 그곳 사람들은 코카콜라를 마시고 있잖아?”라는 작은 질문에서 시작되었다.

“코카콜라가 갈 수 있는 곳이라면 사람들의 생명을 지키는 의약품도 당연히 갈 수 있다.”

이처럼 코카콜라는 ‘지속 가능한 지역사회 없이 지속 가능한 비즈니스가 있을 수 없다.’라는 생각으로 건강 · 물 · 여성 · 웰빙 · 환경 등 여러 영역에서 사회적 가치 창출 노력을 강화하고 있다(김재구 · 배종태, 2022).

(2) 구글

(출처: 영리한 오스카, 2024)

[그림 12-4] 구글 ESG 경영

구글은 2007년부터 탄소 중립을 달성하기 위해 배출량을 꾸준히 줄여 나가는 정책을 취하고 있다. 2020년에는 전기 에너지 사용을 100% 재생에너지로 전환하겠다는 목표를 달성하였으며 사회적으로 가치 있는 프로젝트와 이니셔티브를 추진, 다양한 사회적 이슈에 대한 개선을 위해 지원을 아끼지 않고 있다.

구글은 독창성과 혁신을 바탕으로 제품과 서비스를 제공하고 있으며, 구글에서는 공급사슬에서의 협력사들에 대한 책임을 중시하고 구체적으로 사람에 대한 정당한 대우, 지역사회 발전, 지구환경 보호 등 세 가지 영역에서 사업을 추진하고 있다. 특히 사람에 대한 정당한 대우 정책은 '사람이 먼저다 putting people first'라는 슬로건 아래 작업자들에 대한 ① 공정한 대우 ② 안전하고 건강한 근무 환경 제공 ③ 윤리적인 사업 수행 등을 실천하고 있다(배종태, 2022).

(3) 다농

글로벌 식품회사 다농의 미션은 '가능한 한 많은 사람을 식품을 통해 건강하게 하는 것'이며 비전은 '하나의 지구, 하나의 건강 One Planety, One Health'이다. 특히 직원들과 비전을 공유하고, 이들을 위한 다양한 임파워먼트 프로그램을 가지고 있다. 그라민-다농 컴퍼니는 방글라데시 어린이들의 50% 이상이 영양실조라는 문제를 해결하기 위해 설립되었고 다량의 공급 덕분에 어린이 영양 상태가 많이 개선되었고 고용 창출과 구매력 강화, 그리고 지역경제 활성화에도 이바지하였다.

(4) 파타고니아 코리아

파타고니아는 환경 문제 해결에 이바지하기 위해 환경친화적인 패션 관련 사업을 수행하고 있다. "우리는 우리의 터전, 지구를 되살리기 위해 사업을 합니다" 이것이 파타고니아의 미션 선언문이다. 파타고니아의 핵심가치는 단순명료하다. 기능이 뛰어나고 내구성이 월등한 최고의 제품을 만드는 것, 모든 생산 · 판매 · 사용 과정에서 불필요한 환경 피해를 최소화하는 것, 환경 보호를 위한 사업을 하는 것, 그리고 관습에 얽매이지 않고 새로운 길을 찾아내는 것이다(배종태, 2022).

(5) 유니레버

영국의 생활용품 기업 유니레버는 널리 알려진 도브, 바셀린 등을 공급한다. '러브뷰티앤플래닛'의 리필 스테이션을 출시하며 2025년까지 플라스틱 사용량 50% 감소와 사용량을 10만 톤 줄이겠다고 선언하였다. 빈 용기를 가져오면 리필 스테이션에서 화장품을 덜어 가는 방식으로 구매할 수 있다. 그 이외에 앞으로의 유니레버는 '지속 가능한 삶'을 만드는 것을 미션으로 삼고 지속 가능성 리빙플랜(USLP)를 통해 중장기적 계획을 공개하기도 하였다(머니매버릭의 경제 큐레이션, 2023).

- 2039년까지 자재 구매부터 완제품의 판매 시점까지 모든 제품의 이산화탄소 배출량 제로화
- 새로운 세대의 농부 및 소규모 농업 종사자들의 환경 보호와 재생 지원
- 2030년까지 물 부족 지역 100개소에 물 관리 프로그램을 시행하고 2030 수자원 그룹 파트너십에 참여하여 수자원 복원 프로그램 확장을 약속
- 숲, 이탄 지대, 열대우림과 같은 고탄소 생태계를 보호하는 엄격한 기준 아래에 2023년까지 삼림 벌채 없는 공급망 완성

개인 관리, 식품, 홈 케어 분야의 제품들을 생산하는 유니레버는 '건강, 위생, 환경, 삶의 질' 개선을 위해 노력하고 있다. 유니레버는 인도 현지법인인 힌두스탄 유니레버에서는 정수기 사업을 통해 수익을 창출하면서 지역사회의 물 오염으로 인한 사회적 문제를 해결하고 있다(머니매버릭의 경제 큐레이션, 2023).

(6) 마이크로소프트

MS는 MSCI가 실시한 ESG 평가에서 가장 높은 AAA 등급을 받고 있다. 2012년부터 내부 탄소 요금을 시행하고 있으며 각 부서의 직원들이 탄소배출에 대해 금전적인 책임을 지도록 해 자발적인 노력을 유도하였다.

(출처: 영리한 오스카, 2024)

[그림 12-5] 마이크로소프트 ESG 경영

AI for good(착한 AI) 프로젝트에서는 글로벌 환경 문제를 해결하기 위해 노력하는 사람들에게 클라우드 서비스 및 AI 기능을 제공한다.

이 프로젝트는 Ocean CIeanup, Zooniverse 등으로 생물의 다양성을 발견하거나 보호하고 글로벌 환경 문제 해결에 도움을 주고 있다. 그 이외에도 접근성을 위한 AI 프로젝트, 문화유산을 위한 AI 프로그램 등의 프로젝트가 있다. 이와 더불어 2030년까지 탄소 네거티브가 되겠다는 목표와 전 세계적으로 소비하는 것보다 더 많은 물을 보충하는 Water Positive를 발표하기도 했다(머니매버릭의 경제 큐레이션, 2023).

(7) 애플

(출처: 영리한 오스카, 2024)

[그림 12-6] 애플 ESG 경영

애플은 2030년까지 탄소 중립 달성을 목표로 설정했다. 전 제품이 재생, 재활용 가능 소재로 제작되고 있으며 시각, 청각 장애인을 위한 보조 기능이 탑재되어 있다. 또한, 프라이버시 보호 및 사용자 데이터 보안 시스템을 강화하여 타 기업 대비 훨씬 더 강력한 개인정보 보호 시스템 및 정책을 운용 중이다(영리한 오스카, 2024).

2. ESG 경영 국내 우수 사례

최근 기업의 최고경영진은 주력사업일지라도 ESG 흐름과 맞지 않는다고 판단하면 과감하게 정리하는 중이다. ESG가 기업의 사업생태계를 바꾸고 있다는 것이다.

1) 현대자동차

현대자동차는 ESG 경영과 디지털 전환에 모두 성공한 기업사례이다. 신형 자동차 모델 개발 시 '디지털 트윈'이라는 신기술을 활용했다. 예전에는 신형 자동차를 개발하려면 수십 대 또는 수백 대의 시제 차를 제조해야 했다. 시제 차 제조에 들어가는 비용은 평균 3,000억 원에 달했고, 이때 배출되는 탄소량도 어마어마했다. 현대자동차는 이러한 문제를 해결하기 위해 ESG와 DX를 결합했다. 진짜 시제 차를 제작하지 않아도 가상 공간에 실제 자동차와 똑같이 만들어서 시뮬레이션을 돌리고, 핵심 데이터를 얻을 수 있는 디지털 트윈 기술을 활용한 것이다. 이를 통해 시험 단계에서 발생하는 폐기물과 이산화탄소를 줄이면서 좋은 ESG 경영 사례로 꼽혔다(오늘의 경제, 2023).

현대차그룹은 국내 최대 완성차 공장인 울산공장에 대규모 친환경 액화천연가스(LNG) 열병합발전소를 건설할 예정이다. 전력 공급의 안정성을 높이고 에너지 사용량과 온실가스 배출량은 줄이겠다는 의도이다. 현대차가 비상용 발전 시설이 아니라 대규모 자가 발전소를 짓는 것은 이번이 처음이고 친환경 전력을 대거 자체 조달하는 것은 글로벌 완성차 업계에서도 이례적이라는 평가이다. 정부가 2021년 12월 발표한 '국내 녹색 분류체계(K-택소노미)'에 LNG가 포함되면서 발전소 건설이 친환경 활동으로 인정받을 가능성이 커졌다. 다만 글로벌 탄소 중립 활동을 벌이는 'RE100'은 LNG를 재생에너지로 인정하지 않는 만큼 장기적으로는 LNG를 수소로 전환해야 한다는 것이 업계 전문가들의 관측이다(한경잡앤조이, 2022).

2) 포스코, 한국전력공사

국내 대기업들은 수소와 바이오디젤 등 친환경 신사업을 추진하기 위한 'ESG 동맹'을 강화하고 있다. 4월 29일, 최정우 포스코 그룹 회장과 정승일 한국전력공사 사장은 '수소 · 암모니아 사업 협력 파트너십 구축 양해각서'를 체결했다. 두 회사는 그린 · 블루 수소 생산 프로젝트 공동 개발 및 투자, 수소 · 암모니아 공급 유연성 확보를 위한 물량 교환, 수소 · 암모니아 혼소 발전 및 CCUS 기술개발 등 3가지 분야에서 협력에 나설 계획이다. 국내 최대 수소 수요처인 두 회사는 지금까지 개별적으로 추진해 온 국내외 수소 · 암모니아 사업을 공동 수행해 '규모의 경제'를 실현하고 수소 생산 인프라 구축 및 공동투자를 통해 사업 경쟁력을 높일 계획이다(한경잡앤조이, 2022).

3) 포스코

'더불어 함께 발전하는 기업 시민 포스코'라는 경영이념을 바탕으로 더 나은 세상을 만드는 데 기여하고 더 큰 기업가치를 창출하고자 노력하고 있다. 기업 시민이란 '기업에 시민이라는 인격을 부여한 개념으로, 현대 사회 시민처럼 사회 발전을 위해 공존 · 공생의 역할과 책임을 다하는 주체'를 의미한다(배종태, 2022).

4) 코트라

코트라는 '글로벌 비즈니스 지원으로 국민경제 발전에 이바지한다'라는 미션하에 글로벌, 고객 · 현장, 공헌 · 책임, 혁신 · 개방의 4가지 핵심가치를 추구하고 있다. 코트라는 강원도 폐광촌 사회적 기업들의 수출을 지원하는 등 본업과 연계하여 사회적 가치를 창출하는 노력을 강화하고 있다.

5) SK인천석유화학

2014년 SK인천석유화학이 인천에 공장 증설을 계획했을 때 공장 주변 지역사회의 강력한 반대에 직면했다. 이를 지역사회 문제 해결을 통한 사회적 가치 창출을 통해 돌파하기로 하고 진정성을 가지고 큰 노력을 기울였다.

이 회사는 1단계(2014~2015)에서는 공장 증설에 따른 건강 영향평가, 환경 영향 조사 등을 통해 주민들을 안심시키는 "안심 가치 확산" 활동에 주력했다. 2단계(2016~2018)에는 도시재생 뉴딜사업, 주민 환경 개선, 취약계층 교복 지원, 소음방지 시설 설치 등 지역사회와의 '상생 협력을 이행'하는 데 주력했다. 3단계(2017~현재)에서는 ① 환경 · 안전 ② 주거 ③ 교육 ④ 복지 · 문화 영역에서 '사회적 가치 창출 활동을 가속화'하고 있다(배종태, 2022).

6) SKT

- AI 돌봄 서비스: 2019년부터 취약계층인 독거 어르신에게 AI 돌봄 서비스를 제공해 왔는데, 어르신 18,000명에게, 90개 기관에 도움을 주었다고 한다.

특히 2021년 6월부터 소방청과 연계한 긴급 SOS 서비스로 위급한 상황이 있을 수 있는 독거노인 363명을 구조했다고 한 것이 인상이 깊다.

- 해피해빗 일회용 컵 회수 순환 시스템: SKT에서는 이 해피해빗 프로젝트를 시행하고 나서 580만 개의 일회용 컵이 회수되었고 이는 소나무 7만 2천 그루를 심은 것과 같다고 한다(오늘의 경제, 2023).
- 행복크레딧: 환경 보호나 사회 공헌하는 상품과 서비스를 고객이 이용할 때마다 적립되는 기부 전용 포인트로 지난 한 해만 약 8억 6천만 원의 행복크레딧이 적립되었다.

SKT의 ESG 경영사례는 2023년에도 계속 이어지고 있는데, CES 2023에서 선보인 SK텔레콤 넷제로 기술은 그룹의 계열사 8개가 보유하고 있는 40여 개의 탄소 감축 기술이다. 전 세계 탄소 감축 목표량 1%인 2억 톤을 줄이겠다는 목표를 가지고 탄소 없는 미래를 선보였다고 한다. 몇 가지 소개한다면 전기수직이착륙기 기반의 항공 이동 서비스 UAM, 저전력 AI 반도체 SAPEON, 전기차, 수소차 친환경 모빌리티 기술, 스마트 글라스, 디지털 헬스케어 등이 있다(배종태, 2022).

7) 풀무원

2021년에 풀무원은 한국기업지배구조원(KCGS)에서 통합 A+ 등급에 올랐다. 풀무원은 환경관리시스템을 표준화하고 온실가스 배출량을 관리하며 환경 개선에 힘쓰고 있어서 높은 점수를 받았다. 지난 2019년에는 자사 제품에 친환경 포장을 도입했고, 이후 자사의 모든 제품에 100% 재활용이 가능한 포장재 사용을 계획했다.

풀무원은 10년 이상 어린이 바른 먹거리 교육을 진행하여 사회책임 부문에서 A+를 받았다. 전문경영인과 이사회 평가 정보를 공개하여 투명한 경영을 이어 왔다. 이는 기업 지배구조의 모범 규준에 적합하다고 나타났다(오늘의 경제, 2023).

8) LG

(1) 생산부터 폐기까지 친환경 제품

LG에너지솔루션은 전기파의 핵심 부품인 배터리를 생산하는 회사이다. 전기차가 친환경적인 가치를 담은 제품인 만큼, LG에너지솔루션에서도 이러한 가치를 실현하기 위해 일부 대형차를 제외하고 소유하거나 임대하고 있는 차량을 100% 친환경 차량으로 대체하는 EV1 00 가입을 선언했다. 또한, 제품의 원재료부터 제조, 폐기까지 전 과정에 있어서 환경영향을 분석해 관리하는 LCA(전과정평가, Life Cycle Assessment)를 도입해 운영하고 있다. 이 과정은 다중 이해관계자와 관계된 기업의 활동이 잘 드러나는 지점이다. LG에너지솔루션이 직접 배터리를 제조하는 과정에서 전력을 절감하고 폐기물을 감축하고 폐기물을 감축할 수 있는 기술을 개발해 적용하는 것은 물론, 소비자가 사용을 마치고 폐기하는 배터리를 재활용하는 방법, 협력업체와 함께 온실가스를 감축하는 계획까지 포함된다(해줌, 2022).

(2) 사회적 책임을 다하는 공급망 관리

기업의 ESG 리스크는 어디에서든 발생할 수 있다. 때로는 원자재를 공급하는 협력업체에서 발생한 ESG 리스크가 기업에 커다란 영향을 끼치기도 한다.

(출처: https://blog.naver.com/haezoom)

[그림 12-7] LG ESG 경영

2016년 국제 인권 단체 앰네스티는 리튬이온배터리의 주요 원자재인 코발트 채굴 현장에서 아동노동 착취가 벌어졌다고 폭로했다. 전 세계 코발트의 50%를 생산하는 콩고민주공화국은 불안정한 정치 상황 속에서 코발트 채굴을 두고 독재 정권과 반군 세력, 다국적 광산기업 간에 세력 다툼이 벌어지고 있고, 이 과정에서 코발트 채굴 노동자들은 보호받지 못하고 있다. 특히 약 4만 명의 어린이가 장시간 저임금 노동으로 코발트를 생산해 왔다는 것이 큰 문제로 지적되었다. 이렇게 생산된 코발트는 여러 차례 가공을 거쳐 애플, 삼성, 소니 등의 전자제품에 사용되는데 전 세계의 소비자들은 이러한 사실에 분노하며 완제품을 생산하는 기업에서도 공급받는 원자재의 인권 문제에 대한 책임을 촉구했다. 이러한 이슈가 제기된 이후 LG에너지솔루션에서도 책임 있는 공급망을 운영하기 위해 노력해 왔는데 2019년에는 국내 배터리 업계 최초로 책임 있는 광물 조달을 위한 협의체인 RMI(Responsible Minerals lnitiative)에 가입하며 지금까지 공급망 관리 정책을 지속 해오고 있다. 코발트 아동노동 이슈는 LG에너지솔루션의 직접적인 잘못은 아니었지만, 모범적인 후속 조치를 통해 기업 이미지를 강화한 ESG 경영의 대표적인 성공사례로 볼 수 있다(해줌, 2022).

9) 카카오

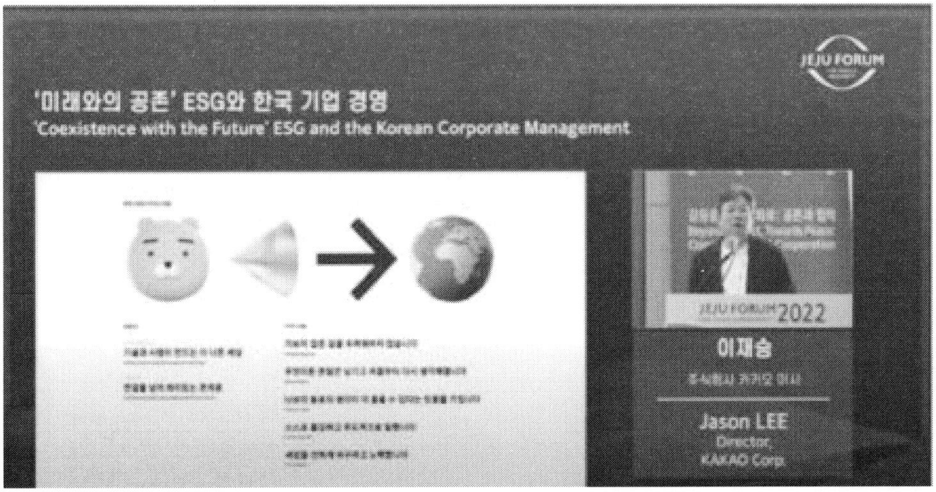

(출처: 오늘의 경제, 2023)

[그림 12-8] **카카오 ESG 경영**

카카오는 2021년에 KCGS 평가에서 통합 A등급을 받았다. 사회 부문은 A+등급, 지배구조 부문은 A등급을 받았는데, 환경 부문에서 세 등급이 상승한 A등급을 받았다. 카카오는 ESG 위원회를 신설하여 ESG 경영에 힘쓰겠다고 밝혔다. 이를 증명하듯이 기업의 약속과 책임 활동을 담은 보고서를 발간하기도 했다. 또한, 카카오는 청년 일자리 창출을 위한 계획을 발표하기도 했다. 청년 희망 ON 프로젝트로

5년간 1만 명의 인재를 채용하여 청년 실업 문제 해결에 앞장서는 모습을 보였다(오늘의 경제, 2023).

10) 아모레퍼시픽

- **탄소 및 폐기물 절감 노력**

  아모레퍼시픽은 '대자연과의 공존'이라는 슬로건하에 탄소를 적극적으로 감축하려는 계획을 추진 중인데, 2030년까지 국내외 모든 사업장의 전기를 100% 재생에너지로, 국내 물류 차량의 100%를 친환경 차로 대체하고, 사업장 내부에서 발생하는 폐기물 또한 전량 재활용 자원화해 폐기물 '0'을 달성할 계획이다(해줌, 2022).

(출처: https://blog.naver.com/haezoom/222669649380)

[그림 12-9] **아모레퍼시픽 ESG 경영**

특히 플라스틱 절감 노력이 긍정적으로 평가받고 있는데 2020년 10월에는 국내 최초로 샴푸, 컨디셔너, 바디워시를 리필해 구매할 수 있는 리필 스테이션을 선보이며 소비자들의 좋은 반응을 끌어냈다(해줌, 2022).

- 협력업체와 친환경 동반성장

  아모레퍼시픽에서는 간편한 분리배출을 위한 친환경적인 제품 디자인과 기술 개발에도 박차를 가하고 있는데, 이 과정에서 협력업체와의 친환경 동반성장을 통해 큰 성과를 얻기도 했다. 금속과 플라스틱의 복합 재질로 만들어져 재활용이 어려운 기존 펌프를 대체하기 위해 플라스틱으로만 구성된 메탈 제로 펌프, 수축 필름을 대체해 화장품 용기에 직접 인쇄할 수 있는 디지털 인쇄기, 화장품 포장재와 고정재로 사용하는 재활용 가능한 종이 등을 선보였는데 이는 모두 중, 소규모 협력체들이 개발한 성과이다. ESG 경영은 꾸준한 관심과 실천의 결과물이다. 아모레퍼시픽은 1993년 '태평양 그린 운동'을 선언하며 환경, 제품, 고객에 대한 무한 책임주의를 선언했고, 제품의 개발, 생산, 유통, 소비, 폐기의 각 단계의 환경 영향에 대해 조사해 왔다. 2009년에는 이러한 노력을 체계화해 지속 가능한 발전 보고서를 발간해 13년째 이어 오고 있고, 협력업체와 함께 탄소 배출량 감축 방안을 마련하는 '그린 파트너십' 또한 지속하고 있다(해줌, 2022).

11) 농협

금융계에서는 지배구조 투명성과 정확성을 향상하기 위해 디지털 감사를 적극적으로 도입하고 있다. 특히 농협은 디지털 감사를 도입해서 기존의 아날로그 방식의 회계 감사보다 효율성이 좋아졌다. 게다가 물리적인 한계가 있던 감사를 전수 조사 분석으로 전환해서 투명한 재무 정보를 얻게 되었다. 그동안 농협은 단위 조합으로 이루어져 있어서 전방위 감사가 힘들었다. 그러나 이제 농협, 축협에 직접 가지 않아도 전산 시스템으로 감사를 할 수 있으며, ESG 디지털 전환이 성공적으로 이루어졌다(오늘의 경제, 2023).

12) 오리온

1956년에 설립한 오리온은 초코파이를 포함해 포카칩, 예감 등 수많은 사람에게 사랑받는 과자를 만들었다. 오리온은 친환경 경영으로 'Green Growth'라는 비전을 발표했다. 2019년 국내 제과업체 중 최초로 플렉소 인쇄(기존 그라비어 인쇄 방식과 달리 양각 인쇄 방식을 통해 잉크와 유해 화합물인 유기 용제 사용량을 대폭 줄일 수 있는 인쇄 방식) 설비를 도입하고 2021년 플렉소 인쇄 2호 라인을 설치해 환경친화적인 포장재를 생산하고 있다.

오리온은 플렉소 인쇄 방식을 통해 연간 최대 800톤의 잉크와 유기 용제 사용량을 줄일 수 있었다고 한다. 현재 오리온은 제품의 80%까지 플렉소 인쇄 방식으로 포장재를 생산할 수 있지만, 앞으로는 이러한 환경친화적인 제품을 지속해서 확대하기 위해 노력 중이라고 한다. 또한, 2017년에는 두 곳의 협력회사들과 유해 화학물질을 사용하지 않은 환경친화적 포장재 개발에 성공해 환경부 녹색기술 인증을 획득하기도 했다(이노버스, 2023).

(출처: 오리온, 2024)

[그림 12-10] 오리온 ESG 경영

13) 롯데 웰푸드

롯데 웰푸드 역시 ESG 경영에 박차를 가하고 있는데, 환경경영에도 큰 노력을 기울이고 있다. 친환경 패키징 추진을 위해서 '플라스틱 저감', '친환경 인쇄 지향', '부산물 활용'의 3가지 방향으로 2025년까지 성과 창출이 목표라고 한다(이노버스, 2023).

- **용기/트레이에 사용하는 플라스틱의 25% 저감**
  용기 · 트레이에 사용하는 플라스틱을 25% 저감하는 목표와 포장 디자인 단순화, 플렉스 인쇄 방식 도입으로 패키지 등에 사용되는 잉크 · 용제를 550톤 저감하는 목표, 초콜릿 원료 사용 후 버려지는 카카오 열매 부산물로 친환경 종이 포장재 4,200톤 사용하는 목표를 갖고 있다고 한다(이노버스, 2023).

● 포장재 사용 현황(출고 중량)

구분	2018년	2019년	2020년
용기/트레이 플라스틱	3,305	3,320	3,162

※ EPR (Extended Producer Responsibility, 생산자책임재활용) 제도기준

● 플라스틱 저감 계획

구분	저감량(목표)	대표 제품
트레이 변경	567 ton	카스타드, 엄마손파이 등
포장 용기 변경	207 ton	칸쵸, 씨리얼 등
집기류 변경	33 ton	찰떡아이스 등
합계	**807 ton**	**연간 사용량: 3,305 → 2,498 ton**

(출처: 롯데 웰푸드, 2024)

[그림 12-11] **롯데 웰푸드 ESG 경영**

14) 크라운제과

크라운제과도 ESG 경영을 실천하면서 친환경 패키지, CO2 저감 시설투자, 자원 선순환 등을 목표로 두고 있다. FSC 인증 초장과 잉크 사용량 절감, 초장 규격 축소 등 목표를 달성하기 위해 다양한 노력을 하고 있다, 크라운제과는 4월 22일 지구의 날을 맞아 패키지에 사용하던 잉크 70%가량 줄인 'C콘칲 친환경 스페셜 에디션'을 한정 생산하여 200kg의 탄소를 절감했다.

(출처: 크라운제과, 2024)

[그림 12-12] 크라운제과 ESG 경영

패키지에는 시그니처인 옥수수 디자인이 사라지고 브랜드 로고와 지구의 날 마크, 바코드만을 넣었다고 한다. '지구의 날' 글자와 '함께해요! 탄소 중립'이 같이 새겨져 있어 더욱 탄소 중립의 중요성을 느낄 수 있는 것 같다(이노버스, 2023).

15) 당근마켓

당근마켓은 이용자들에게 새로운 서비스를 제공했을 뿐만 아니라, 이미 한국 사람들의 일상 속 새로운 문화로 자리 잡아 가고 있다.

중고 물품을 사고팔 때, 지역광고를 할 때, 우리 동네 정보를 얻고 싶을 때 많은 사람이 지역 기반 커뮤니티인 당근마켓을 떠올리곤 한다(시지태 테크놀러지, 2021).

(1) 환경(Environmental): 버려지던 자원을 '재'활용하다.

현재 우리나라는 낭비되는 자원으로 넘쳐나고 있다. 가장 대표적인 예시가 옷인데 패션계에서는 패스트 패션(Fast Fashion)이 이미 하나의 트렌드로 자리 잡았다. 패스트 패션은 의류 과다 생산이라는 결과를 불러왔다. 환경보호단체 그린피스에 따르면 전 세계 매년 직물 9200만 톤이 폐기물로 나오고 있다고 한다.

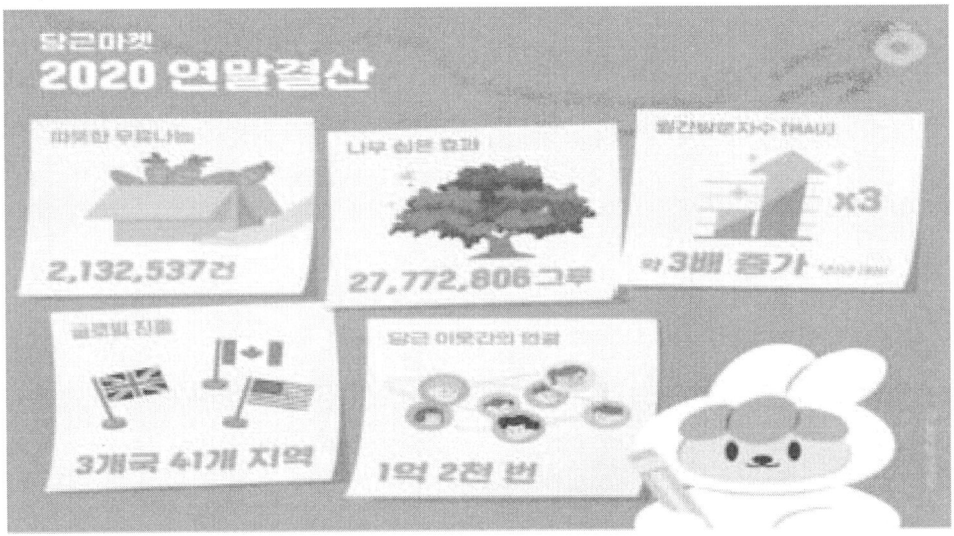

(출처: https://blog.naver.com/cgtae777)

[그림 12-13] 당근마켓 ESG 경영

첨부된 2020년 연말 결산 차트를 보니 작년에만 무려 1억 회가 넘는 거래와 나눔이 이뤄졌다고 한다. 이는 2770만 그루가 넘는 나무를 심는 것에 유사한 효과라고 한다.

또한, 당근 이웃끼리 200만 건 이상의 무료 나눔이 이루어졌다. 이렇게 중고 물품을 통한 환경 가치 창출, 당근마켓이 우리 사회에 꼭 필요한지 증명하고 있다(시지태 테크놀러지, 2021).

(2) 식량 자원 낭비 감소

편의점에서는 유통기한이 지난 식품들이 항상 폐기 처리된다. 당근마켓은 GS리테일과 함께 동네 편의점과 슈퍼마켓의 마감 상품들을 당근마켓 이용자에게 먼저 알려 주는 서비스를 곧 선보일 예정이다. 이를 통해 폐기 상품을 줄이고, 식량 자원을 효율적으로 활용할 수 있으며, 가맹점주들의 수익을 극대화할 수 있을 것으로 기대된다.

(3) 사회(Social): 지역사회에 생기를 불어넣다.

침체된 지역 경제 활성화: 일부 소상공인들은 코로나 감염 우려보다도 경제적 몰락이 더욱 큰 위협으로 다가온다고 한다. 예전이라면 관심이 없었던 디지털 홍보 수단을 새로 배우려는 소상공인들도 적지 않았는데, 당근마켓은 소상공인들을 위한 유용한 홍보 플랫폼이 되어 주었다. 중간중간에 광고를 확인할 수 있는데 소상공인은 주 고객층이 되어 줄 동네 주민들을 대상으로 다른 플랫폼(인스타그램, 페이스북 등)보다 저렴한 가격에 손쉽게 광고를 노출시킬 수 있다.

정보 알림이: 지역 경제를 위한 재난지원금 사용처 확인 서비스가 있다. 백화점, 대형마트, 온라인쇼핑몰 등에서는 사용이 불가능하다. 주로 전통시장, 동네마트 등 지역의 소규모 상점들에서 사용 가능한데 지역 주민들에게 재난지원금 사용 가능 상점을 더욱 효율적으로 알리기 위해 긴급재난지원금 사용처를 안내하는 서비스를 제공했다.

이 외에 소상공인의 날 캠페인, 디지털 격차 문제 해결을 위해 서울 강서구청과 함께 부품 나눔 캠페인을 진행하였다(시지태 테크놀러지, 2021).

(출처: https://blog.naver.com/cgtae777)

[그림 12-14] 당근마켓 부품나눔 캠페인

평소에 쓰진 않지만 멀쩡한 컴퓨터 부품(메모리, CPU 등)을 기부하면 완제품으로의 조립 과정을 거쳐 저소득층 학생들에게 최종적으로 전달된다. 이는 방치돼 있던 물품을 십분 활용하고 지역 주민들이 함께 힘을 합쳐서 사회 문제 해결에 일조한 뜻깊은 캠페인이었다(시지태 테크놀러지, 2021).

3. 소비자들의 환경 보호 니즈

ESG 경영은 소비자들의 환경 보호 니즈가 생길수록 필수적이다. 실제로 한 소비자는 매일유업 음료에 기본으로 부착된 빨대를 다시 기업으로 돌려보내 환경 문제를 제기했는데, 매일유업은 해당 소비자에게 직접 손편지를 보내 빨대 사용 없이도 음용하기 편한 포장재를 연구 중이라며 문제를 제기해 준 소비자에게 감사 인사를 전했다고 한다. 이처럼 소비자들은 착한 소비, 가치 소비와 같이 환경과 사회를 고려하면서 제품을 구매하고 있다. 점차 변화하는 소비 성향에 맞추어서 ESG 경영을 고려하는 기업들이 많아지는 이유이기도 하다(이노버스, 2023).

Chapter

13

NPO ESG 경영의 미래

Chapter

13 NPO ESG 경영의 미래

소비자는 기업의 사회적 책임과 이에 대한 구체적인 행동을 기대한다. 점점 소비자의 구매 욕구는 소비자의 가치와 기업이 추구하는 가치가 일치하거나 비슷할 때 소비자는 반응을 일으킨다. 이 부분은 사회적 가치가 반영된 것으로 기업은 ESG 경영을 적극적으로 도입하고 있고, NPO에도 확산하고 있다. 특히 NPO는 환경을 고려한 사업, 교육, 건강, 빈곤 퇴치 등 사회적 문제 해결을 위한 프로그램을 강화하는 지역사회 연계 사업, 투명한 회계 및 윤리경영의 책임 있는 운영에 더 주력하고 있다. 기업이나 정부, NPO는 공동 목표인 지구와 인류의 지속 가능함을 위해 함께 협력하고 노력해야 한다. 이에 각각의 영역에서 영리 기업과 NPO의 ESG 지표를 진단하고, ESG 경영의 미래전략과 ESG 경영이 지속 가능하게 하려면 어떠한 조건이 필요한지 살펴본다.

1. ESG 평가지표

1) 기업의 ESG 평가지표

(1) 국내 기업의 ESG 평가 영역

한국ESG기준원은 독자적인 ESG 평가 모형을 기반으로 환경, 사회, 일반상장사 지배구조, 금융사 지배구조 4개 영역의 평가를 시행하고 있으며 영역별 전문적이고 고유한 평가체계를 갖추고 있다(한국ESG기준원, 2024).

〈표 13-1〉 국내 기업의 ESG 평가영역

E	S	G	FG
환경 (Environmental)	사회 (Social)	일반상장사 지배구조 (Governance)	금융사 지배구조 (Financial Institution Governance)
글로벌 자본시장에서 투자자들의 기후 변화 관련 재무정보 요구가 증가함에 따라 기후 변화 관련 공시 및 주요환경 이슈를 반영하여 글로벌 공시 체계와 연계성을 강화한 평가 모형	기업의 사회책임 경영을 평가하기 위해 비재무 정보공개에 관한 글로벌 가이드라인, ISO26000 등 사회책임 경영과 관련된 국제적인 표준 및 지침, 사회 모범규준 등을 연계한 평가 모형	OECD 기업지배구조원칙 등 기업의 지속 가능하고 바람직한 지배구조를 위한 국제 기준뿐만 아니라 국내 법령 및 기업 관행, 기업지배구조 모범규준 등에 근거하여 국내 기업의 지배구조 특성을 반영한 평가 모형	금융기관에 특화된 지배구조 평가 모형은 BCBS 및 FSB의 가이드라인 등 국제 원칙에 부합하는 한편 국내 금융기관의 특성을 반영하여 개발한 특화된 평가 모형

(출처: 한국ESG기준원, 2024)

(2) ESG 평가 가중치 설정

한국ESG기준원 ESG 평가는 기업의 환경 영향도에 따라 영역별 가중치를 설정하여 통합 등급을 산출한다. 환경 영향도는 산업 업종, 생산설비 여부, 환경 오염물질 배출 수준 등을 종합적으로 고려하며, 지역사회 및 환경에 미치는 영향에 따른 가중치를 적용한다(한국ESG기준원, 2024).

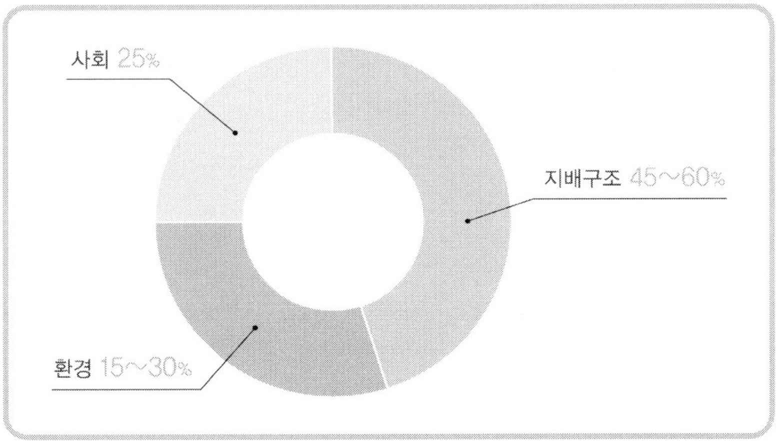

(출처: 한국ESG기준원, 2024)

[그림 13-1] 국내 기업 ESG 평가 가중치

(3) ESG 평가 모형

한국ESG기준원의 ESG 평가 모형은 OECD 기업지배구조 원칙, TCFD, OECD 인권 실사지침 등 국제 기준에 부합할 뿐만 아니라 국내 법제 및 경영환경을 충실히 반영하여 개발된 독자적 평가 모형이다.

〈표 13-2〉 ESG 평가 모형

평가영역	평가모형모델	KCGS 모범 규준	법 · 제도 · 규범
환경	경영 프로세스 모델	☑ 리더십과 거버넌스 ☑ 위험관리 ☑ 운영 및 성과 ☑ 이해관계자 소통	• 탄소 중립 기본법 • 화학물질의 등록 및 평가 등에 관한 법률 • ISO 14001 및 환경표지 · 환경인증제도 • 기후 관련 재무정보공개 등
사회	사회책임경영 이슈 중심 모델	☑ 리더십과 거버넌스 ☑ 비재무 위험관리 ☑ 운영 및 성과 ☑ 이해관계자 소통	• 독점규제 및 공정거래에 관한 법률 • 사회적 책임 세계 표준 등 • 국제노동기구 핵심 협약 • UN 국제 인권 선언 및 OECD 인권 실사지침 등
지배구조	통제기능 모델	☑ 이사회 리더십 ☑ 주주권 보호 ☑ 감사 ☑ 주주 및 이해관계자 소통	• 상법 및 금융사의 지배구조에 관한 법률 • OECD 기업지배구조 원칙 • ICGN 글로벌 지배구조 원칙 • 바젤은행감독위원회 은행 지배구조 원칙 등

(출처: 한국ESG기준원, 2024)

(4) ESG 평가체계-환경(E) 평가지표

글로벌 자본시장에서 기후 변화 관련 재무적 정보공개에 관한 투자자들의 요구가 증가함에 따라 기후 변화 관련 정보공시 및 주요환경 이슈를 반영하여 글로벌 공시체계와 연계하고 있다. 평가지표는 ESG 모범 규준을 반영하여 환경경영 리더십 및 거버넌스, 전사적 차원의 위험관리 체계 구축의 중요성을 강화하는 취지로 대분류 4개, 중분류 12개로 구성된다(한국ESG기준원, 2024).

〈표 13-3〉 환경(E) 평가지표

대분류	중분류
1. 리더십과 거버넌스	1) 거버넌스 2) 전략 및 목표 3) 환경경영 내재화
2. 위험관리	1) 위험관리
3. 운영 및 성과	1) 기후 변화 2) 자원순환 3) 물/토양/생물 다양성 4) 오염물질/화학물질 5) 친환경 공급망 6) 친환경 제품 및 서비스
4. 이해관계자 소통	1) 이해관계자 대응 2) 환경정보 공개

(출처: 한국ESG기준원, 2024)

(5) ESG 평가체계-사회(S) 평가지표

기업의 사회책임경영을 평가하기 위해 비재무 정보공개에 관한 글로벌 가이드라인, ISO26000 등 사회책임 경영과 관련된 국제적인 표준, 지침, 사회 모범 규준과 평가 모형을 연계하고 있다. 평가지표는 주요 인권, 안전 등 사회책임 경영 이슈를 중심으로 대분류 9개, 중분류 26개로 구성된다(한국ESG기준원, 2024).

〈표 13-4〉 사회(S) 평가지표

대분류	중분류
1. 리더십과 거버넌스	1) 전략과 방침
2. 노동 관행	1) 공정하고 차별 없는 고용 2) 일과 생활의 균형 지원 3) 건전한 노사관계 형성 4) 근로자 역량 개발 및 지원

대분류	중분류
3. 직장 내 안전보건	1) 안전보건 거버넌스 2) 안전보건 위험관리
4. 인권	1) 인권 경영 거버넌스 2) 인권 위험관리
5. 공정운영 관행	1) 공정운영 거버넌스 2) 공정운영 위험관리 3) 동반성장 기반 확립 4) 공급망 위험관리
6. 지속가능한 소비	1) 소비자 권익 보호 거버넌스 2) 소비자 권익 침해 위험관리 3) 소비자와의 소통 4) 적극적이고 효과적인 피해보상 5) 지속가능한 소비 진작
7. 정보보호 및 개인정보 보호	1) 정보보호 및 개인정보 보호 거버넌스 2) 정보보호 및 개인정보 보호 위험관리 3) 정보보호 투자 4) 정보 주체 권리 보장
8. 지역사회 참여 및 개발	1) 지역사회 참여 거버넌스 2) 지역사회 위험관리 3) 지역사회 참여 성과 관리
9. 이해관계자 소통	1) 사회책임 경영 정보공개

(출처: 한국ESG기준원, 2024)

(6) ESG 평가체계–일반상장사 지배구조(G) 평가지표

평가지표는 주요 지배구조 이슈를 중심으로 구성하고, 분류체계는 통계적 유의성(신뢰도 및 구조적 타당도) 분석을 거쳐 대분류 4개, 중분류 14개로 구성된다. 평가대상 기업은 기업 유형(일반기업/공기업), 자산규모, 지배 주주 유무, 감사위원회 유무에 따라 총 9개 유형으로 분류하고, 해당 분류에 따라 평가지표를 적용한다(한국ESG기준원, 2024).

〈표 13-5〉 일반상장사 지배구조(G) 평가지표

대분류	중분류
1. 이사회 리더십	1) 이사회 독립성 2) 이사회 다양성 및 전문성 3) 이사회 운영 4) 이사회 내 위원회 - 보상위원회 5) 이사회 내 위원회 - 사외이사 후보 추천 위원회 6) 이사 보수
2. 주주권 보호	1) 주주의 권리 2) 주주 환원 3) 소유구조
3. 감사	1) 감사기구 구성 2) 감사기구 운영 3) 회계 투명성 4) 내부통제 및 리스크 관리
4. 이해관계자 소통	1) 정보공개

(출처: 한국ESG기준원, 2024)

(7) ESG 평가체계-금융사 지배구조(G) 평가지표

금융사 지배구조 모범 규준, OECD 및 바젤위원회의 지배구조 가이드라인 등을 토대로 평가 모형을 설계하였으며, 평가지표는 주요 지배구조 이슈를 중심으로 하여 7개 대분류, 19개 중분류로 구성된다. 평가 대상기업은 상장 여부, 개인 지배 주주, 지배구조법 적용 범위, 설립 근거법에 따라 7개 유형으로 분류하고, 해당 분류에 따라 평가지표를 적용한다(한국ESG기준원, 2024).

〈표 13-6〉 금융사 지배구조(G) 평가지표

대분류	중분류
1. 이사회	1) 이사회의 역할과 책임 2) 이사의 역할과 책임 3) 이사회의 구성 4) 이사회의 운영 5) 임원(최고경영자 제외)의 선임
2. 주주권 보호	1) 주주의 권리 2) 주주총회 3) 소유구조 4) 계열회사와의 거래
3. 최고경영자	–
4. 보수	1) 보수 위원회 2) 보수 체계
5. 위험관리	1) 위험관리 위원회 2) 위험관리
6. 감사기구 및 내부통제	1) 감사기구 구성 2) 감사기구 운영 3) 내부통제
7. 이해관계자 소통	1) 공시 일반 2) 연차보고서 공시 3) 홈페이지 정보공개

(출처: 한국ESG기준원, 2024)

2) NPO ESG 평가지표

(1) NPO ESG 가이던스 개발 절차

- 1단계: 사회적 책임 운영기준인 ISO 26000(조직의 지배구조, 인권, 노동 관행, 환경, 소비자 이슈, 공정운영 관행, 지역사회 참여와 발전) 이행수준 체크리스트 집중 검토
- 2단계: 지속 가능 경영 성과 보고의 국제 기준인 GRI standard Index와 2021년

12월 발표된 'K-ESG 지표'를 검토하여 공통의 이슈와 평가지표를 도출 후 조직의 비재무성과를 보고하는 형식인 TBL(Triple Bottom Line: 경제 · 사회 · 환경 성과)을 채택

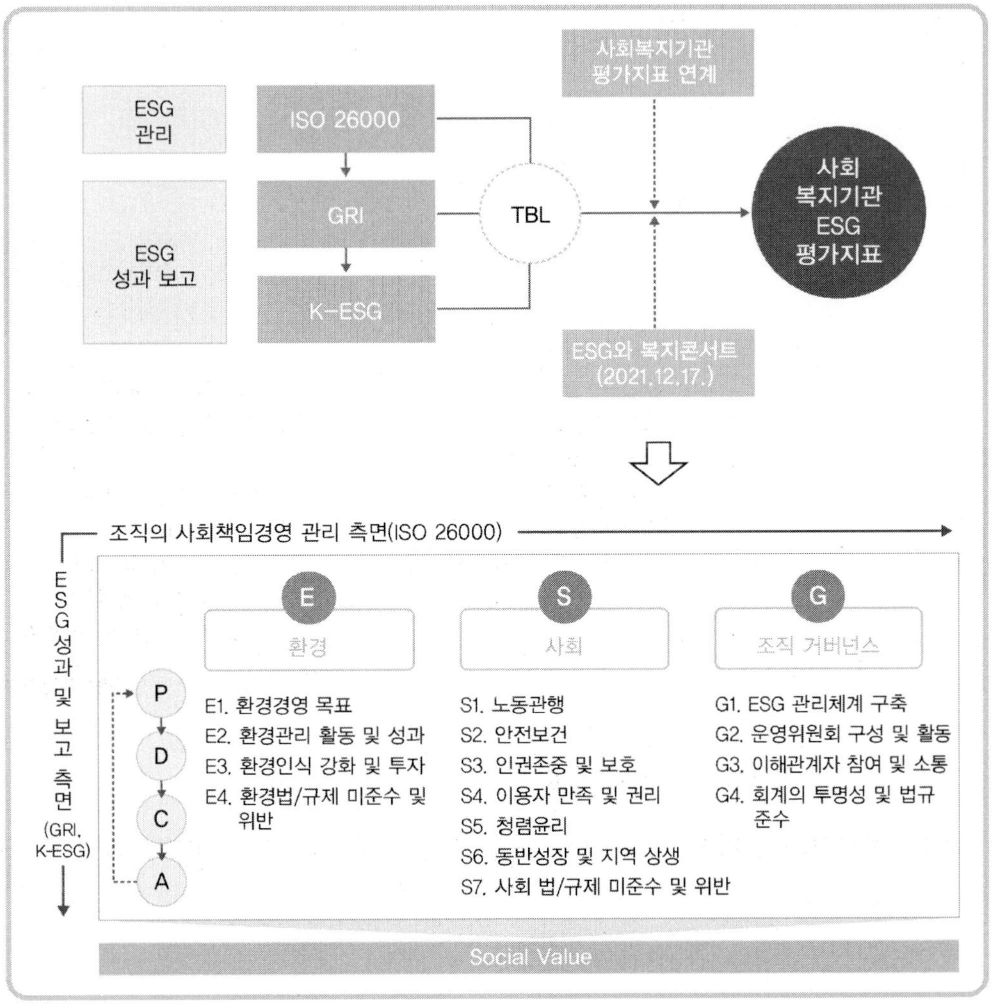

(출처: 경기복지재단, 2021)

[그림 13-2] 복지시설 ESG 가이던스 개발 절차

- 3단계: 사회복지기관 평가지표에서 ESG와 관련된 지표 도출, 2021년 12월 17일 개최된 ESG 복지콘서트에서 논의된 이슈와 연계하여 최종적으로 사회복지기관 ESG 지표개발

(2) NPO ESG 평가영역

NPO ESG 지표는 43개로 구성되었고 구체적인 평가영역은 〈표 13-7〉과 같다.

〈표 13-7〉 NPO ESG 평가영역

E	S	G
환경 (Environmental)	사회 (Social)	조직 거버넌스 (Governance)
☑ 환경경영 목표 ☑ 환경관리 활동 및 성과 ☑ 환경 인식 강화 및 투자 ☑ 환경법/규제 미준수 위반	☑ 노동 관행 ☑ 안전보건 ☑ 인권존중 및 보호 ☑ 이용자 만족 및 권리 ☑ 청렴 윤리 ☑ 동반성장 및 지역 상생 ☑ 사회법/규제 미준수 및 위반	☑ ESG 관리체계 구축 ☑ 운영위원회 구성 및 활동 ☑ 이해관계자 참여 및 소통 ☑ 회계의 투명성 및 법규준수 ☑ 환경경영 목표 ☑ 환경관리 활동 및 성과 ☑ 환경 인식 강화 및 투정 ☑ 환경법/규제 미준수 및 위반

(출처: 경기복지재단, 2021)

(3) NPO ESG 평가 가중치 설정

NPO ESG 평가는 지역사회 영역이 가장 크며 지배구조, 환경 따라 영역별 가중치를 설정하였다.

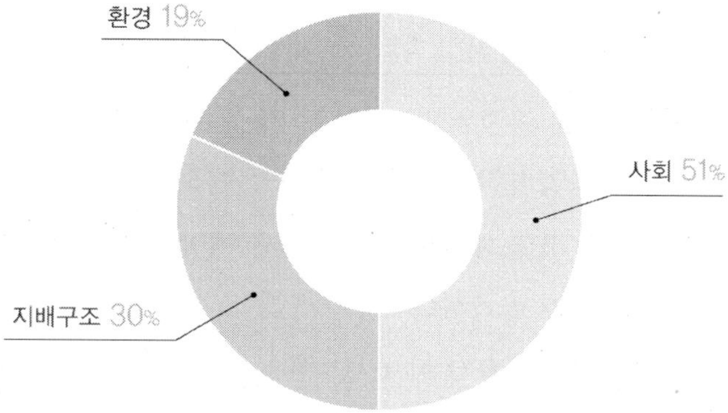

(출처: 경기복지재단, 2021)

[그림 13-3] NPO ESG 평가 가중치

(4) ESG 평가체계-환경(E) 평가지표

복지기관이 뚜렷한 자신만의 환경 관련 비전, 전략, 정책에 기반한 실제 환경관리를 추진하면서, 중요한 환경요인별로 정량적 목표 등을 설정하고 있는지 등을 평가한다.

〈표 13-8〉 환경(E) 평가지표

대분류	중분류
1. 환경경영 목표	1) 기관운영에 친환경 정책 및 규범 적용 여부 2) 친환경 경영을 위한 정량적 목표 수립
2. 환경관리 활동 및 성과	1) 물 사용량 절감 활동 및 체계적 관리 2) 에너지 사용량 절감 활동 및 체계적 관리 3) 폐기물 배출 저감 활동 및 체계적 관리
3. 환경 인식 강화 및 투자	1) 직원 대상 환경 교육 실시 및 전파 2) 친환경 제품 구입 및 일회용품 사용 저감 노력도
4. 환경법/규제 미준수 및 위반	1) 환경 관련 법/규제 미준수 및 위반(감점)

(출처: 경기복지재단, 2021)

(5) ESG 평가체계-사회(S) 평가지표

- 노동 관행은 기관이 고용하고 있는 임직원과 밀접한 지표로 임직원의 노동권 보호, 공정한 채용과 고용안정, 적절한 복지정책, 교육지원 등을 평가한다.
- 안전보건은 기관의 임직원과 시설이용자의 안전보건을 확보하기 위한 기관의 안전관리 체계구축 정도, 응급상황 및 화재 예방 대비 체계, 실제 안전사고 건수의 발생 정도 등을 평가한다. 안전사고 발생은 기관의 치명적인 악영향을 미칠 수 있기 때문에 안전사고 발생 전에 관련 사항을 점검하고 발생할 경우 어떻게 대처할 것인가를 평가한다.
- 인권존중 및 보호는 기관의 임직원 및 시설이용자 등의 인권확보를 위한 기관의 인권 경영 관리체계의 성숙 정도, 인권보장 실행 프로그램, 인권 경영에 대한 모니터링 및 인권 영향평가 등을 평가한다.
- 이용자 만족 및 권리는 기관의 고객 만족 체계, 편의시설에 대한 투자 및 확보, 이용자의 고충 처리시스템, 이용자의 개인정보 보호 관리 시스템, 서비스 정보 제공 등 전반적인 고객 만족 경영의 성숙도를 평가한다.
- 동반성장 및 지역 상생은 기관의 각종 계약 및 구매업체 선정 시 노동, 인권, 반부패 등을 고려하고, 지역 사회공헌 및 봉사 정도 등의 수준을 평가한다.

〈표 13-9〉 사회(S) 평가지표

대분류	중분류
1. 노동 관행	1) 노동 관행 체계구축 2) 공정한 채용 3) 직원 교육 4) 직원 복지
2. 안전보건	1) 안전관리 체계구축 2) 응급상황 및 화재 예방 3) 안전사고 발생 현황

대분류	중분류
3. 인권존중 및 보호	1) 인권 경영 체계구축 2) 학대 예방 및 인권보장 3) 인권 모니터링 및 평가
4. 이용자 만족 및 권리	1) 이용자 만족경영 체계구축 2) 편의시설의 적절성 3) 고충 처리 4) 개인정보 보호 및 비밀보장 5) 서비스 정보 제공
5. 청렴 윤리	1) 윤리경영 체계구축 2) 반부패 예방 및 청렴 강화 3) 청렴 윤리 모니터링 및 평가 4) 후원금(품) 사용 및 관리의 투명성
6. 동반성장 및 지역 상생	1) 책임감 있는 공급망 관리 2) 지역사회 참여 및 발전
7. 사회법/규제 미준수 및 위반	1) 사회* 관련 법/규제 미준수 및 위반(감점)

(출처: 경기복지재단, 2021)

(6) ESG 평가체계-거버넌스(G) 평가지표

- ESG 관리체계 구축은 자체적인 ESG 비전, 전략, 정책을 보유하고 그것들에 대한 실천 여부에 대한 체계적인 내부 보고 및 관리가 이루어지고 있는지를 평가한다.
- 운영위원회 구성 및 활동은 복지기관의 핵심적 의사결정 단위인 운영위원회의 독립성, 다양성, 전문성, 운영위원회의 활성화 수준 등을 평가한다.
- 이해관계자 참여 및 소통은 ESG 정보에 대한 적극적 공개, 이해관계자에 대한 체계적인 식별, 소통의 활성화, 이해관계자별 주요 관심 이슈의 파악, 핵심적인 우호 그룹인 자원봉사자의 관리 수준 등을 평가한다.
- 회계의 투명성 및 법규준수는 재무관리의 투명성 및 체계화, 각종 법규의 위반 및 행정으로부터의 지적 정도 등을 평가한다.

〈표 13-10〉 조직(G) 평가지표

대분류	중분류
1. ESG 관리체계 구축	1) ESG 가이드라인 및 정책 보유 2). ESG 활동 주관 및 효율적 관리 여부
2. 운영위원회 구성 및 활동	1) 시설장의 전문성 2) 운영위원회의 독립성 3) 운영위원회의 성별 다양성 4) 운영위원회 개최 횟수 5) 운영위원회 위원 참석률 6) 위원회 구성 현황
3. 이해관계자 참여 및 소통	1) ESG 정보공시 2) 이해관계자 식별 및 소통 3) 자원봉사자 관리
4. 회계의 투명성 및 법규준수	1) 회계의 투명한 관리 여부 2) 지배구조법/규제 미준수 및 위반(감점)

(출처: 사회복지기관 ESG 경영을 위한 진단 도구 개발(2021.12.), 경기복지재단)

2. ESG 경영 미래전략

1) 기업

(1) 기업의 ESG 경영전략

기업의 ESG 활동은 기업의 따뜻한 이미지와 유능한 이미지에 영향을 미친다. 따뜻함과 유능한 이미지는 가격 공정성 지각에 긍정적인 영향을 주고, 이는 고객 관점에서 브랜드 태도, 충성도, 추가 비용 지급 의사에 영향을 미친다(박윤나 · 한상린, 2021). 기업의 ESG 활동은 제품과 서비스의 가격을 형성하는 과정과 직접적인 연관이 없는 활동임에도 불구하고 기업의 이미지 형성을 통해 소비자가 제품과 서비스 가격에 대한 공정성 지각으로 연결된다.

(2) 소비자 대상기업의 ESG 경영 이미지

- 기업의 이미지를 개선하고자 할 때 ESG 활동을 전략적으로 활용하기
- 사회적 책임을 다하는 따뜻함을 보유한 기업 이미지
- 가치 창출 능력을 갖춘 유능한 기업 이미지
- 기업의 경쟁 우위를 얻기 위한 전략으로 활용될 수 있다.
- 소비자에게 긍정적인 영향을 미치는 유용한 경영전략이다.

(3) 세계경제포럼 · 삼성 사례

2020년 세계경제포럼은 거버넌스, 지구, 사람, 번영 등 5개 축 중 거버넌스를 첫 번째로 꼽았다. 사회 · 환경 문제를 해결하려는 리더 · 이사회 · 이해관계자 등 사람의 의지와 시너지가 없다면 E와 S가 제대로 추진될 수 없기 때문이다(정서영, 2024). 삼성전자는 사업부장이 모두 사내이사로 이사회에 참가해 책임 경영을 실천하고 있다. 이와 함께 사외이사가 경영진을 견제하는 거버넌스 체계를 갖추고 있다. 이사회 산하 지속가능경영위원회는 11인 중 6인이 사외이사이다.

(4) 기업의 ESG 경영 미래전략

〈표 13-11〉 기업의 ESG 경영 미래전략 현황

기업	ESG 경영 핵심 전략	E 환경 (Environmental)	S 사회 (Social)	G 지배구조 (Governance)
LG유플러스[1]	고객만족도 향상 • 개인정보 보호 • 디지털 접근성 향상 • 전략적 사회공헌 • 정보보안	• 탈탄소화, 2050년까지 탄소 중립을 위해 데이터센터와 통신국사의 친환경 전환 노력 중, 평촌 메가센터를 친환경 IDC로 구축 • 2030년까지 2021년 대비 약 38%의 온실가스 배출량을 재생에너지 전환으로 줄이는 목표 • 2050년 온실가스 예상 배출량의 25%를 자체 감축하고 나머지 75%는 재생에너지를 사용해 감축 계획	• 교육 격차 해소를 위해 '아이들 나라' 서비스에 전용 스마트 패드와 통신요금을 지원하는 '12주 챌린지' 사회공헌활동 중 • 메이크어위시 코리아와 함께 고려대 구로병원 환아를 위한 '아이들 나라, 디즈니 놀이터' 조성 • 건강 관리 서비스 '스마트 실버케어' 진행 중 • 2016년부터 '즐거운 직장팀'을 만들고, 인간존중 경영 실천	
현대 자동차[2]	ESG 경영 내재화 환경을 위한 사회적 책임	• 2045년까지 탄소 중립 목표 • 2025년까지 울산공장에 태양광 에너지 조달계획 • 국내 사업 부지 내 2000억 원을 투입해 태양광 자가발전 인프라 구축, 2030년까지 국내외 전체 사업장의 전력 60%를 재생에너지로 충당할 계획		• 이사회 내 여성 이사 비율 증가
한국콜마 홀팅스[3]	진정성 구성원 모두에게 ESG	• ESG 내재화를 위한 캠페인 활동 • ESG 주간과 사회공헌에 중점을 둔 콜마 커넥트	• 우보천리 상생드림 아카데미는 인재육성을 통한 기업의 지속 성장을 목표로 함.	

기업	ESG 경영 핵심 전략	E 환경 (Environmental)	S 사회 (Social)	G 지배구조 (Governance)
	경영 내재화 주력 계열사들이 모두 참여, 최고경영자의 전폭적 지원	주간 활동(자차 없는 날, 탄소 중립 서약 등) • 친환경 패키지 개발	• 순환 근무를 통해 조직구성원의 적성에 맞는 직무 경로 설정, 구성원의 직무 역량을 확장하는 정책	
신한 라이프[4)]	멋진 세상을 향한 올바른 실천–친환경, 상생, 신뢰 경영	• 탄소 저감 활동, 전 임직원이 참여하는 걷기 기부 활동 • 바이 싸이클 캠페인, 쓰레기를 줄이고 원료로 재활용할 예정, 핸드타월을 재활용해 탄소배출 감소		
SK[5)]	토탈 솔루션 제공 기업	• 2030년 기준 전 세계 탄소 감축 목표량의 1%(2억 톤)의 탄소를 SK그룹이 줄이는 것을 목표로 제시	• 사회적 기업 지원을 통해 일자리 창출과 사회적 가치 증진에 기여	• 윤리경영 체계를 강화하고 지속 가능한 공급망 관리를 강조
삼성 전자[6)]	인재와 기술을 바탕으로 최고 제품과 서비스를 창출해 인류사회에 공헌	• 제품에 폐어망, 재생 플라스틱 등 재활용 소재를 적용하고 있으며, 제품을 수거해 다시 활용하는 '삼성 업사이클링 프로젝트'를 추진 • '순환경제연구소'를 열고, 스타트업 육성 프로그램 'C랩 아웃사이드'를 통해 환경 문제 해결을 위해 나서고 있는 스타트업 생태계를 지원	• 지역사회 교육 프로그램, 장학 사업을 통해 청소년 교육 지원	• 이사회 내 위원회 구성에서 독립성을 강화 • 이사회 산하 지속 가능 경영위원회는 11인 중 6인이 사외이사

1) 이승균(2024). 인터뷰 리딩 "통신은 탈 탄소 인프라...ESG로 고객 경험도 혁신하죠", 이홍렬 LG유플러스 커뮤니케이션센터 ESG 추진실장, www.hankyung.com/esg.

2) 김동수(2024). ESG Report "정의선 회장의 미래 비전, ESG 경영으로 뒷받침, 장재훈 현대자동차 대표이사, ㈜엑

2) NPO의 ESG 경영 미래전략

NPO, 즉 비영리기관의 ESG 경영은 시작단계에 있다. 그러나 시대적 흐름에 맞춰 비영리기관도 스스로 변화를 지향하는 추세이다. 비영리기관의 ESG 경영 미래는 다음과 같은 방향으로 전개될 것이다.

(1) **환경적 책임 강화:** 지속 가능한 운영을 통해 환경 영향을 최소화하려는 노력이 향상할 것이다.
(2) **사회적 영향 확대:** 지역사회와의 협력을 통해 긍정적인 사회적 영향을 강화할 것이다.
(3) **투명한 거버넌스:** 내부 규정과 투명성을 강화하여 기부자와 이해관계자와의 신뢰를 높일 것이다.
(4) **협력과 파트너십:** 기업 및 정부와의 협력을 통해 ESG 목표를 더욱 효과적으로 추진할 것이다.

이러한 경향은 비영리기관이 지속 가능성을 중심으로 한 사회적 가치 창출에 더욱 이바지하도록 할 것이다.

미래의 ESG 경영은 내재화 단계를 거쳐서 지속 가능한 지구와 인류를 위해 사회

설런스코리아.

3) 이승균(2024). 인터뷰 리딩 "5개 주력 계열사 보고 발간...중견기업 ESG 모델 만들 겁니다" 김종철 한국콜마홀딩스 지속 가능 경영 사무국 상무, www.hankyung.com/esg.

4) 남빛하늘(2024). 친환경 경영으로 만드는 지속가능한 미래: ESG 경영에 힘 쏟는 이영종 신한라이프 사장, ㈜엑설런스코리아.

5) 임호동(2024). 2024 주요기업 ESG · 미래전략, "SK, 인류 문제 해결책 제시하는 기업 될 것", 그린포스트코리아.

6) 임호동(2024). 2024 주요 기업 ESG · 미래전략, 삼성전자 올해 키워드, "초격차 · 초연결 · 지속 가능 경영", 그린포스트코리아; 정서영(2024). 스페셜 리포트, "삼성전자 정도경영 의지, '거버넌스' S등급 이어간다", INSIGHT KOREA.

적 가치에 합치되는 방향으로 전개될 것이다. ESG 경영이 지속할 수 있게 하려면 다음과 같은 조건이 필요하다.

3. 지속 가능한 ESG 경영이 되기 위한 조건

1) 기업이 지속 가능한 ESG 경영이 되기 위한 조건

기업이 지속 가능한 ESG(환경, 사회, 지배구조) 경영을 실현하기 위해서는 다음과 같이 여러 조건이 필요하다.

(1) 명확한 비전과 목표 설정

ESG 경영을 위한 명확한 비전과 장기적인 목표를 설정해야 한다. 이는 기업의 전반적인 경영전략과 일치해야 한다.

(2) 리더십의 의지와 참여

경영진과 이사회가 ESG 경영의 중요성을 인식하고 적극적으로 지원해야 한다. 리더십의 의지가 없으면 실질적인 변화가 어렵다.

(3) ESG 통합 전략

ESG 요소를 기업의 핵심 전략에 통합하여, 모든 경영활동에 반영되도록 해야 한다.

이를 위해 ESG 관련 지표와 성과를 관리하고 보고하는 시스템이 필요하다.

(4) 투명한 정보공개

ESG 활동과 성과에 대한 투명한 정보공개가 중요하다. 이는 이해관계자들에게 신뢰를 줄 수 있으며, 국제적인 ESG 기준 및 가이드라인을 따르는 것이 좋다.

(5) 지속적인 교육과 훈련

임직원들에게 ESG의 중요성과 실천 방법에 대한 교육을 제공하여, 모든 직원이 ESG 목표를 이해하고 이에 맞게 행동할 수 있도록 해야 한다.

(6) 이해관계자와의 소통

주주, 고객, 직원, 지역사회 등 다양한 이해관계자들과의 소통을 통해 그들의 기대와 요구를 반영하는 것이 중요하다. 이를 통해 더 나은 ESG 성과를 도출할 수 있다.

(7) 지속 가능성 평가와 개선

정기적으로 ESG 활동을 평가하고, 개선할 부분을 찾아내어 지속해서 발전시켜야 한다. 이를 위해 내부 감사를 포함한 다양한 평가 도구를 사용할 수 있다.

(8) 혁신과 기술 도입

지속 가능한 경영을 위해 혁신적인 기술과 솔루션을 도입하여 환경적 영향을 최소화하고, 사회적 가치를 창출할 방법을 모색해야 한다.

(9) 파트너십 구축

다양한 NGO, 정부 기관, 학계 등과 파트너십을 구축하여 협력하고, 공동의 ESG 목표를 달성하기 위해 노력해야 한다.

(10) 법규준수 및 윤리적 경영

국내외의 ESG 관련 법규와 규제를 준수하고, 윤리적 경영을 통해 공정하고 책임있는 기업문화를 형성해야 한다.

이와 같은 조건들을 충족함으로써 기업은 지속 가능한 ESG 경영을 실현하고, 장기적으로 경쟁력을 확보할 수 있을 것이다.

4. NPO의 지속 가능한 ESG 경영이 되기 위한 조건

비영리기관이 지속 가능한 ESG 경영을 실현하기 위해서는 기업과는 약간 다른 조건들이 필요하다. 비영리기관의 특성을 고려하여 다음과 같은 조건들을 충족해야 한다.

1) 명확한 사명과 비전 설정

비영리기관의 목적과 ESG 경영 목표가 일치해야 한다. ESG 활동이 기관의 사명과 비전에 부합하는지 확인하고 명확한 목표를 설정해야 한다.

2) 리더십의 참여와 지원

기관의 리더십(이사회, 경영진 등)이 ESG 경영의 중요성을 인식하고 적극적으로 지원해야 한다. 리더십의 의지와 참여가 실질적인 변화의 시작점이 된다.

3) ESG 정책과 전략 수립

비영리기관의 활동과 운영 전반에 ESG 원칙을 반영한 정책과 전략을 수립해야 한다. 이는 장기적인 지속 가능성을 확보하기 위해 필수적이다.

4) 투명한 정보공개와 커뮤니케이션

ESG 활동과 성과에 대한 투명한 보고와 커뮤니케이션이 중요하다. 이는 기부자, 자원봉사자, 수혜자 등 다양한 이해관계자들에게 신뢰를 줄 수 있다.

5) 지속적인 교육과 훈련

직원과 자원봉사자들에게 ESG의 중요성과 실천 방법에 대한 교육을 제공하여,

기관의 모든 구성원이 ESG 목표를 이해하고 이에 맞게 행동할 수 있도록 해야 한다.

6) 이해관계자와의 협력

기부자, 자원봉사자, 수혜자, 지역사회 등 다양한 이해관계자들과의 소통과 협력을 통해 그들의 기대와 요구를 반영하는 것이 중요하다. 이는 비영리기관의 신뢰성과 지지를 높이는 데 도움이 된다.

7) 지속 가능성 평가와 개선

정기적으로 ESG 활동을 평가하고, 개선할 부분을 찾아내어 지속해서 발전시켜야 한다. 평가 결과를 바탕으로 구체적인 개선 계획을 수립하고 실행해야 한다.

8) 윤리적 경영과 법규준수

윤리적 경영을 통해 공정하고 책임 있는 기관 문화를 형성해야 한다. 또한, 국내외의 ESG 관련 법규와 규제를 준수해야 한다.

9) 혁신과 기술 도입

지속 가능한 운영을 위해 혁신적인 기술과 솔루션을 도입하여 환경적 영향을 최소화하고, 사회적 가치를 창출할 방법을 모색해야 한다.

10) 지속 가능한 재정 관리

재정의 투명성과 지속 가능성을 확보하기 위해 철저한 재정 관리를 해야 한다. 이는 기관의 장기적인 운영과 활동을 뒷받침한다.

11) 지역사회와의 연계 강화

지역사회와의 연계를 강화하여 지역사회의 지속 가능성에 기여하는 활동을 해야 한다. 이는 기관의 사회적 책임을 다하는 동시에 지역사회와의 신뢰를 구축하는 데 도움이 된다.

비영리기관이 이러한 조건들을 충족함으로써 지속 가능한 ESG 경영을 실현할 수 있으며, 이를 통해 더 큰 사회적, 환경적 가치를 창출할 수 있다.

5. ESG와 공존하기

1) ESG와 공존하기

ESG 경영만을 영리 기업이나 NPO에 적용하는 것이 아니라 기업의 사회적 책임, 공유가치, 지속 가능성, 임팩트 투자 등을 함께 실행하여 지구와 인류의 공동 문제를 해결해 나가야 한다.

2) ESG와 사회적 가치(Social Value)

ESG는 투자자의 관점에서 재무적 요소 외에 비재무적 요소를 강조하는 반면 사회적 가치는 투자자 외에 사회 구성원을 고려하여 경영하는 방식이다. 그러므로 ESG 경영보다 사회적 가치경영은 사회 전반에 적용된다.

참고문헌

1. 국내 참고 문헌

Apple(2023). Apple 지속 가능 보고서.

CJ 뉴스룸(2021.11.10.). CJ대한통운 ESG경영, 동북아 ESG 컨퍼런스서 성공 사례로 소개.

ESG 경제(2021). 중소 ESG 경영대응 동향조사 결과와 정책적 시사점, 이슈포커스 2021-8호.

Google(2023). Google 지속 가능 보고서.

IBM(2023). IMB 지속 가능 보고서.

LG화학(2023). LG화학 지속 가능 보고서.

Microsoft(2023). Microsoft 지속 가능 보고서.

Samsung Newsroom(2023). "삼성전자, 12년 연속 '동반성장 최우수 기업' 선정."

SK하이닉스(2023). SK하이닉스 지속 가능 보고서.

Unilever(2023). Unilever 지속 가능 보고서.

강원, 정무권(2020). ESG 활동의 효과와 기업의 재무적 특성. **한국증권학회지, 49**(5), 681-707.

강채령, 이태희(2022). 유럽의 ESG 법제화에 따른 K-ESG 대응방안에 관한 연구. **경영컨설팅연구, 22**(2), 301-311.

경기문화재단의 ESG 경영 및 기록경영.

경기복지재단(2021). 사회복지기관 ESG 경영을 위한 진단도구 개발.

경희고등학교의 ESG 포럼, 캠페인.

공원주(2022). International Standard 요구사항에 기반한 ESG 경영 평가 방법. 한국품질경영학회 학술대회(N/A). 73p.

국가유산청 국립해양유산연구소(2024). 국립해야유산연구소 ESG 추진전략.

권보영(2022). 여성 사회복지사들이 지각한 윤리적 리더십이 경력정체성에 미치는 영향. 이화여자대학교 박사학위논문.

그린리 · 조앤 · 헬렌코헨(2000). 비영리단체가 되는 것의 도전.

김경민(2020). **공적리더십: 모두를 위해 리드하라.** 서울: 크레파스북.

김근영(2022.05.23). SK, 작년 사회적가치 18조원 창출 SV측정 계산식 첫 공개. 워크투데이.

김대원(2024). 기업의 ESG 활동 특성이 진정성 인식에 미치는 영향에 관한 연구. 충북대학교 NPO ESG 경영론대학원 박사학위논문.

김덕용(2017). **브랜드 개념과 실제.** 세종: 와이북스.

김동수(2024). ESG 리포트 정의선 회장의 미래 비전 ESG 경영으로 뒷받침. ㈜엑설런스코리아.

김미진(2022). 투자자와 기업 간의 ESG 소통. **한국기업지배구조학회지, 22**(1), 110-125.

김병연, 박종철, 정웅채(2021). **ESG경영과 법률.** 경기: 도서출판 정독.

김상봉(2019), 윤리적 리더십이 구성원의 행동에 미치는 영향에 관한 연구. 동신대학교 박사학위논문.

김선민(2014). 해외 사회책임투자(SRI) 현황과 시사점.

김성진(2017). **자원봉사와 비영리조직의 역할.** 서울: 대영문화사.

김성철(2020). **공공 보건 캠페인의 효과와 지속 가능성.** 충남: 백석대학교 출판부.

김성철(2021). **지역 경제 활성화를 위한 직업 훈련 프로그램 연구.** 충남: 백석대학교 출판부.

김성철, 권정곤, 김동빈, 정광림, 이정자(2018). **사회복지 경영리더십.** 경기: 21세기사.

김성환(2021). ESG 경영 전략과 이사회의 역할. **한국경영학회지, 34**(2), 45-62.

김수영(2022). ESG 성과 보고의 중요성. **한국회계학연구, 29**(1), 30-47.

김승욱(2023). **ESG 경영과 지속가능 전략.** 서울: 박영사.

김연성(2011). 경영시스템의 통합전략과 효율적 운영방안. 경기대학교 건설 · 산업대학원 석사학위논문.

김영기, 진미경(2024). **ESG경영 사례연구.** 서울: 도서출판 렛츠북.

김영욱(2020). **한국 비영리단체의 재정관리.** 서울: 나남출판.

김영호(2022). 내부 감사와 ESG 리스크 관리. **한국감사학회지, 30**(4), 45-61.

김재구, 배종태, 이정현, 이무원, 양대규, 강신형(2022). **포스트코로나 시대 사회가치경영의 실천 전략.** 서울: 클라우드나인.

김재권(2022). ESG 경영을 위한 실무자 및 평가원 역량의 기준 수립 방법론. 한국품질경영학회 춘계학술발표논문집, 72.

김재필(2021). **ESG 혁명이 온다.** 서울: 한스미디어.

김재필(2022). **ESG 혁명이 온다. 2.** 서울: 한스미디어.

김정연(2022). 비영리법인 이사회의 운영 실태와 개선방안. **이화여자대학교 법학논집, 26**(3). 1-43.

김종철(2024). 리딩 기업의 미래 전략 5개 주력 계열사 보고서 발간: 중견기업 ESG 모델 만들 겁니다. 한국경제매거진(주).

김지헌(2019). **디스 이즈 브랜딩**. 서울: 턴어라운드.

김지혜, 김정교(2020). 공익법인의 수익구조와 지배구조가 재정 건전성에 미치는 영향. **회계학연구, 45**(5), 203-248.

김지훈(2023). 빅테크 기업의 ESG 경영이 브랜드이미지, 신뢰 및 이용의도에 미치는 영향에 관한 연구: 대화형 인공지능(LLMs A.I.) 사용자를 대상으로. **대한경영학회지, 36**(12), 2209-2225.

김진수(2020). **현대 비영리조직의 운영과 관리**. 서울: 경문사.

김창봉, 오유진(2022). 국내 중소수출제조기업 유통 · 물류 부문의 Green SCM 도입수준에 영향을 미치는 이해관계자 결정요인 연구 -ISO 14001 데이터 구축 기간의 조절효과. **한국물류학회지, 32**(5), 15-31.

김창환, 손승연(2022). 윤리적 리더십 국내 연구동향 분석 및 향후연구 제언. **윤리경영연구, 22**(1), 27-58.

김춘순, 이다솔, 이대웅(2021). 사회복지정책 참여자로서 NPO의 발전방향에 관한 연구-조직평가를 중심으로. **한국콘텐츠학회 논문지, 21**(5), 716-726.

김혜란(2023). 문화상품 선호도에 따른 기업 브랜드 선호도와 충성도에 관한 연구. **상품학연구, 41**(1), 45-51.

김화진(2021). ESG시대의 기업경영과 투자. 정책 & 지식 포럼 제1003회, 한국정책지식센터.

김희연(2022). 복지영역의 ESG경영을 위한 탐색적 연구: 종합사회복지관을 사례로. **한국거버넌스학회보, 29**(3), 177-194.

나석권(2021). ESG 경영의 과거 · 현재 · 미래. 사회적가치연구원(영리기업의 ESG 경영 예측), 한국NGO신문.

나석권, 오유림, 유승권, 윤설화(2023). ESG Handbook Governance. 사회적가치연구원(CSES). 이노소셜랩 지속경영센터, 스튜디오 림.

나아람(2022). ESG경영이 소비자의 참여의도와 기업이미지에 미치는 영향에 관한 연구. 전주대학교 대학원 박사학위논문.

나우승(2024). 사회적 책임투자와 보험산업에의 적용과 시사점. 보험연구소.

남명진(2022). 지속가능리더십과 사회적 기업가정신이 ESG 경영과 비재무적성과에 미치는 영향. 수원대학교 대학원 박사학위논문.

남빛하늘(2024). 친환경 경영으로 만드는 지속가능한 미래: ESG 경영에 힘 쏟는 이영종 신한 라이프 사장. ㈜엑설런스코리아.

남심숙(2023). 사회적기업의 조직문화가 조직성과에 미치는 영향 연구. 동국대학교 박사학위논문.

노동운(2016). 파리협정, 세계 온실가스 감축을 위한 도전과 과제, 세계 에너지시장 인사이트 제16-10호.

뉴스1(2021). ESG 경영 성공 기업들의 공통점은? 국내 ESG 모범 사례 완벽 정리!. 네이버블로그.

뉴시스(2021). **관광공사, 'ESG 관광' 해외 성공사례 분석.** 서울: 뉴시스통신사.

대한상공회의소(2022). 지속가능경영을 위한 기업 가이드, ESG A to Z. 대한상공회의소, 9-14.

디스 · 그레고리(1998). 진취적인 비영리단체.

라아람(2022). ESG경영이 소비자의 참여의도와 기업 이미지에 미치는 영향에 관한 연구. 전주대학교 대학원 박사학위논문.

라이프인(2022). 사회복지 분야의 ESG 실천, 왜 필요할까?.

류중호(2023). 외식기업의 ESG경영이 기대성과에 미치는 영향에 관한 연구. 경기대학교 박사학위논문.

르몽드 디플로마티크(2020). 멋진 신세계의 주인, ESG시민의 탄생.

매거진 한경(2012). SRI 펀드의 매력, 두 마리 토끼 잡는 '착한 펀드'

무크 · 로리 · 잭퀴터 · 앤암스토롱(2024). 사회적 경제의 이해.

문성(2023). 상장회사의 ESG와 준법지원인의 역할. **상사판례연구, 36**(3), 161-195.

문일권, 정재석(2023). 브랜드 진정성에 대한 지각된 차별화가 구매의도에 미치는 영향: MZ 세대 성향의 조절효과와 조절된 매개효과 중심으로. **소비자학연구, 34**(1), 89-112.

박상원(2018). **비영리 조직의 이론과 실제.** 서울: 학지사.

박상준(2024). ESG경영상의 기업지배구조 개선에 관한 법적 연구: 대규모 상장회사의 집행임원제도를 중심으로, 한양대학교 대학원 박사학위논문.

박수만(2022). 건설업의 ESG 핵심지표와 경영전략에 관한 연구, 동아대학교 대학원 박사학위논문.

박윤나, 한상린(2021). 기업의 ESG 활동이 기업 이미지, 지각된 가격 공정성 및 소비자 반응에 미치는 영향. **경영학연구, 50**(3), 643-664.

박재형(2021). ESG 성과와 투자 결정. **한국금융학회지, 20**(3), 75-91.

박준영(2021). ESG 교육 프로그램의 효과. **한국교육학회지, 23**(1), 65-80.

박지은(2022). 리스크 관리와 ESG 경영: 이사회의 감독 역할. **한국재무학회지, 28**(1), 15-29.

박태규(2021). 1990년대 이후 비영리 조직 지배구조에 대한 연구. **한국비영리연구, 20**(2), 41-55.

박한성(2023). ESG 경영 환경에 따른 기업지배구조의 재조명 - 이사의 신인의무에 따른 ESG 요소 고려 의무화 -. 외법논집.

박혁(2023). ESG시대의 기업의 지속가능 경영을 위한 기업지배구조의 변화에 관한 연구. 가천대학교 글로벌캠퍼스 일반대학원 박사학위논문.

박현주(2019). **비영리단체의 사회적 가치 창출.** 서울: 한울아카데미.

방만금(2020), 인권의식과 사회복지마케팅 연구. 백석대학교 박사학위논문.

법무법인 세종(2023). OECD, 10년 만에 다국적 기업 가이드라인 개정.

변영조, 우승한(2022). 기업의 ESG 경영에 대한 국내·외 연구동향. **청정기술, 28**(2), 193-200.

비즈니스포스트(2023.12.18.). 현대해상 '3세 경영' 본격 시동, 정경선 ESG 전문성 살려 보폭 넓힌다.

삼성전자(2023). 삼성전자 지속 가능 보고서.

서강대학교 경제학과 https://sc.sogang.ac.kr/aifinlab

서울장애인종합복지관 곽재복 관장. (2021). ESG를 보며 장애인복지를 생각하다 Ver. 2.0[feat. ESG와 SDGs를 생각하며]. 네이버 블로그.

송민경(2022). 기후위기와 산림. 국립산림과학원.

신지영(2022). **지금 당장 ESG.** 서울: 천그루숲.

신현암, 전성률(2022). **왜 파타고니아는 맥주를 팔까.** 서울: 흐름출판.

영리한 오스카(2024). https://blog.naver.com/haezoom/222669649380

오늘의 경제(2023). https://finispot.com

오현주(2022). ESG가 이익조정, 조세회피 및 재무성과에 미치는 영향에 관한 연구. 경일대학교 박사학위논문. pp. 41-44.

용석광(2022). **ESG와 윤리 · 준법경영.zip.** 경기: 맑은샘.

유승권(2022.10.14.). [ESG의 이해] 'G'를 '지배구조'라 부르면 곤란한 이유. ESG경제.

윤승배, 박혜림, 유연우(2018). **사회적경제 컨설팅 방법론.** 서울: 한성대학교출판부.

윤지혜(2022). 법규 준수와 윤리적 경영. **한국법학회지, 28**(1), 95-112.

이갑두(2020). 칼빈의 신앙과 경제윤리 그리고 제네바의 변혁의 관계. **로고스경영연구, 18**(4), 1-26.

이근상(2023). **당신의 브랜드는 브랜드가 아닐 수 있다.** 서울: 몽스북.

이남경, 황일영, 이수욱(2021). 사회적기업 경영자의 윤리적 리더십이 사회적기업 구성원의 직무몰입에 미치는 영향. **혁신기업연구, 6**(2), 13-27.

이노버스(2023). https://www.inobus.co.kr

이동원(2022). 조직에 대한 사회적 책임 도입 방안 −ISO 26000의 실천지침을 중심으로−. **법학논총, 35**(1), 449-478.

이선원, 정종수(2020). ISO 22301과 ISMS 인증 요구사항이 기업성과에 미치는 영향: 기업문화매개를 중심으로. **한국재난정보학회논문집, 16**(3), 558-576.

이승균(2024.02.06.). 인터뷰 리딩 "5개 주력 계열사 보고 발간...중견기업 ESG 모델 만들 겁니다" 김종철 한국콜마홀딩스 지속가능경영 사무국 상무.

이승균, 서범세(2024). 이홍렬 LG유플러스 커뮤니케이션센터 ESG추진실장: 통신은 탈탄소 인프라 ESG로 고객 경험도 혁신하죠. 한국경제매거진(주).

이승현(2021). ESG 데이터 분석과 성과 관리. **한국정보관리학회지, 25**(3), 55-70.

이익규(2014). 비영리 조직의 구축 및 자금조달 사례 연구. 저널 물 정책 · 경제.

이정기, 이재혁(2020). 지속가능경영연구의 현황 및 발전방향: ESG 평가지표를 중심으로. **전략 경영연구, 23**(2), 65-92.

이정화(2019). **비영리단체의 세무와 회계.** 서울: 세경사.

이정환(2021). ESG 성과 평가 및 개선 방안. **한국회계학회지, 36**(3), 78-93.

이태호(2023). **ESG의 이해와 실천.** 서울: 율곡출판사.

이형규(2022). ESG 정보공시와 상장회사의 대응. **비교사법, 29**(4), 101-147.

이형종, 송양민(2021). **ESG 경영과 자본주의 혁신.** 경기: 북이십일.

이효정, 김규림, 박도휘, 김나래, 김수경(2023). ESG 정보공시 의무화 시대, 기업은 무엇을 준비해야 하는가?. 삼정KPMG 경제연구원. Vol. 86 · 2023.

인간개발연구원(2022). https://hdi.or.kr

인천신문(2022). 인천사서원, 사회복지관 ESG 경영 적용 방안 연구 최종보고회.

임성택(2023). 국제거래와 거버넌스. 법무법인 지평 ESG 센터, 2023 9월호 Vol. 136.

임성택, 이준희, 장영은, 김원순(2021). ESG 주요 내용 및 관련 법률이슈와 국내외 동향. 로앤비.

임팩트온(2021.07.12.). ESG와 ISO 인증 관련성은? "ESG 실천 가이드라인으로 이용하라"

임호동(2022.08.05.). ESG는 왜 시작됐고 어떻게 진화하는가. 그린포스트코리아.

임호동(2024.02.02.). 2024 주요기업 ESG · 미래전략, "SK, 인류문제 해결책 제시하는 기업될 것" 그린포스트코리아.

임호동(2024.01.16.). 2024 주요기업 ESG · 미래전략, 삼성전자 올해 키워드, "초격차 · 초연결 · 지속가능경영" 그린포스트코리아.

장대현(2022). '청렴 · 윤리 · 준법경영'의 솔루션, ISO 37301, 렛츠북.

장석인(2023). 국내기업의 ESG 경영동기와 경영전략 및 해외사례연구. **혁신기업연구, 8**(1), 385-405.

장수찬(2013). 시민사회 역량강화와 지방정부의 역할: 중간지원기관 전략을 중심으로. **NGO 연구, 8**(1), 1-33.

장승규 · 조수빈(2024). 지속가능 식품이 브랜드의 정체성이죠: 오경석 풀무원 바른마음경영실 상무, 한국경제매거진(주).

장우영(2021). 기관투자자의 ESG투자와 지속가능성. **기업법연구, 35**(3), 10-15.

장진원(2024). 2024 소비자 선정 최고의 브랜드 대상| 시장 사로잡은 대한민국 최고 브랜드. 포브스 코리아, 144-150.

제테크하는 제인 블로그(2023). https://blog.naver.com/alswl09100

전우성(2022). **그래서 브랜딩이 필요합니다.** 경기: 한올엠앤씨.

전현경(2020). 비영리기관의 투명성 인식에 대한 질적 연구. **소비문화연구, 23**(3), 167-186.

정서영(2024). 삼성전자 정도경영 의지 '거버넌스' S등급 이어간다: "투명경영 위해 윤리적인 방식으로 사업 수행해 사회적 책임 다할 것"

정서영(2024). 스페셜 리포트, "삼성전자 정도경영 의지, '거버넌스' S등급 이어간다", INSIGHT KOREA.

정윤석(2022). 경영진의 ESG 실행 전략. **한국경영컨설팅학회지, 22**(4), 105-122.

정지원 · 원충열(2017). **어바웃 브랜딩.** 서울: 한스컨텐츠.

정혜린(2021). 지속 가능 투자 기회 발굴. **한국투자학회지, 26**(2), 50-67.

조민서(2021). ESG 보고서 검토 및 공시 전략. **한국재무회계학회지, 34**(2), 85-102.

지방공기업 웹진(2022). ESG 경영시대, 기업의 대응방안과 실행전략(www.erc.re.kr/webzine/vol34).

최미화(2021). 기업혁신, 지속가능경영 및 기업가치. **세무회계연구**, 67, 55-73.

최민정(2021). 조직 문화와 ESG 경영의 상관관계. **한국인적자원관리학회지**, 19(2), 90-105.

최성철(2021). ESG, 포스트코로나 시대의 지속가능경영 전략, SAMSUNG SDS, IT테크놀로지.

최영훈 · 양진국 · 이상범(2012). ISO 실무통합운영을 위한 통합경영시스템 프로세스 구축-건설산업을 중심으로-. **대한건축학회연합논문집**, 14(4), 261-269.

최유경(2020). 사회적 가치의 향연(SYMPOSIUM), 사회적가치 실현을 위한 입법화 연구(Ⅱ), **특별이슈** 2, 32-35.

최종엽 · 정종수 · 최석찬(2022). 자동차부품제조업에서 비즈니스연속성 경영시스템(ISO 22301) NPO ESG 경영론이 중대산업재해 감소에 미치는 영향 연구. 2022년 (사)한국재난정보학회 정기학술대회논문집, 275-276.

포스코(2023). 포스코 지속 가능 보고서.

포스터 · 윌리엄 · 제프리 브래닥(1997). 비영리단체는 근로소득의 원천을 찾아야 하는가.

풀무원뉴스(2022.02.22.). [풀무원의 ESG경영⑯] ESG 맛집, 풀무원의 ESG 대상 수상 비결.

한경잡앤조이(2022). https://magazine.hankyung.com/job-joy

한국ESG기준원(2024). ESG 평가방법론.

한국IR협의회(2024). ESG 공시 가이드라인.

한국NGO신문(2024.04.19.) 초록우산 황영기 회장 “초록우산은 국내 아동을 가장 많이, 잘 지원하는 NPO”

한국거래소(2021). ESG 공시 모범규준.

한국거래소(2021). ESG 정보 공개 가이던스.

한국경제(2021). KOTRA, ESG 경영 지원해외 성공사례 보고서 발간.

한국기업지배구조원(2024). ESG 공시 현황 및 개선방안.

한국상장회사협의회(2024). ESG 공시 가이드라인.

한국환경정책, 평가연구원(2024). ESG 공시 가이드라인 개발.

한국회계기준원(2024). ESG 회계기준 개발.

한지영(2022). ESG 정책 개발과 실행 전략. **한국정책학회지**, 31(2), 120-137.

한지인(2022). **ESG 브랜딩 워크북**. 서울: 북스톤.

현대자동차(2023). 현대자동차 지속 가능 보고서.

현승용 · 최윤석(2007). 'ISO 9000/14000 통합경영시스템에 관한 연구(프로세스 중심 모형과 구축사례)', 한국생산관리학회지, 18(4), 201-224.

현효원 · 박정근 · 예정연 · 염지환(2024). 사회복지기관 영역에서 브랜드의 역할에 관한 연구: 브랜드이미지와 브랜드인지도를 중심으로. 마케팅연구, 39(1), 83-106.

홍석재(2018). 비영리단체의 투명성과 책임성. 서울: 박영사.

홍종훈 · 김문중(2022). 윤리적 리더십이 자기효능감을 통해 일 몰입에 미치는 영향과 LMX의 조절된 매개효과. 인문사회21, 13(6), 4181-4196.

황유식 · 유권일 · 김성우(2021). ESG 머니전략. 서울: 미래의 창.

황인극 · 손환식 · 강성진(2023). 지속가능 기업을 위한 ESG 경영. 서울: 청람.

2. 국외 참고 문헌

インターブランドジャパン(2021). 브랜딩의 7가지 원칙. [ブランディング7つの原則. 実践編] (박재영 역). 서울: 유엑스리뷰(원저출간: 2019).

Aaker, D. A. (2021). 데이비드 아커의 브랜딩의 정석: 최고의 브랜드는 어떻게 만들어지는가. [Managing brand equity: capitalizing on the value of a brand name] (범어디자인연구소 역). 서울: 유엑스리뷰(원저출간: 1991).

Adams, L. (2019). Effective ESG Models for Nonprofits. Sustainable NGO Review.

Aguinis, H., & Glavas, A. (2019). On Corporate Social Responsibility, Sensemaking, and the Search for Meaning Through Work. *Journal of Management, 45*(3), 1057-1086.

Albuquerque, R., Koskinen, Y., Yang, S., & Zhang, C. (2020). Resiliency of environmental and social stocks: An analysis of the exogenous COVID-19 market crash. *The Review of Corporate Finance Studies, 9*(3), 593-621.

Apple(2020). Apple's Environmental Progress Report 2020. Apple.

Barnea, A., & Rubin, A. (2005). Corporate Social Responsibility as a Conflict Between Owners, Social Performance Metrics Conference. Haas Center for Responsible Business.

Barnett, M. L., & Salomon, R. M. (2006). Beyond dichotomy: The curvilinear relationship between social responsibility and financial performance. *Strategic Management*

Journal, 27(11), 1101-1122.

Barrick(2020). Sustainability Report 2020 Barrick.

Bass, B. M., & Avolio, B. J. (2000). *MLQ — Multifactor Leadership Questionnaire*(2nd ed.). Redwood City, CA: Mind Garden Inc

BBC(2020). Covid-19 pandemic leading to huge drop in air pollution.

Ben-Amar, W., Chang, M., & McIlkenny, P. (2017). Board gender diversity and corporate response to sustainability initiatives: Evidence from the carbon disclosure project. *Journal of business ethics, 142*(2), 369-383.

Black, R. (2021). Global Perspectives on ESG and Nonprofits. International NGO Journal.

BlackRock(2020). Our approach to sustainability—BlackRock investment stewardship.

BlackRock(2020). Our Commitment to Sustainability.

Bloomberg(2020). ESG Investing Surges in Popularity Amid Market Turbulence.

Böling, K., Murguí, D. I., & Godfrid, J. (2017). Sustainability reporting in the mining sector: Exploring its symbolic nature. Business Society.

Bowen, H. R. (1953). *Social Responsibilities of the Businessman.* New York: Harper & Row.

Bowen, H. R. (2013). *Social responsibilities of the businessman.* Iowa: University of Iowa Press.

Brinckerhoff, P. C. (2000). *Social entrepreneurship: The art of mission-based venture development.* Hoboken, NJ: Wiley.

Brown, K. (2022). The Role of ESG in Nonprofit Sustainability. Nonprofit Leadership.

Brown, M. (2021). Case Studies of ESG Implementation in NGOs. Sustainable Futures.

Brown, M. E., & Treviño, L. K. (2006). Ethical leadership: A review and future directions. *The Leadership Quarterly, 17*(6), 595-616.

Carr, J. C. & Hopkins, B. R. (1996). The Legal Guide for Nonprofit Boards.

Carroll, A. B. (1999). Corporate social responsibility: Evolution of a definitional construct. *Business & Society, 38*(3), 268-295.

Conyon, M., & Peck, S. (1998). Board Control, Remuneration Committees and Top Management Compensation. *Academy of Management Journal, 41*(2), 146-157.

Core, J. E., Holthausen, R. W., & Larcker, D. F. (1999). Corporate governance, chief executive officer compensation, and firm performance. *Journal of financial economics, 51*(3), 371-406.

Cornell, B., & Shapiro, A. C. (2021). Corporate stakeholders, corporate valuation and ESG. *European Financial Management, 27*(2), 196–207.

Darian Rodriguez Heyman(2016). Nonprofit Management 101: A Complete and Practical Guide for Leaders and Professionals.

Davis, E. (2022). ESG Strategies for Nonprofits. Nonprofit Quarterly.

Deloitte(2021). COVID-19: Implications for corporate governance.

Dicke, L. A., & Ott, J. S. (Eds.). (2023). *Understanding Nonprofit Organizations: Governance, Leadership, and Management* (4th ed.). New York: Routledge.

Doe, J. (2021). The Impact of ESG on Nonprofit Organizations. Global NPO Journal.

Drucker, P. F. (2010). Managing the Non-Profit Organization: Principles and Practices.

Drucker, P. F. (2014). **리더의 도전**. [Management cases] (김홍식 역). 서울: 한국경제신문(원저출간: 1983).

Du, S., Bhattacharya, C. B., & Sen, S. (2010). Maximizing Business Returns to Corporate Social Responsibility(CSR): The Role of CSR Communication. *International Journal of Management Reviews, 12*(1), 8-19.

European Commission(2020). Sustainable Finance Disclosure Regulation(SFDR).

Fink, L. (2020). Larry Fink's Annual Letter to CEOs. BlackRock.

Flammer, C. (2015). Does Corporate Social Responsibility Lead to Superior Financial Performance? A Regression Discontinuity Approach. *Management Science, 61*(11), 2549–2568.

Fonseca, A., McAllister, M. L., & Fitzpatrick, P. (2014). Sustainability reporting among mining corporations: A constructive critique of the GRI approach. *Journal of Cleaner Production,* 84, 70–83.

Friede, G., Busch, T., and Bassen, A. (2015). ESG and financial performance: aggregated evidence from more than 2000 empirical studies. *Journal of Sustainable Finance and Investment, 5*(4), 210-233.

FTSE Russell(2020). FTSE4Good Index Series.

Galbreath, J. (2013). ESG in focus: The Australian evidence. *Journal of business ethics,*

118(3), 529-541.

Google(2017). Google Environmental Report 2017.

Google(2020). Google's Social Impact.

Green, S. (2020). Innovative ESG Practices in NGOs. Charity Dynamics.

GRI(2022). GRI Sector Standards Project for mining - globalreporting.org. Sector Standard Project for Mining.

Hahn, R., & Künen, M. (2013). Determinants of sustainability reporting: A review of results, trends, theory, and opportunities in an expanding field of research. *Journal of Cleaner Production,* 59, 5-21.

Henderson, R. (2021). **자본주의 대전환: 하버드 ESG 경영수업.** [Reimagining capitalism in a world on fire] (임상훈 역). 서울: 어크로스(원저출간: 2020).

Holden, E., Linnerud, K., Banister, D., Schwanitz, V. J., & Wierling, A. (2017). The imperatives of sustainable development: needs, justice, limits. Routledge.

Hopkins, B. R. (2019). *The Law of Tax-Exempt Organizations.* Chicago: Wiley.

Howell, J. M., & Avolio, B. J. (1992). The ethics of charismatic leadership: Submission or liberation? *Academy of Management Perspectives, 6*(2), 43–54.

International Finance Corporation(2005). *Who Cares Wins: One Year On.*

Jaggi, B., & Zhao, R. (1996). Environmental performance and reporting: perceptions of managers and accounting professionals in Hong Kong. *The International Journal of Accounting, 31*(3), 333-346.

Johnson, A. (2019). Sustainability and Social Responsibility in Nonprofits. World Charity Press.

KPMG(2020), The Time Has Come: The KPMG Survey of Sustainability Reporting.

Levit, A. (2020). **휴머니티 웍스.** [Humanity works: merging technologies and people for the workforce of the future] (서정아 역). 서울: 성신미디어(원저출간: 2018).

Levy, M., & Dubinsky, A. J. (1983). Identifying and addressing retail salespeople's ethical problems: A method and application. *Journal of Retailing, 59*(1), 46-66.

Manaktola, K., & Jauhari, V. (2007). Exploring Consumer Attitude and Behavior towards Green Practices in the Lodging Industry in India. *International Journal of Contemporary Hospitality Management,* 19, 364-377.

Mayer, D. M., Kuenzi, M., & Greenbaum, R. L. (2010). Examining the link between ethical leadership and employee misconduct: The mediating role of ethical climate. *Journal of Business Ethics,* 95, 7-16.

McWilliams, A. & Siegel, D. (2001) Corporate Social Responsibility: A Theory of the Firm Perspective. *Academy of Management Review,* 26, 117-127.

MSCI(2020). MSCI ESG Ratings.

OECD(2011). OECD Guidelines for Multinational Enterprises.

OECD(2015). "G20/OECD Principles of Corporate Governance," OECD Publishing.

Perez, F., & Sanchez, L. E. (2009). Assessing the evolution of sustainability reporting in the mining sector. *Environmental Management, 43*(6), 949-961.

Petkus, E., & Woodruff, R. B. (1992). A model of the socially responsible decision-making process in marketing: linking decision makers and stakeholders. *In American Marketing Association, 6*(3), 154-161.

Pioneer Fund(1928). Pioneer Fund History.

Proffitt, R. B. (1996). Managing the Non-profit Organization.

PwC(2020). COVID-19: What it means for governance and transparency.

Ramlugun, V. G. & Raboute, W. G. (2015). Do CSR Practices of Banks in Mauritius Lead to Satisfaction and Loyalty? *Studies in Business and Economics, 10*(2), 128-144.

Rasche, A., Morsing, M., & Moon, J. (Eds.) (2017). *Corporate Social Responsibility: Strategy, Communication, Governance.* Cambridge: Cambridge University Press.

Ryan Isto. (2022). A Study of the Integration of Environment, Social, and Governance Policy. Master of Science, Mining Engineering Montana Tech.

S&P Global(2021). The Evolving Nature of ESG Standards and Frameworks.

SASB(2020). Sustainability Accounting Standards Board (SASB) Standards.

Schaltegger S. & Hörisch J. (2017). In search of the dominant rationale in sustainability management. Legitimacy-or profit-seeking? *Journal of Business Ethics,* 145, 259-276.

Schueth, S. (2003). Socially Responsible Investing in the United States. *Journal of Business Ethics, 43*(3), 189-194.

Smith, J. (2020). ESG Practices in International NGOs. NGO Management Review.

Starbucks(2020). Global Social Impact Report 2020.

Surroca, J., TribóJ. A., & Waddock, S. (2010). Corporate responsibility and financial performance: The role of intangible resources. *Strategic management journal, 31*(5), 463-490.

Turban, D. B. & Greening, D. W. (1997) Corporate Social Performance and Organizational Attractiveness to Prospective Employees. *Academy of Management Journal,* 40, 658-672.

Van Gils, S., Van Quaquebeke, N., Van Knippenberg, D., Van Dijke, M., & De Cremer, D. (2015). Ethical leadership and follower organizational deviance: The moderating role of follower moral attentiveness. *The Leadership Quarterly, 26*(2), 190–203.

Wiebe, F. (2014). **애플은 얼마나 공정한가.** [Wie fair sind Apple & Co.?] (박종대 역). 경기: 열린책들(원저출간: 2013).

Wolf, T. (2020). **21세기 NPO경영, 이렇게 하라.** [Managing a nonprofit organization in the twenty-first century] (강승구, 한신범 역). 서울: 행복세상(원저출간: 1990).

Worth, M. J. (2009). *Nonprofit Management: Principles and Practice.* Los Angeles: SAGE Publications.

3. 참고 사이트

ESG경영을 위한 ISO인증 https://m.blog.naver.com/includelife/223248132152

ESG와 ISO 인증 http://gnpartners.kr/contents/01_esg/sub02.html

https://esg.krx.co.kr/contents/01/01010100/ESG01010100.jsp

https://magazine.hankyung.com/business/article/202102246984b

https://metanomad.tistory.com/entry/CSR와-CSV-그리고 CSV의 차이

https://town-architect.tistory.com/entry/ESG가-중요한-이유-ESG와-SDGs-SRI-차이

https://www.bbc.com/news/world-52470156.

https://www.businesspost.co.kr/BP?command=article_view&num=336537

https://www.ilemonde.com/news/articleView.html?idxno=14741

https://www.kiri.or.kr/pdf/%EC%A0%84%EB%AC%B8%EC%9E%90%EB%A3%8C/trend69.htm

https://www.ngonews.kr/news/articleView.html?idxno=149916

https://www.pwc.com/gx/en/issues/crisis-solutions/covid-19/governance-transparency.html
https://www.shinkim.com/kor/media/newsletter/2163
https://www.smes.go.kr/csr/user/info/define.do 중소벤처24 CSR 사회적 책임 경영
https://www.weforum.org/agenda/2020/03/how-are-companies-responding-to-the-coronavirus-crisis-d15bed6137
https://www.weforum.org/agenda/2023/01/the-importance-of-esg-sustaIn351able-future-davos-2023
https://www2.deloitte.com/global/en/pages/risk/articles/covid-19-implications-for-corporate-governance.html
ISO IEC 국제표준 100 가이드 https://ksaesg.or.kr/ESG-International-standard-guidebook.pdf
ISO 인증제 활용, ESG에 필요한 인증 획득을 중기 이코노미 https://www.junggi.co.kr/mobile/view.html?no=28835
Relationship Between ESG, ISO Standards. https://qms-certification.com/what-is-the-relationship-between-esg-and-iso-standards
The Joongang https://www.joongang.co.kr
기획재정부 시사경제용어사전 https://www.moef.go.kr/sisa/dictionary/detail?idx=65
사회적가치경영연구원 https://www.svmik.org/article/list/svm002002000 ChatGPT
위키백과 https://ko.wikipedia.org

찾아보기

저자 소개

김성철 백석대학교 대학원 NPO 경영학과 주임교수

김은아 가치나눔경영연구소 소장

김은주 한국평화사회복지연구소 연구원

김지현 JANEKOREA 대표

김태현 경기과학기술대학교 사회복지학과 겸임교수

김현경 대안학교 연구회 연구원

도우현 경기도 보육교직원 권익보호위원회 교직원 대표

도유상 사각지대연구소 대표

박근수 하남YMCA 간사

박영복 한국평화사회복지연구소 연구원

박윤희 백석대학교 대학원 복지경영학, NPO 경영학과 초빙교수

허 찬 사회적협동조합 한국발달장애심리상담협회 이사장

홍병옥 백석대학교 인성개발원 교양교수

NPO ESG 경영론

1판 1쇄 인쇄 — 2024년 9월 20일
1판 1쇄 발행 — 2024년 9월 25일

저 자 - 김성철 김은아 김은주 김지현 김태현 김현경 도우현
도유상 박근수 박영복 박윤희 허 찬 홍병옥
발 행 인 - 강철원
발 행 처 - 양성원
주 소 - 경기도 파주시 검산로 173번길 29-12
전 화 - 031-946-3861(代)
팩 스 - 031-946-3864
이 메 일 - tnwpub@naver.com
홈페이지 - tnwpub.co.kr
출판등록 - 2015년 8월 31일 제 2015-000211 호

ISBN 979-11-6126-597-1

정가 25,000원